对称理论

(台湾)黄韦中　著

地震出版社
Seismological Press

图书在版编目(CIP)数据
对称理论/黄韦中著.—北京：地震出版社，2013.1(2017.3重印)
ISBN 978-7-5028-3998-7
Ⅰ.①对… Ⅱ.①黄… Ⅲ.①股票投资-基本知识 Ⅳ.①F830.91
中国版本图书馆CIP数据核字(2012)第016324号

地震版 XM3870

著作权合同登记 图字:01-2012-2403
繁体字原版作者:黄韦中

对称理论
(台湾)黄韦中 著
责任编辑：薛广盈
责任校对：庞娅萍

出版发行：地震出版社
北京民族学院南路9号 邮编：100081
发行部：68423031 68467993 传真：88421706
门市部：68467991 传真：68467991
总编室：68462709 68423029 传真：68455221
证券图书事业部：68426052 68470332
网址:http://www.dzpress.com.cn
经销：全国各地新华书店
印刷：三河市鑫利来印装有限公司

版(印)次：2013年1月第一版 2017年3月第二次印刷
开本：787×1092 1/16
字数：233千字
印张：13
书号：ISBN 978-7-5028-3998-7/F(4673)
定价：32.00元

序

时间是属于客观存在的，在东方人史观中，意味着四季更替或是太阳在黄道上运行。然而从近代物理来看，时间涵盖了运动过程的连续状态与瞬间状态。就相对论而言，时间与空间组成四维时空，是宇宙的基本结构，且时间与空间并非绝对，而是相对的。在金融市场中，技术分析的构成元素，亦与时间和空间有关，只是一般在探讨技术分析时，大都只针对空间进行讨论，对时间的探讨却少之又少，《对称理论》应该算是少数讨论时间的技术分析书籍之一。

纵然如此，笔者所提供的讨论信息，仍然以空间(价格)为主。因为碍于时间的不可逆性，使得进入的研究门槛较空间高，毕竟我们可以利用力学讨论股价下坠后，会出现反弹的惯性作用，却无法解释时间为何总是一去不复返，至于科幻小说中的回到过去，就目前科技而言只是梦想。本书第四章，对于时间研究，总算有一个小小的开端，希望能借由本书抛砖之举，激发投资人更多智慧火花，并能让金融市场中，对于时间的研究再开拓出一番新局面。

《对称理论》是写给已经略具有操作基础的投资人阅读的书籍，最好是对笔者前几本著作有些基本概念，在阅读的过程中，才不会感到艰涩。在此，笔者仍要苦口婆心地对各位投资朋友强调：技术分析或许可以速成，心态与策略的养成绝对需要时间。放慢在市场中学习脚步，稳扎稳打，才是在诡谲多变的市场中，求生保命之道。

感谢各位投资朋友对笔者的支持，也欢迎到笔者架设的网站讨论有关技术分析的各种问题，进入本网站请先注册成为网站的会员，注册完全免费，所有关于如何注册的信息，与注册时的注意事项，都在网站首页“网站问题与解答”中的链接有详细说明，假设注册过程出现问题，请寄 E-mail 给我，我的信箱公布在网站首页。同时，大陆网友在浏览网站时，常常发生无法联机或是浏览速度很慢的现象，这是因为网站被屏蔽了，请使用代理服务器解决这个问题。

本书使用了大量的技术线型图档说明，台湾的股票线图是由股票分析软件

“奇狐胜券”提供，该软件是大陆博庭信息(台湾代理商简爱洋行)所授权使用，而大陆相关的线图则是由股票分析软件“大交易师”提供，该软件是大陆博庭信息所授权使用，在此一并致谢。至于书内许多科学常识都拜网络之便收集而来，投资朋友如果需要更深入探讨相关的科学知识，请善用网络搜寻。

主控战略中心
(Financial Market Tactic Information Center)
网址：http://www.fmtic.com

韦中 谨识
2010.08.10

前　言

很久以来，阅读拙作《主控战略》与《实战手记》书系的朋友都会知道，笔者的技术分析师承李进财教授与谢佳颖老师。我们从未强调技术分析有什么派别，因为各种技术分析技巧研究到最后都是殊途同归，只是运用的方法有所不同罢了。从2003年以来，由于笔者斗胆写了几本书后，逐渐被冠上“主控派”的名号。这个名号在我心中，有也好、没有也罢，无碍李教授与谢老师推广这套技术分析的心愿，且笔者在传承这一技术分析逻辑系统时，无论是技术分析，或是为人处世，从未敢忘两位老师对笔者的指导。

当然！经过这样的推广，这套系统难免会被过度渲染，或者被穿凿附会、加油添醋，但这些都不是我们的本意，却也无法一一澄清解释，因此需劳烦有心学习这套技术系统者自行辨识，毕竟传承这套技术系统者，可以加入自己独到见解，或是对原始定义做不同诠释，而这些我们都乐观其成，只要能妥善运用于股价波动的研判上，都是好方法。

然而笔者必须说明的是：对技术分析有兴趣的朋友，是否选择这套逻辑系统，或是选择跟随哪位老师学习，应该纯粹是个人的喜好，与我们无涉，同时也请对自己的选择负责，不能看见冠上这些理论名称的，就要我们响应相关问题。因为其所学的原始定义可能已经被修改过，也有可能只是名称相同而已，万一我们的回答与其所学不同，将会增加困扰与纷争，为了避免这些情形发生，必须恳请这些朋友谅解。

至于在推广这套逻辑系统的其他老师，不愿意声明其师承，必有其苦衷与考量，也请参与者无需忿忿不平，只要能在市场上找到一个适合属于自己的方法，然后让自己的经济逐渐自由，这就是我们推广技术分析的心愿了。

韦中 谨识

2010.08.10

目 录

第一章　对　称

对称是一种思想，多少世纪来，人们希望借助它来解释和创造秩序、美和完善。

～维尔～

什么是对称(symmetry)？在物体或图形上，以一条假想的线为轴，在其上下或左右排列的大小、形状、距离、排列等各方面，完全相同的一种形式。如果假想轴是垂直线，会呈现左右对称；而如果假想轴是水平线，那么就是上下对称了；但偶尔也会有上下左右都呈现对称的情形。此外，也可以将假想轴旋转，使物体或是图形呈现左下与右上、左上与右下的对称。

在视觉的画面中，对称可以使人感受到平衡，这种作用能够使人们产生安全与稳定的心理感觉。如果你对于周遭的人事物稍加注意，会发现生活中充满了对称性。有的是自然界神奇的杰作，有的则是人们为了某种目的而进行的创作。

为什么自然界这么偏爱对称？科学家曾经对这种现象尝试找寻答案：宇宙中有深层的数学结构，为了能在无穷无尽的宇宙中制造出各式各样的零件，以便能形成自然界中所有可能呈现的组合，因此遵循了最优化的原则——对称。人类在各种创作之所以采用对称，只不过是承袭了宇宙自然的规律，并加以模仿运用罢了。

对称原理

从几何图形的角度探讨对称原理，我们可以将对称区分为：点对称与线对称。

点对称的特征是对称点和对称点之间的联机会被对称中心平分。

请看图1–1，标示O的位置称为对称中心，如果点A想要在平面上呈现一个对称点，那么应该在A～O的延伸线上，找到异于点A的另一个点B，并使其A、O、B三点共线，而且A到O与O到B等距离，此时A称为B 的对称点，反之B也是A的对称点。同理可证，点C与点D亦互为对称点。

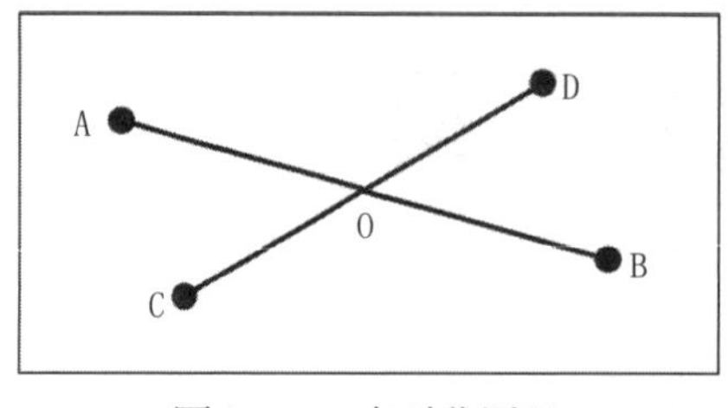

图1–1　点对称原理

点对称有另一项特点，就是将原图形以顺时针或逆时针旋转180度后，依然能够与原来图形完全重叠。中国的太极图便是点对称的代表图形，如图1–2所示。

线对称的特征是对应点和对应点之间的联机，会与对称轴垂直，并且平分。

图1–2　点对称图形

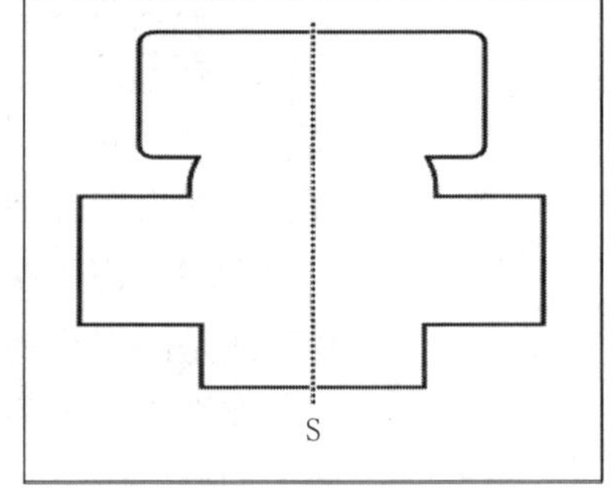

图1–3　线对称图形

如何分辨图形属于线对称？请看图1–3，先在图形中央找到一条假想的直线，如图1–3中标示S，沿着这条直线将两边图形对折，如果图形能完全叠合，就是线对称图形。对折的直线称为对称轴，重叠的任两点互为对称点，这就是线对称图形。

自然界的对称

只要细心观察自然界中的各种现象，就会发现对称无所不在，无论是浩瀚的宇宙或是微小的粒子，像是：飞禽走兽、草木花卉、雪花晶体、海浪起伏、分子现象，甚至连染色体序列都是呈现对称的结构。以人类来说，如果以经过鼻梁到肚脐的直线当成对称轴，不正是完美的对称形态？

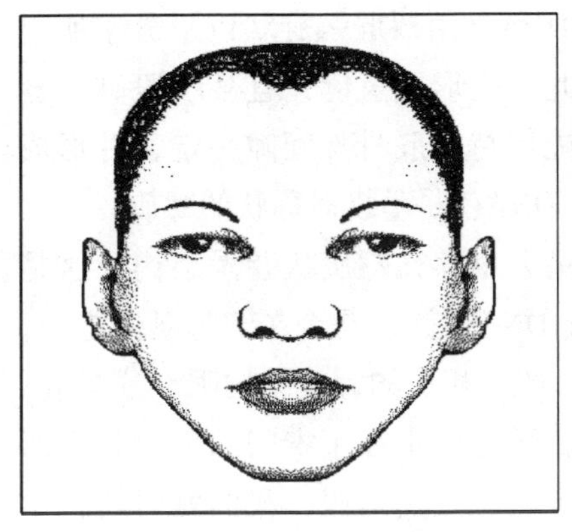

图1-4　　人脸的对称

根据科学家研究指出：一般人的脸型形成的对称程度越高，就具有较其他人更吸引人的条件，同时身体也较容易散发出吸引异性的荷尔蒙。虽然笔者不清楚这些研究目的，但是脸型如果能够呈现对称，看起来的确会让人感觉比较舒服。在中国的面相学上，也一样重视眼、耳、眉、鼻翼与脸型对称的论点。

植物的树叶大部分也都具有对称的结构，这种特性不但美观，也可以使叶子的强度增加，并且能均匀的接受到阳光照射，甚至在接受微波或是生物辐射时的效率提高。

图1-5　　对称的树叶

图1-6　　树叶叶脉的对称

仔细观察图1-6树叶背面的叶脉，可以清楚的看见其对称结构。当然，这也是增强了树叶强度的作用，并使养分的输送能够均匀。

图1-7　　蝴蝶的翅膀对称

在图1-7中，可以看见蝴蝶的双翼是对称的，这样的结构对称是为生存所需与演化的结果，而且有利于飞翔的动作，除了昆虫之外，鸟类和动物，也都具有对称的形态。

美国科学家华生(James Watson)与英国生物物理学家克里克(Francis Crick)在1953 年发现了DNA(deoxyribonucleic acid,

去氧核醣核酸)的分子结构，DNA是由双股螺旋状巨形分子所组成，两股DNA并排的碱基彼此之间形成氢键，且某一股碱基会与另一股碱基配对，如此才能保持两股骨架间隙一定，并形成有规律的螺旋状，简单地说，DNA就是呈现对称状的螺旋。

更令人讶异的是，银河星系也存在螺旋状漩涡结构，这是属于星系的对称，而人体内的DNA螺旋，是否在细胞诞生之初，便受到宇宙神秘的力量影响，产生相仿的螺旋结构呢？或是说，宇宙的起源是采用相同原理，于是诞生在宇宙间的事物就会产生类似的对称结构。至于这种假想是真是假，我们就留给科学家进行研究，让真相大白。

在物理学领域中，相对论、量子力学、标准模型理论、规范场论，超对称理论等等，也都采用了对称性作为重要论点。尤其是电磁现象的对称性，甚至被认为是现代物理学的美学基础。除此之外，带正电的反电子与带负电的电子，磁场的南极和北极，都具有对称性。

在化学领域中，同样充满了对称，如：分子与分子轨道、共价键极性、分解和合成反应、光谱学等等。尤其是在光谱学，明显运用到对称观念的是拉曼(Raman)光谱学，它利用光子被分子散射时可与之交换能量的特性，采用高强度的单色雷射为光源，用以产生许多散射光子，使得入射频率为Vo的散射光谱两旁对称的出现一系列新线Vi，藉此测量微小样品，并直接绘出散射光谱；目前已经被广泛应用在生化研究上，包括：碳水化合物、蛋白质、脂质、核酸、核蛋白、细胞膜、类胡萝卜素、叶黄素与金属离子等在生物中的角色。

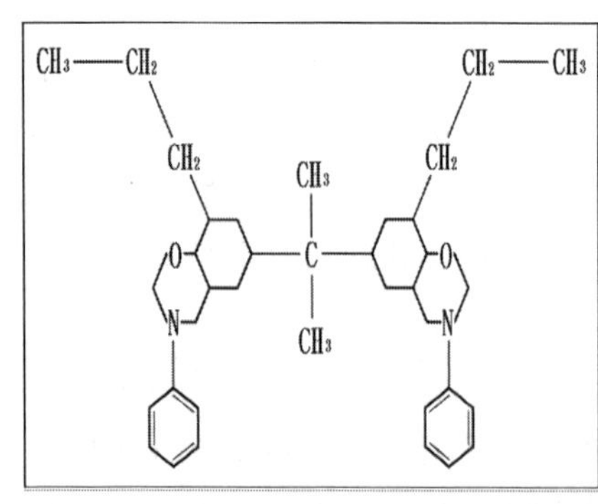

图1-8　芳香烃化合物的化学结构式

另外，值得一提的是化合物的分子结构。德国化学家凯库勒(Friedrich August Kekul é，1829～1896)在1858年提出碳的原子价(Atomic Valence)是四价，为后来的有机化学开创新局。接着到了1865年，凯库勒提出苯的六角形结构，通常它的结构呈现对称形态。据说他是在一次梦中看到几条蛇彼此咬着对方的尾巴形成一个环，醒来时灵感泉涌，于是推导出苯环的结构式。苯是属于芳香化合物分子，分子中的原子以对称形式组成闭合的环形连接的链。如图1–8所示，就是芳香烃化合物的化学结构式所呈现的完美对称。

生活中的对称

既然在自然界中充满了对称，那么在人类文化的发展史上自然也少不了对称。如：生活密码学、语言学、符号学、建筑学等等，或是在生活上的大小对象设计，如：剪纸艺术、家具、编织品、装饰品、面具及乐器等。这些生活中必然的实际运用，不但增添了日常生活中的美观与乐趣，也呈现人类在艺术和工艺的极致表现。

图1–9 现代建筑物的对称

图1–9住家的设计如果呈现对称，会有安定与稳重的感觉，如此会使居住的人产生心理上的安全感，这也是宅相学重要的观察指针之一。

除了建筑物外，高压电塔、发射电波的铁塔或是作为游览地标的高塔，也都会设计成对称的形式。这在结构力学上可以使物体展现较大的负载能力，同时也可以降低材质变化率，提高其安全性，当然，对称结构也具有美观的特点。

图1–10 高塔结构的对称，图为法国巴黎艾菲尔铁塔

图1–11所呈现的是一般的社区大门，通常会设计成左右对称，除了美观之外，以阳宅风水的角度观之：左青龙与右白虎呈现对称的状态，对所有住户而言，都能公平的承接藏风聚气的作用。

图1–12是仿造巴洛克式的现代建筑。住家大门、两侧方柱，以及门上的石雕装饰，都采用左右为对称的形式，除了保有一贯的稳重感外，更增添豪华气派的视觉效果。

图1-11　社区大门的对称形式

图1-12　住家大门的对称设计

图1-13从汽车的外观设计，可以看到采取对称形式，如此能够提高车辆行驶的安全性、稳定度与操控度，同时可以增加车辆的性能。

图1-14是台湾庙宇的建筑，其结构非常讲究左右对称设计。首先要请风水师选定方位，定出前金、后金。以正殿主神的眼神焦点和前金连成中轴线，再以中轴线建构左右对称的建筑。庙宇建筑采用对称结构，是想让信众产生安祥、稳重、信任的情感。

图1-13　汽车的对称设计

图1-14　庙宇建筑的对称

图1-15是日本九州熊本城的天守阁，它曾遭到毁坏再重建，外观以白墙配上绿色屋瓦，并在每个飞檐末端以老虎与龙头鱼身的鳌做为装饰，寓意是避火，就整体而言仍秉持着对称的原则。

图 1–15　宫殿建筑的对称

图1–16　泰国神祇的对称设计

图1–16是泰国大皇宫装饰在柱子前的神祇，设计者以左右对称的方式，遮掩了单调的柱子，除了具有艺术的美感之外，大力神以双手撑住梁柱让人的内心感到安全。

图1–17是清朝干隆时期的绿釉粉彩双凤穿花瓶，瓶颈贴朱雀形双耳，内施湖绿釉，外翠绿釉上绘粉彩双凤穿花纹，呈现了对称美学的艺术品。

图1–17　瓷器的对称美感

(资料来源：南京博物馆(www.njmuseum.com))

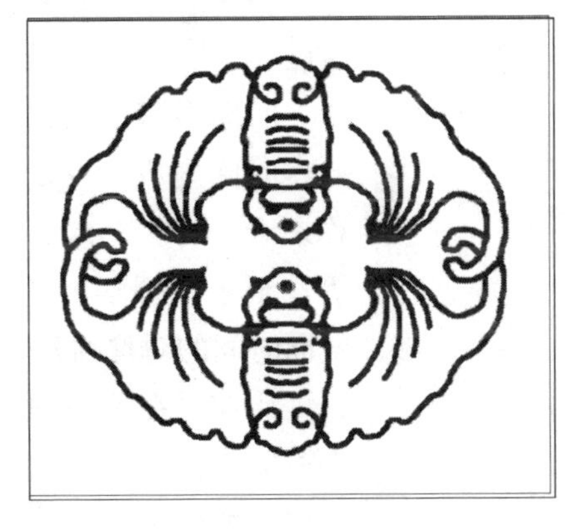
图1–18　民俗的对称设计

图1–18是中国传统文化中常见的象形设计，“蝠”与“福”同音，所以常被做成象征福寿的吉祥物，一般在制作时会将图案漆成红色，取洪福无量的好兆头。图1–18中的图案展现了上下左

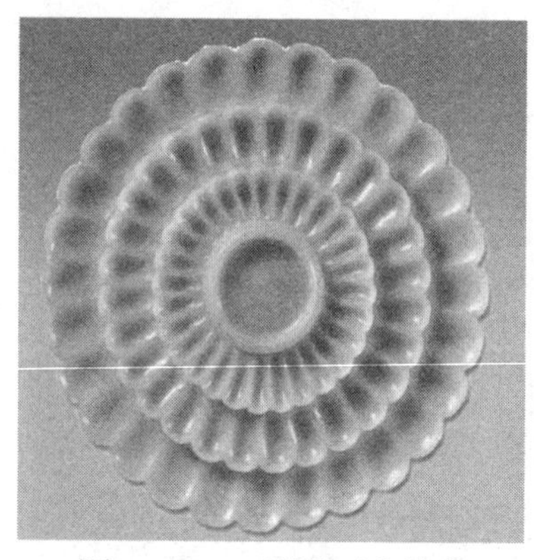

图1-19　玉器的对称美感
(资料来源：南京博物馆(www.njmuseum.com))

右对称的美感，更增添吉祥如意的幸福气氛。

图1-19是清朝时期的菊瓣形玉盘，材质为青玉，盘作菊瓣形，瓣绽3层，每层28瓣，由内向外逐层放大，内留空圈为圆花蕊，是一件上下左右都对称的玉器。

当然，如果你仔细听，会发现古典音乐的部分乐曲也呈现对称的风格。前后对称型的音乐，是以中点当成对称轴，比如：以ABA或ABCBA 或ABACABA这种曲段呈现，也可以采用形式、音高、音程、调性、合弦等产生对称的效果。

时间的对称

当我们讨论到空间对称时，由于呈现的形象是具体的，所以人们还容易理解，但讨论到时间的对称时，因为时间看不见也摸不着，反而不容易被理解。人类对时间的感觉，如果不是借由分、时的定位，那么长一点或是短一点的时间定义，恐怕会因人而异。

时间在目前的认知上，是被当成无限延伸的一条直线，因此将时间当成线性坐标时，就可以产生对称效果。以文字的对称来看，有：早晚、日夜、生死、进退、往返、先后、迟速等等；至于物理学所认为的时间对称，是过去与未来无法区分，然而时间的对称通常不会单独存在，而是与空间对称产生关联。

比如，在不考虑摩擦力与空气阻力的背景时，当物体沿着光滑的斜面上下运动，其单位时间应该相等，这是属于时间的对称；所以垂直物体与斜向物体，在上升与下降的时间也呈现对称。这些物体运动表现的对称，不但与时间有关，也与空间有关，已经超出几何对称的范畴。

因此，当我们将时间对称运用在股市波动的观察时，必须注意到：一是时间的单位必须固定；另一是由于时间的不可逆性，将造成某事件的独立性。至于运用的方法将留在第四章进行讨论。

对称的不完美性

笔者在前几个单元不断强调宇宙中充满了对称；相对的，在这个单元却要告诉各位读者，更多事物会呈现不对称的状态，或是看似对称，其实是不完美的。换言之，在我们强调对称的过程中，也要接受没有对称或是对称不完美的事实。

对称的不完美性，会有什么影响？首先来看2008年诺贝尔物理学奖三位得主的研究：《自发对称性破缺》(spontaneous broken symmetries)。自发对称性破缺是指当一个对称性系统进入非对称真空态时，这个系统的行为不再具备对称性特征。

这三位科学家分别是日裔美国科学家南部阳一郎(Yoichiro Nambu)及两位日本科学家小林诚(Makoto Kobayashi)和益川敏英(Toshihide Maskawa)。南部阳一郎于1961年首次指出：在基本粒子的世界中，对称性会自动消失。而“自发性对称破坏”的研究解决了基本粒子理论的诸多谜题，自发对称性破缺、夸克和基本粒子品质的起源都是近代物理学的重要概念，诺贝尔奖委员会表示：“我们的世界未能完美对称运作，系因最微小等级的对称偏差。”

当宇宙每产生100亿个反物质粒子的同时，就有一个额外物质粒子偏离，正是这种偏离导致的对称性破缺，才使得现今宇宙能够持续存在。也就是说，如果宇宙没有产生“对称性破缺”，我们恐怕就无法存在于世，这种不完美的偶然与幸运，只能推说是造物者另一项神奇杰作。

另一种不完美的对称，是源自于平衡(banlance，又称为均衡)，也可以称为感觉对称，虽然左右并非完全相等，但在视觉上却能产生对称的感觉。我们可以借由重量、空间、颜色、大小等等分布，造成视觉上产生均衡的感觉。

对称的形式必定属于均衡，但是均衡的形式却不一定是对称。对称与均衡比较起来，后者较具有变化性与弹性，容易给人活泼、优美的感觉，在生活上的运用，比如：绘画的构图、雕塑的结构安排、建筑景观的造景布置或舞蹈动作的设计，往往可见其痕迹。

如果细查汽车的结构，便可以发现它并不完全对称，如果打开引擎盖，可以看见汽车引擎放置，必定是偏向驾驶座，而且汽车的驾驶座也没有正好放置在中间位置，反而是偏向左侧或是右侧。同样的，人类的脸虽然看似左右对称，但如果仔细分辨，仍有些许差异，而且人类的心脏是位于胸腔左侧，人体是由左旋胺基酸与右旋醣类构成；化学元素中也有不对称合成(Asymmetric synthesis)，在大自然中更是常见，例如：豹、狗、猫等动物身上的斑点与花纹也不是对称的。

除了这些不对称外，还有一种有趣的时间上的不对称。比如：大多数鸟类飞行时都是同时拍打双翅，但若仔细观察，会发现燕子和蝙蝠是交替拍打双翅。

音乐所产生的不对称性也相当常见，但我们不会因为这样的不对称性就否认该音乐的优美。以流行歌曲与一般的演奏曲来说，大多以AB的形式呈现，如果B比A长，就是非对称二段式(asymmetrical binary)，而A通常是主歌(或主旋律)，B通常是副歌(或次要旋律)。另有其他不对称的曲段，如 ABACA或ABACADAEA等等。

图1-20　树木的不完美对称

图1-21　树木的不完美对称

图1-20的小叶榄仁，树枝的分叉依循着自然规律左右生长，而其生长的形状并不完全对称，但是在人们的眼中，这棵树却呈现均衡的美感。

图1-21是兰屿的罗汉松，因其树叶浓绿富有光泽，常被做

为庭园观赏树，无论是经过修剪或是自然生长，都以圆锥状的形态呈现居多，若以树干为对称轴观察，左右两侧虽无法以完全对称表现，但在视觉效果上仍保有均衡的现象。

图1–22　花朵的不完美对称

图1–23　叶脉的不完美对称

图1–22是火龙果的花。火龙果又称红龙果、仙蜜果，属仙人掌科植物，原产于中美洲，白色花瓣与淡黄色花蕊，飘着微微的香气，形态相当高雅、美丽。整朵花呈现不完美的对称。

图1–23是鸡蛋树的叶子，它的叶脉纹路清晰可见，虽然在之前的单元以对称来说明，然而经仔细观察后，它的对称并不完美，是属于感觉对称。

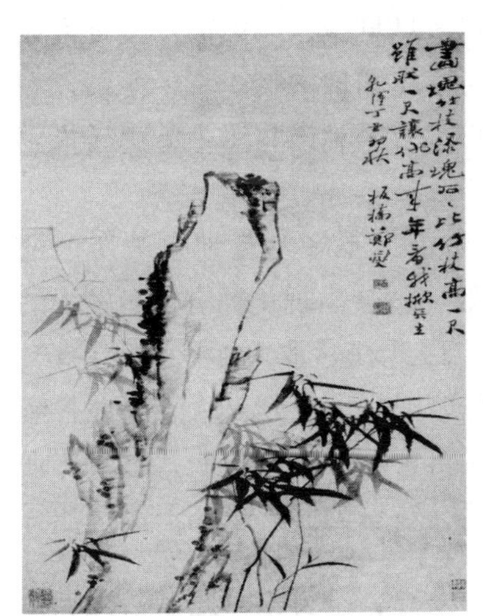

图1–24　郑燮竹石图
(资料来源：上海博物馆(www.shanghaimuseum.net))

在中国的书画表现上，多以均衡的美学概念呈现，以图1–24郑燮(郑板桥)的竹石图来看，整体的布图完全与对称概念无关，但是欣赏时，整张图画却呈现了平衡、均衡的安定感，在画作中适度的留下空白，更增添了宁静的想象空间。

回过头来看，在金融市场的操作中，投资人最常遇见的不对称是：信息不对称(Asymmetric Information，由美国经济学家约瑟夫·斯蒂格利茨、乔治·阿克尔洛夫、迈克尔·斯彭斯于1970年提出)。这是指交易市场中的一方信息超过另一方，信息不对称的市场就不会是一个完全竞争的市场。因为掌握信息比较充分的投资人，往往处于比较有利的地位，而讯息贫乏的人员则是比较不利的一方。前者多为投资大户，如：公司派、法人、外资、主力(业内与业外)等等，而后者大都是一般投资人。

信息不对称的理论认为：

(1) 市场中卖方比买方更了解有关商品的各种信息。

(2) 掌握更多信息的一方可以借由向信息贫乏的一方传递可靠信息，而在市场中获益。

(3) 买卖双方中拥有信息较少的一方会努力从另一方获取信息。

(4) 市场讯号显示，在一定程度上可以弥补信息不对称的问题。

如果以股市现象说明信息不对称就可以了解上述理论。第一点指的通常是公司派。公司派往往掌握公司营运好坏的信息，同时对于新产品的未来发展了解最深，因此在有利于公司的信息尚未公开之前，公司派会先行吸纳市场中的筹码，等到消息公布时股价早已经拉升到相当高位的距离，这时第二点的作用就可以显现，因为在消息曝光之前，事先得到消息的投资者，也可以先行卡位顺势坐轿，等到消息见报，一般散户投资人才知道要积极抢进，此时公司派与事先知情的投资者，便可以利用众多散户投资人想要追买的心态，顺利地将手中筹码转换到散户的手上。

经过市场几次教训，散户投资人不知不觉地也被所谓的“内线”所吸引，这时第三点的效应就会出现：拥有信息较少的一方会努力从另一方获取信息。因此在营业大厅、财经论坛、报章媒体等，会不断出现有人释放消息，以及有人不断在打听消息的情形，只不过笔者认为这对于一般投资人而言是没有任何帮助，因为真正的信息根本不会轻易公开，市场上流传的耳语，只是另一种信息不对称的战争。

因此，一般投资人想要摆脱信息的不对称，唯有尝试利用第四点所描述的现象：市场信号显示，在一定程度上可以弥补讯息不对称的问题。也就是研究市场中可靠的信号，会比道听途说的信息可靠，同时市场信号也不会因为操作者的身分地位不同而有所差异，它是相对公平的，最大的差异在于使用者能否恰当的判读。

市场信号包含：基本分析、财经分析与技术分析。技术分析除了传统的图表分析之外，机械式操作与程序交易也属于这个范畴。尤其是技术分析较其他分析方法容易学习，是一般投资人在市场中搏斗求生存的最佳工具。其实信息不对称是市场经济的弊病，其中隐藏了道德风险。要想减少信息不对称对经济产生的危害，政府机构应扮演在市场中监督与控管的角色，使市场运作得以公平，并维护投资人的权益。

至于在金融市场上惯用的图表分析，其对称可以简单的区分为：空间与时间的对称。空间指的是价格，在图形上是以纵坐标(Y轴)表示，而时间则是以横坐标(X轴)表示。本书的第二、三章将探讨股价在波动过程中，较常出现的空间对称，在第四章则探讨时间的对称。空间的对称较容易了解，而时间的对称则较为抽象，因此投资人在研判股价行为时，请先以空间的讯号为主，之后才考虑到时间的现象。

虽然我们讨论的是对称的行为，但是无论在空间或是时间上，要呈现完美的对称是不可能的，即使偶尔出现，只可以视为巧合，绝大部分所呈现的走势现象都是不完美的对称，但这样的不完美对称却依然呈现“视觉均衡”的效果。也就是说，我们将以对称的理论判断股价波动，但必须接受它所呈现不完美对称的事实，因此要再次向投资人强调：“操作是一种艺术，而不是科学。”

以测量为例，上涨或是下跌的幅度应该是对称的，但实际走势往往会超过对称幅度的预期，这并非是理论出现问题，而是因为走势是利用小格局的对称完成，促使大格局的对称也有机会可以完成。

从这里所提示的观念，便可以发觉平时操作上的盲点，比如：小格局(短线)的发动因为涨幅惊人，往往股价在出现一根长黑K线时，投资人便会浮起“落袋为安”的念头，而先行将股票卖出，然而此时大格局(长线)的涨势才刚刚开始，于是技术分析中，主力惯用的“洗盘”技巧就在此相对位置发生。

又因为大格局的走势在股价循环走势少则十个月，长则至少2.5年，控盘者未必等到大格局完全走完才开始进行出货，或是当时景气循环极佳，控盘者可以顺势多做拉抬。

因此，经常看见股价波动过程中，关于大格局的对称却不一定完美，可能呈现走势幅度不足，也可能使走势的涨幅超出正常范围。所以不对称是从对称开始，当股价波动走势出现不完美的对称时，我们必须完全接受。

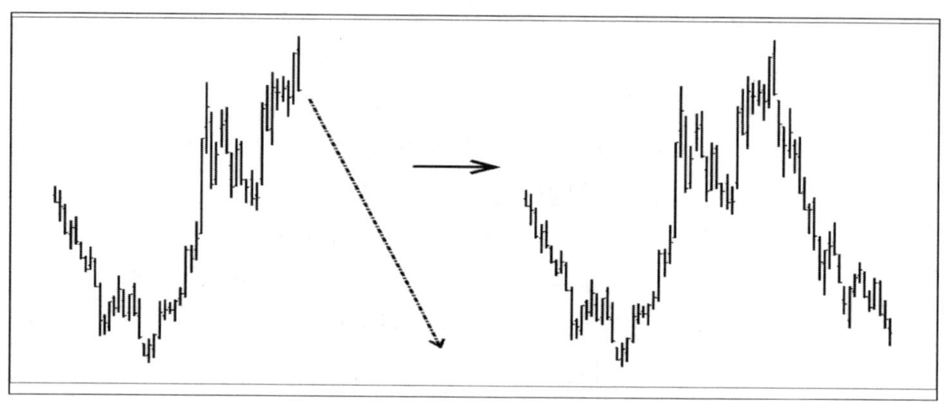

图1–25　股价的回档走势有完成均衡的惯性

请看图1–25，无论在任何层级的线图，当股价上涨的力道用尽之后，正常而言，将会进入回档的修正走势，回档的过程可能会出现空间或是时间的对称作用。假设未来要维持多头走势，也就是回档修正的结束点应比前波谷底还要高，而回档的幅度又要吻合空间的对称时，代表修正的幅度将会非常靠近前波谷底的低点，以黄金分割空间来看，至少要回到全波幅度的0.382以下，如果可以回档到0.236以下或是更低则更为完美，但不管如何回档，通常是无法达成完全的对称，只可能具有视觉或感觉的均衡对称，这就是对称的不完美性。

请看图1–26，无论在任何层级的线图，当股价下跌的力道用尽之后，正常而言，将会进入反弹的修正走势，反弹的过程可能会出现空间或是时间的对称作用。假设未来要维持空头走势，也就是反弹修正的结束点应比前波峰顶低，而反弹的幅度又要吻合空间的对称时，代表修正的幅度将会非常靠近前波峰顶的高点，以黄金分割空间来看，至少要弹到全波幅度的0.618以上，如果可以反弹到0.764以上，或是更高就更为完美了，但不管如

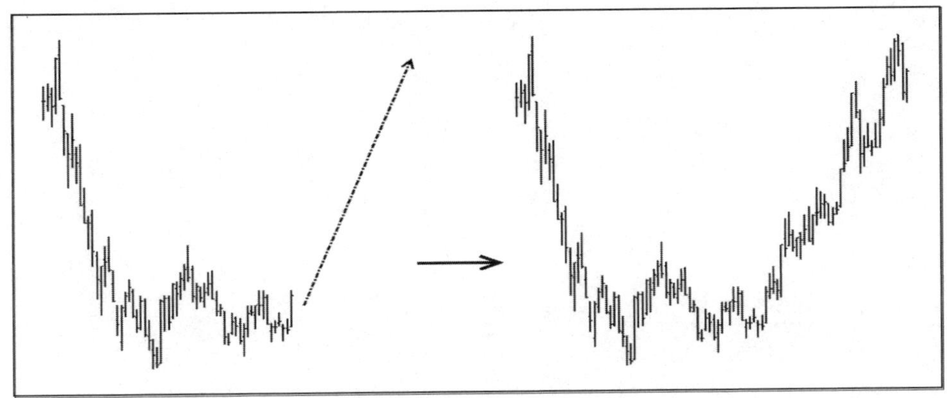

图1–26　股价的反弹走势有完成均衡的惯性

何反弹，通常是无法达成完全的对称，只可能具有视觉或感觉的均衡对称，这就是对称的不完美性。

其他走势可以依此类推，比如：当股价要维持空头时，下跌的结束点应比前波谷底低，但若要维持视觉空间的对称，应略微小于前波谷底低点，倘若超过一定比例幅度时，代表目前股价所反应并非与前一波反弹幅度进行对称比较，可能是更大层级的下跌走势尚未完成，或是对称到另外一个反弹或下跌的段落。若股价要维持多头时，上涨的结束点应比前波峰顶高，但若要维持视觉空间对称，则应略微大于前波峰顶高点，倘若超过一定比例幅度时，代表目前股价所反应并非与前一波回档幅度进行对称比较，可能是更大层级的上涨走势尚未完成，或是对称到另外一个回档或上涨的段落。

无论是对称或是不对称，都属于自然界的正常现象，接受它、理解它、运用它，就是本书的主要目的。

第二章　形态的对称

有人说：任何股价走势的波动是随机的。换句话说，未来的走势根本无法预测。如果这种说法是真的，那么我们全都不必研究技术分析或是基本分析了，因为以此论调进行推想，一家公司的营收与成长，不也是随机的吗？产品推到市场上是否能够受到消费者青睐，销售量是否能够如预期成长？有谁可以百分百判断一定会成功呢？

笔者主观的认为：有些随机现象是可以被观察到的，并且可以依据已经完成的现象判断，以合理的角度进行推论与评估(或者说是预测)未来可能的结果。就好像池塘里被激起了涟漪，究竟是谁扔下那颗小石块，我们无法得知，但既然事实已经发生了，却可以根据涟漪的形状、大小评估波动方向。

即使池塘里又被人丢进一颗小石块——我们依然无法事先得知，到底是谁会这么顽皮做了这件事，但事实是：池塘里又呈现出另一波新的涟漪，纵使它会影响到原来涟漪的进行与波动，使得池塘里的波纹互相干扰，而显得更加复杂，但是它依然是可以被评估的，经验丰富或是经过训练的人，仍然可以从错综复杂的波纹中找出征候，然后再据以研判。

目前全球的金融市场已经息息相关，远在千里外的一点涟漪，很容易就扩散到全球，进而产生影响。现今参与金融市场的人口难以估算，如果将全球金融市场比喻成一个大池塘，那么其中会分布着不同水域；资金大一点的法人进出市场，就如同在池塘里丢下大石块，换言之，世界各地有许多大石块被丢进池塘，引发池塘里的波纹将相当复杂，彼此间不仅会相互干涉，也可能会产生共振效应。

至于散户投资人投入市场的资金，对池塘而言，恐怕会沦为沧海一粟，因为产生的波纹对原本交错纵横的影响非常有限，很容易被明显的、强大的水纹牵引甚至溶入。既然散户的波纹这么细微，无法对强大的波纹产生影响，所以求生之道就只能顺着波纹的方向，获取在能力范围内可以拿到的利润，千万不要妄想要螳臂挡车改变波纹的方向。

在这看似杂乱无章的波纹中，看起来似乎是随机产生的、或是无法辨识，然而其实都有其源头与可循之迹。只要学习如何分辨这些交错的关键方法，就可以使投入的石头所产生的波纹，不容易被其他强大的波纹溶入，反而能够产生共同前进的效应。换句话说，在看似随机的波纹中，如果能够找到突破的关键点，并且确定波纹前进方向，纵使它前进的过程中仍是随机的，却依然可以在这样的随机中获取利益。

能够恰当的诠释随机的理论是“混沌理论”(Chaos theory)，该理论说明了非线性系统，在一定条件下可能产生随机结果，但其所呈现的结果并非杂乱无章，而是乱中有序，研究者发现随机现象可以由碎形结构(fractal structure)组成。所谓碎形结构是指不论图形大小，其形状永远维持一致，亦即碎形具有“自我相似性”。如果将图形中某部分随意放大或缩小，仍然可以展现出原来的形态，这也是笔者曾在拙作《主控战略实时盘态》中提出股价DNA的观念：在大轮廓与小轮廓的走势图中，整体图形和部分图形都具有相似的形态。

简单地说，看似复杂的、混乱的、没有秩序的结构，只要透过适当的方法就能看出其秩序。这种秩序属于“形态的对称”，又称为“同形态比较”。这种对称没有层级高低之分，也就是可以在股价的分线结构中，看见日线的结构，或是在日线看见周线的类似结构。

碎形结构存在于自然界中的每个角落，不是只有股价的波动可以利用大小不同的碎形表示。从树木的分枝到整个树林、从海岸的碎石到海岸线的形状、从海浪的涟漪到波浪的起伏，甚至是潮汐涨跌；或是雪花、闪电、血管、神经、心跳、物价、地震、人口、动物犄角、河流分叉、山势、螺贝图、云的形状等等，都可以利用碎形结构呈现。

图2–1　　碎形的自我相似性

图2–1所显示，是Soerpinski三角形，这是形状的相似对称。图2–2 是Julia碎形，图2–3是Mandelbrot碎形，图2–2与图2–3是利用Paint.NET的免费软件所绘制，请读者们不妨观察每个图形中，它们结构的相似之处。

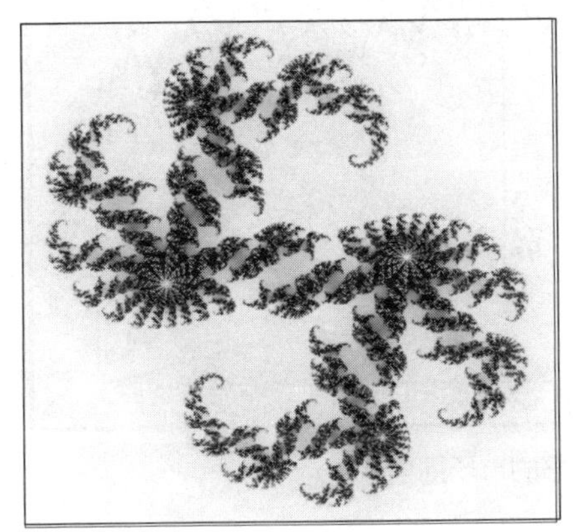

图2–2　　Julia碎形

图2–3　　Mandelbrot碎形

接着从中央气象局台风数据库(rdc28.cwb.gov.tw)中，找到了两个台风的气象卫星云图，请看图2–4与图2–5，分别是2007年侵台的柯罗莎(KROSA)台风与2008年侵台的蔷蜜(JANGMI)台风。虽然发生的时间不一样，但是其结构与行进路线，却有相似之处。换句话说，碎形结构于自然界中无所不在，而从结构中不但可以找到对称轴线，同时也具有同型态的自我相似性。至于集结人类行为与心理反射的股价波动，自然也不能排除在不同的股票，或是不同层级的线图中，出现类似的走势结构，或是

图2-4　2007年柯罗莎(KROSA)台风卫星云图(资料来源：中央气象局提供)

图2-5　2008年蔷蜜(JANGMI)台风卫星云图(资料来源：中央气象局提供)

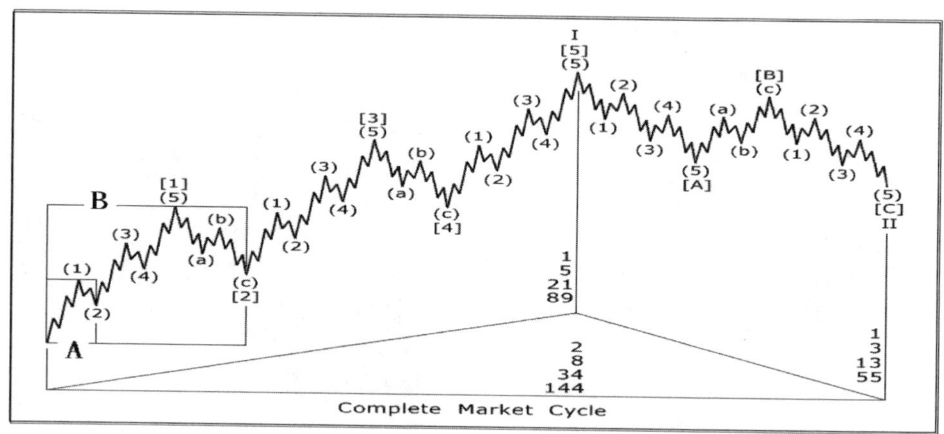

图2-6　波浪理论中完整的市场周期

出现同样的对称惯性了。

“波浪理论”是一套大家耳熟能详的理论，在波浪、层级定位，与走势、目标推演的运用上，有相当高的实用性，然而却因为未经有识者正确指导，致使理念不清，让许多技术分析研究者对它又爱又恨。其实只要将它适当的分解，不难发现它是以一种碎形结构呈现，充满了自我的相似性与对称性。图2-6是在“波浪理论”的论述中，必然会提出的结构图，如果先将标示A的区间切割下来，是波浪最基本的形态：属于5升3降的结构，但它也是标示B这个区块的缩影，至于标示B的区块其实是整张图的缩影。

图2–6充斥了许多与标示A相似的基本结构，同时也充满了对称，而这种对称结构便是著名的“亚当理论”(Adam Theory)的基础。别怀疑！“亚当理论”不过是诠释“波浪理论”一部分走势的方法，技术分析的技巧原本就会殊途同归，投资朋友们不妨耐心看完本书，就可以体会笔者敢下此立论的依据了。

辨识混沌中存在的秩序，是研究与学习技术分析的目的所在。而研究与学习的对象(方法)并没有局限，只要合乎逻辑又适合操作者的就可以了，无需迷信任何权威。

综上所述，在探讨股票价格的波动时，可以得到几点结论：

(1) 任何股价波动是随机的，无法精确评估，只能勾勒出大概轮廓与可能进行方向。操作成功的几率高低，是与使用的方法、操作者的运气，以及是否有足够耐心密切相关。

(2) 在随机震荡的过程会被触发明显的方向，往这个方向前进时，它的震荡仍然是随机的。

(3) 机震荡的过程，其定位可以是极小的轮廓，也可以是极大的轮廓。在极小的震荡中可以找到触发方向的关键，相同的判断原则，在极大的震荡中仍然可以被运用。

(4) 操作时，应该先定位想要操作的轮廓与层级，再找到被触发的方向关键点介入。

(5) 极小的轮廓可能会激发成为极大的轮廓，使大轮廓产生明确方向。然而当走势往我们认为的方向前进时，其过程仍然是随机的。

(6) 这些随机的变化将周而复始，或是不断的被复制。因此可以不断的从大小不同轮廓中，找到被触发方向的关键点。

请各位投资朋友先理解上述的原则后，再对照本章探讨的内容，各位将会发现：其实技术分析就是想办法在任何不同周期的随机中，找到对应的关键点，然后进场，这就是顺势操作法。在操作过程中，为了避免另外一次随机所产生的方向转折，需要止损控制风险，也需要止盈维护操作产生的利润，更需要善用测量评估可能面临的风险。换一个角度来说：如何使用恰当的技术分析技巧，帮助我们在触发点适时介入，并且在随后的随机走势中，掌握适当的投资报酬，将是我们学习的重点。

等距离的形态对称

价格对称在金融走势图的表现上无处不在，最常被使用的就是等距离的形态对称，也称为价格形态对称。当讨论到形态对称时，必须运用到许多不同的价格测量方法。金融市场中惯用的测量方法，大致上可以分成三大系统：①翘翘板原理；②杠杆原理，又称N形测量；③空间分割测量。这些测量的用法，在拙作《主控技术分析使用手册》第一章有详实介绍，有兴趣的朋友烦请参阅。

什么是等距离的形态对称呢？以《主控战略形态学》书中，头底形态与中继形态的价格测量做为说明。

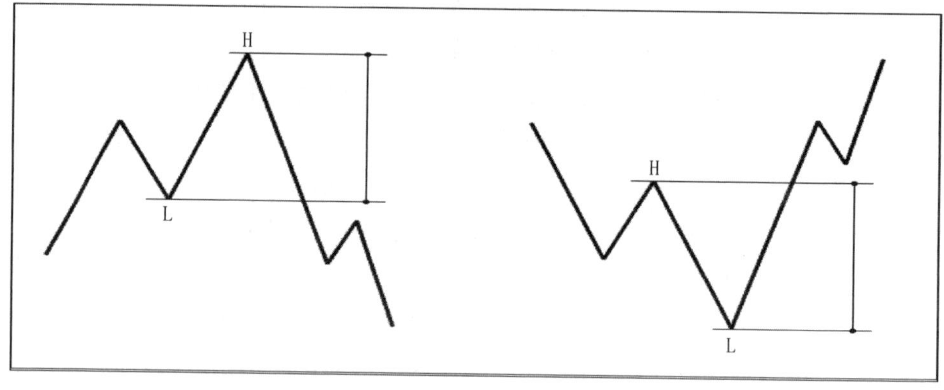

图2-7　V形反转的形态对称

图2-7所示为V形反转形态，属于单脚或是单头反转，是多空互换力道最强的转折形态之一。既然该形态要在走势图上呈现直接多空互换的气势，那么必须将原始走势破坏殆尽才算数，以原始走势是多方者为例，在不考虑发生形态时的相对位置，从标示H转折向下跌到标示L的正反转点附近时，呈现上涨走势等于下跌走势，属于多空力道势均力敌，就如同两军作战，空头部队只不过才将多头占领的区域抢回。

直到空头军队打破多方防守阵地(即标示L的正反转点)，并且将多头军队原本攻占的领土，从标示L的正反转点处，再吃掉相等的距离，拉开空头军队可以抵御多头军队的防守领域，如此才能算是空头军队的胜利。也就是要将原始上涨的力道，即标示H-L此段的幅度，再往下跌等幅才算将多头力道破坏殆尽，空头的力道有正常程度的发挥。

这种多空对峙的观念，运用在价格计算，就成为形态对称的基本逻辑思维。

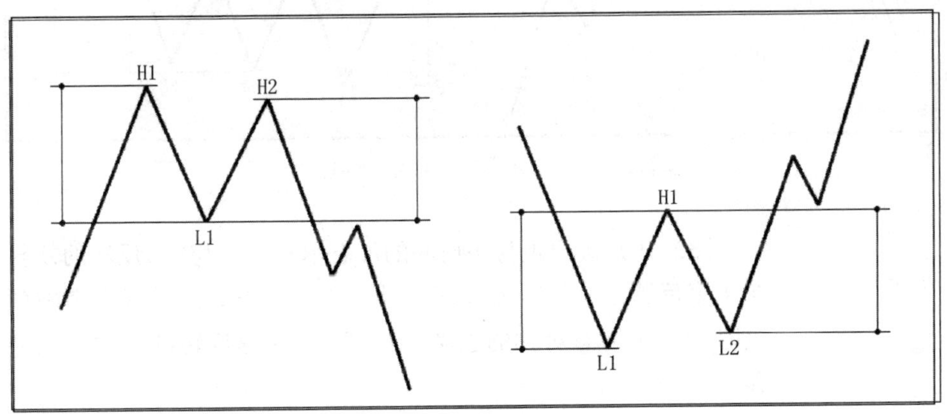

图2-8　双重顶与双重底的型态对称

图2-8为双重顶与双重底的形态示意图。这种形态对称，头部是取H2-L1为测幅，底部是取H1-L2为测幅，从颈线往下或往上计算等距离幅度，作为形态完成的基本满足点。能够这样计算的理由是：股价在多头走势时，标示H2的高点无法大于H1的高点便形成转折向下，暗示多头走势可能已经走弱。在走势跌破标示L1的颈线后，短期空头趋势便已经形成。但空头如何让多头知道空方力道已经转强？自然是将多头最后的上涨力道，完全破坏殆尽作为表态，所以需要计算从颈线向下的等距离幅度。而底部完成后的计算思维，同理可证不再赘述。

图2-9是三重顶与三重底的形态示意图，与双重顶与双重底的差异是多做了一个头，或是多做了一只脚，关于形态对称的思考、计算，与双重顶、双重底的看法完全一样，请投资人等同看待即可。

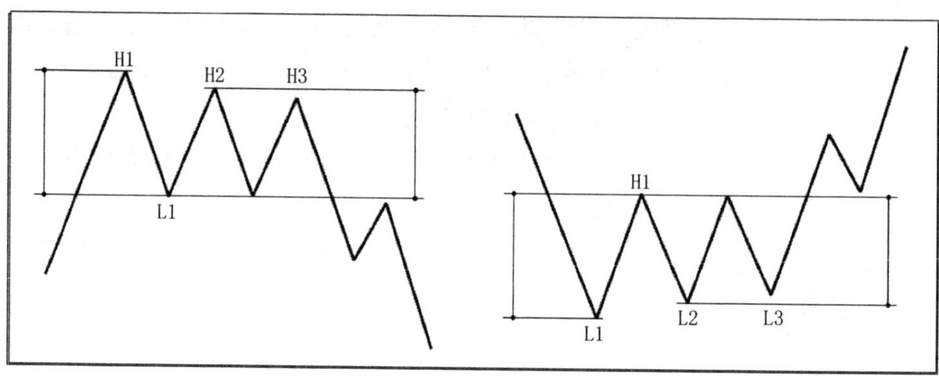

图2-9 三重顶与三重底的形态对称

图2-10是头肩顶与头肩底的形态示意图，与V形反转的差异在于多反弹了一次，或是多回档一次，因此在跌破或是突破颈线时，对于形态对称的思考、计算，与V形反转的看法并无差异。

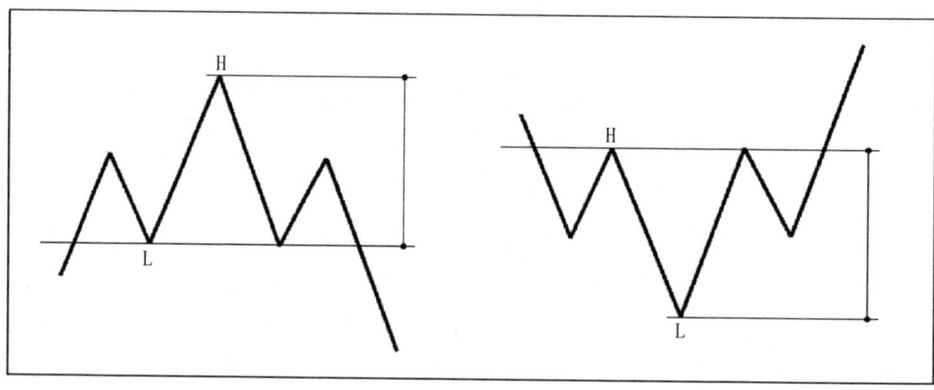

图2-10 头肩顶与头肩底的形态对称

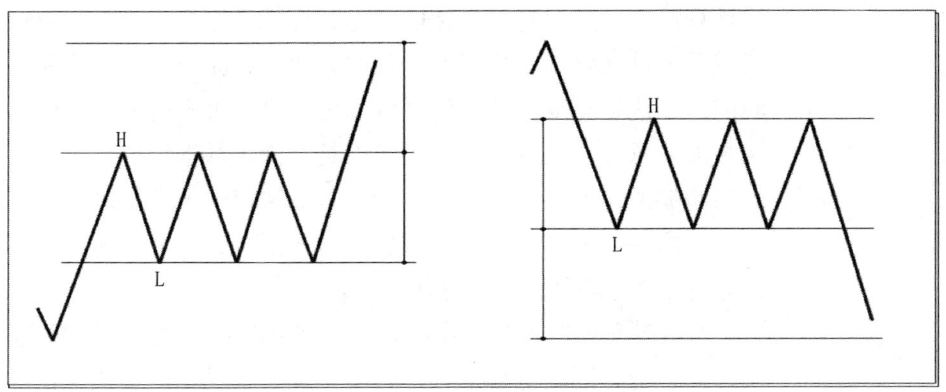

图2-11　水平箱形的形态对称

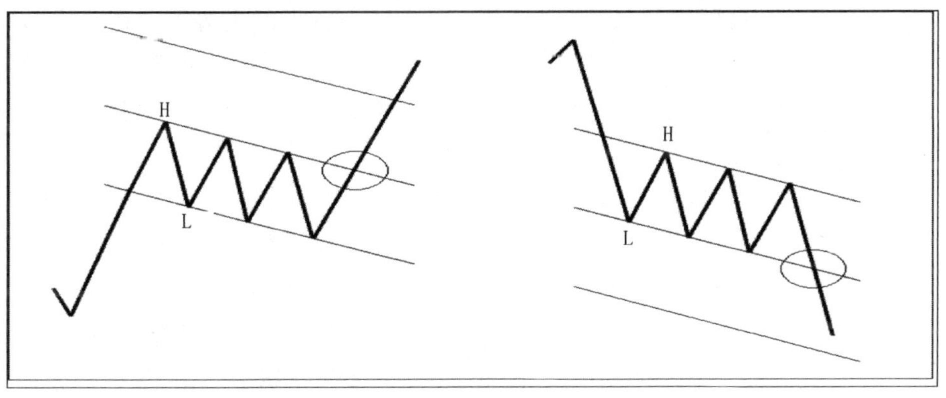

图2-12　下降旗形的形态对称

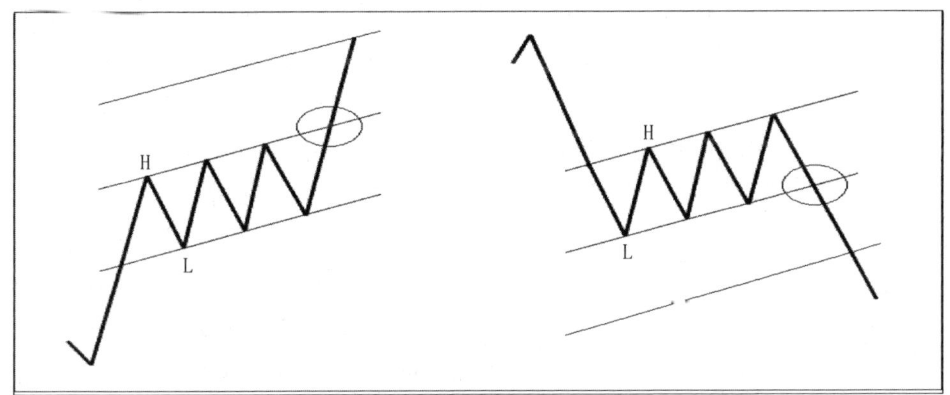

图2-13　上升旗形的形态对称

图2-11、图2-12与图2-13，分别代表水平箱形、下降旗形与上升旗形的形态示意图，这些形态对于上涨或下跌的基本幅度评估，是将整理过程的区域，往突破或跌破的方向计算等幅。

这种算法依然是源自于对称的观念，也就是原始趋势中的力道减缓后，进入整理走势，原趋势的力道蓄积完成后，便往原方向前进，这里至少将整理的区域幅度满足，否则这段整理的时间会失去意义。同时我们可以根据是否满足基本幅度，定位出原始趋势的力道强弱，例如：满足时应如何？不满足时又要怎么办？同时思考当时多空分野的位阶。因此，不可忽视幅度的计算与分辨走势是否满足的背后含义。

所有定义形态幅度的计算原则，是根据形态的《对称理论》做出的归纳，同时也是走势过程中“理想状况”的呈现。在进入市场实际操作的过程中，经常因为研判错误、定位偏差或时空背景等等因素，导致实际走势与预期的走势不一致。比如：上涨时计算的幅度并未满足，股价便产生反转向下，或是上涨较预期强劲，超过规划的幅度许多，可是偏偏手中持股早已经卖出，丧失了后面一段利润。

这些对称的不完美性是存在于现实之中，所以完全无法避免，只能以“操作策略”进行弥补。简单地说，构成投资人心中推论的方向与涨跌轮廓，是所学技术分析的一种呈现，属于“战术”；而配合技术分析的概念，孕育出来的操作策略，诸如：止损、止盈的运用，以及资金比例控管，是属于“战略”的部分。

所以在操作时，不能只依赖战术便勇往直前，仍需战略防身，将损失极小化，让利润极大化，甚至在运用战术时，嗅到一点风险就赶紧利用战略先行退出，以保全自己“军队的粮草。”接着本单元将以双重底形态，描述战术与战略的整合运用。虽然这些都是基本的运用道理，不过读者可以据此举一反三，达到操作顺遂的境界。

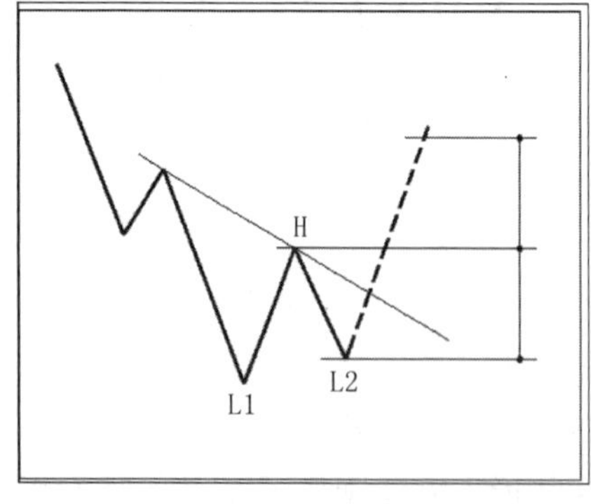

图2-14　假设会成立第二只脚

请看2-14，当走势图在相对低档，呈现标示L2的低点高于标示L1的低点时，暗示走势可能盘出第二只脚(L2)，当走势突破经过标示H的下降趋势线，领先操作者即可以考虑介入布局，亦即主观的认定标示L2属于第二只脚，同时规划可能的走势方向与上涨目标，截至目前为止，都属于战术运用，至于介入多少资金比例，则为战略的运用范畴。

然而实际走势是否能如规划的前进？这一切在还未完成以前，都属于未定之数，因此在战略的搭配上，可以在布局介入时，同时产生以下这些思维：

(1)　如果走势没有突破标示H的颈线，暗示多头的上攻走势失败，那么应该将观察点定位在何处？才能决定底部可能是失败的形态，并且让已经进场的资金安全退出。

(2)　如果走势将标示H的颈线突破，是不是真的完成底部？应该以“真假突破”的研判法则决定观察点，以避免尚未完成价格的对称，便呈现假突破信号。

(3)　若是走势如预期的上攻，在还没有达到评估的目标时，应该如何控制行进间的风险？

(4)　当走势真的如预期般穿越了评估的目标后，是直接将持股卖出，或是等待下次可能出现的涨势？又该以哪种方法观察较为恰当？

从以上的论述中，不难看出在战术中有战略，在战略中也有战术，环环相扣，才能造就出恰当的操作逻辑。

请看图2–15，假如领先操作者在主观的认定第二只脚成立时介入操作多单，并同时设下观察点以保护进场的多单，但当走势不如预期时，必然会触发止损机制，此时便可以让进场的多单先行退出。观察点的设置与每位操作者的认知成正相关，而构成操作者认知程度的恰当与否，又与所学的技术分析成正相关，无论是如何设定属于自己的观察点，在被触及后，必须确实的执行既定的操作策略，以规避底部失败的风险，至于后续走势如何变化，暂时不在执行止损时的考虑范围之内，绝对不能心存侥幸的假设仍然有继续上涨的机会。

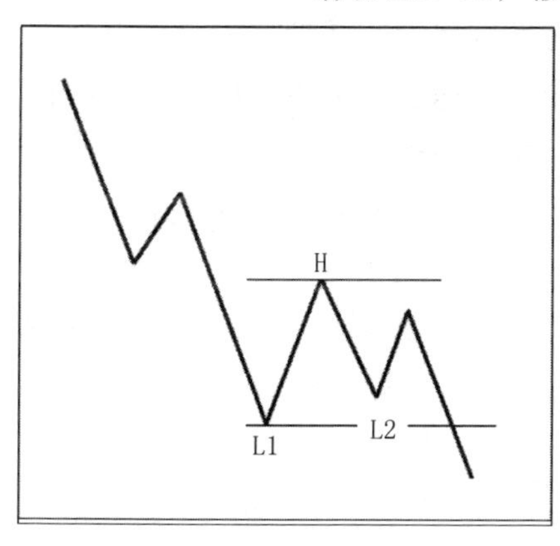

图2–15　第二只脚失败

操作者在此介入后，最常看见的缺点是过度期待与乐观，即使出现底部失败的信号了，却仍然不断地安慰自己，倒霉的事情不会在自己身上发生，或是尝试为已经失败的走势辩解：

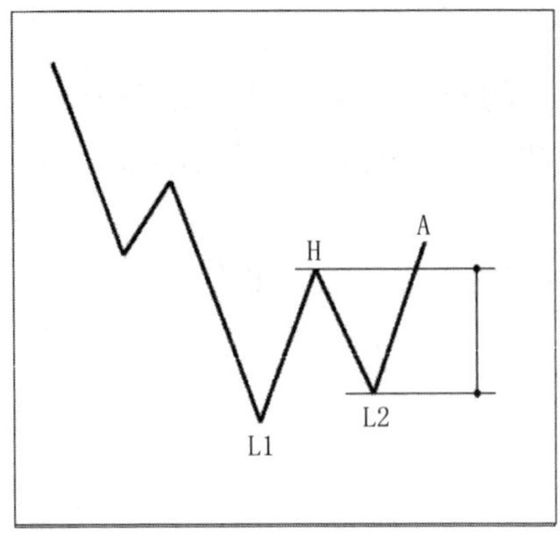

图2-16　第二只脚成功

以前曾经出现这样的信号后，股价仍然持续上涨，所以这次应该也会如此。操作者却没有察觉，上次的操作经验是一种错误的认知，只是运气好，而让错误的决策成为成功经验。

如果在类似的操作过程中，经常发生在触及观察点后，股价仍然往原先假设的方向前进，代表操作者设定观察点的方式需要改进、调整，甚至需要重新学习技术分析，扬弃旧有的观念。

在图2-16中，若标示L2的正反转点促使股价上涨超过标示H的颈线，代表底部已经成立，但必须等到基本幅度满足后才算完成整个形态。一般的操作者都将走势穿越颈线时，设定为安全的买进点，只要维持“真突破”的信号，就应当认定底部形态不会被破坏。而在真突破信号后，未满足评估的目标之前，都可以寻找恰当的点位进场，只是越靠近满足区，买进的风险越高，所获取的利润越少，但走势方向却相对明确。

在走势往假设的目标区前进过程中，并没有人可以保证非达到目的地不可，走势有可能在中途发生夭折，所以此时我们需要利用“移动式止盈法则”，协助规避风险。

请看图2-17，当走势在标示A满足评估的目标区之后，如果当时时空背景，对多方走势的定位是属于反弹，在实战操作的策略上，应义无反顾的在满足目标且出现止涨信号时，顺势卖出操作的多单。当然，在止涨信号出现，并执行卖出动作后，股价可能略微震荡便再持续上涨，也有可能就此出现回落，无论后续的走势是属于哪一种，在当下的研判既然是卖出，就应该执行策略，到此都属于成功的操作。万一走势在卖出后又持续上涨，已经属于另一个阶段的研判范围，无须因为当时的决策，与后续走势是否相符，产生自

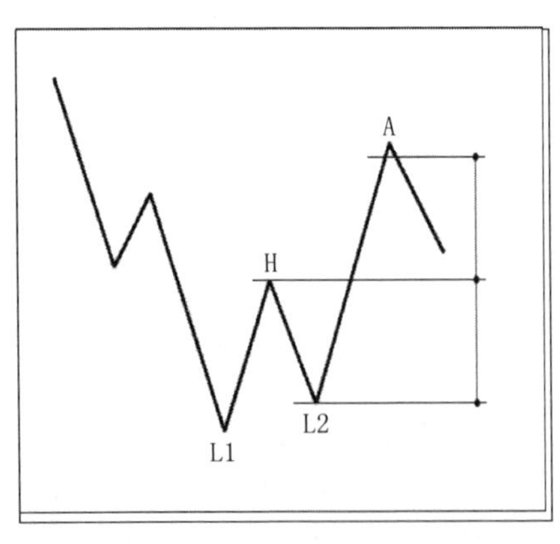

图2-17　穿越满足点

满或是自责的心理情绪。

假如股价从图2–18中标示A的位置出现回落时，必须观察回档后的低点是否会与标示H的颈线产生重叠，如果无法重叠，暗示走势图可以将“波浪理论”中攻击波的观念带入观察。因为走势既然可以满足基本幅度，那么标示L2–A的段落，必然大于标示L1–H的段落，符合“波浪理论”中第3波不是最小波的铁律，再加上未与标示H的颈线产生重叠，当再度出现可靠的买进信号时，便可以假设走势会有另一波上涨，且会突破标示A的高点，届时上涨目标便可以考虑使用黄金螺旋法则加以测量。

假如股价从标示A处出现回落，回档的低点与标示H的颈线产生重叠，暗示暂时没有第5波上涨的结构，同时代表这并非多头的攻击走势，如果未来走势仍然要呈现5波的架构，走势必定是以延伸浪的结构表现。在无法研判走势将出现多头延伸时，多方操作者顶多只能先以“浪潮盘坚”的模型定位。

请看图2–18，当走势在标示A满足评估的目标区之后，虽然出现短暂的止涨信号，却没有明显的回档走势，立即再出现多头攻击，代表当时走势属于多头强劲，甚至是这段波动出现了多头延伸走势，上涨幅度将会被扩大。假设操作者在标示A的位置已经卖出股票，那么在看见出现攻击信号时，是否应当再度介入？从技术面来说，是无庸置疑的，然而在此位置最常遇到的困难并非技术，而是心态。

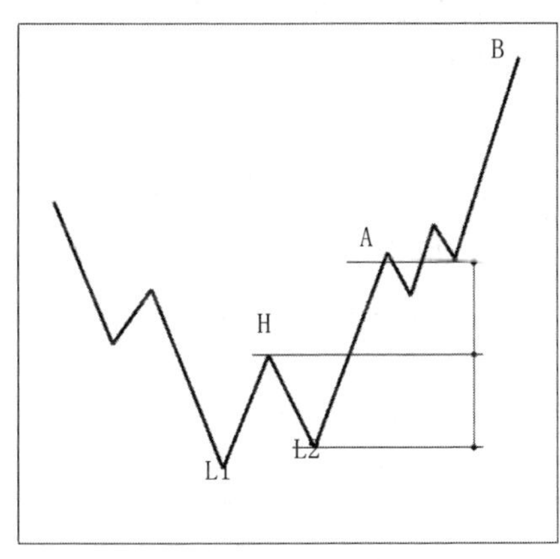

图2–18　穿越满足点后走势再攻击

试想：才刚刚卖出股票没有多久，再度出现的买进信号，可能会使持股的成本超过先前卖出的价格，而持股的水平也不容易与在低档买进时的部位相当，甚至会怀疑这是不是假突破？

因此，这时需要克服的，通常不是技术面的问题，而是心理面的问题，技术面的信号非常简单，出现买进信号就是该买，出现卖出信号就是该卖，但是操作者经常因多余的考虑，被贪婪与恐惧的心态影响，导致操作全无章法，所以这部分是笔者认为不易修练的地方之一，而是否成为一位成功操作者，也往往决定于此。

倘若操作者根据当时时空背景研判，或是以更大轮廓观察，推论走势有机会呈现更大格局的上涨波动，那么在标示A出现的止涨信号，便可以暂时先忽略，继续持有手中股票。但是为了保护手中持有的多单，纵使当时是呈现获利状态，仍然需要设下一个观察点，作为多单的安全气囊，此时非技术分析不能竟其功。

如果设定的点位过于严苛，很可能被较大的震荡幅度震出场，而设定过于宽松，有时又会侵蚀原本的获利。以笔者的经验，放大观察轮廓将有绝对的帮助，除此之外，操作经验的累积与对技术分析细节的深入研究，也能提供相对性的助力。

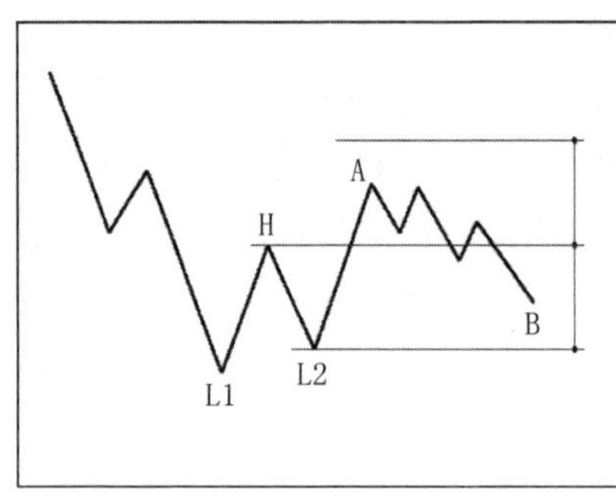

图2-19　未完成评估的满足点

请看图2-19，当走势在标示A尚未满足评估的目标区时，就出现折返，并往下跌破底部成立的观察点，如标示B所示，此时暗示底部形态失败。若技术分析运用得当，理应在尚未跌破底部成立的观察点以前，便可以得知走势转弱的信息，并且将手中持股卖出。

暂时不论后续走势的变化，在当时卖出手中持股，应该还有微薄的利润，不至于产生亏损，除非操作者是在突破颈线时介入，并且在跌破底部成立的观察点之后，才考虑卖出手中持股，这种情形出现亏损的机会就相对较高。

范　例

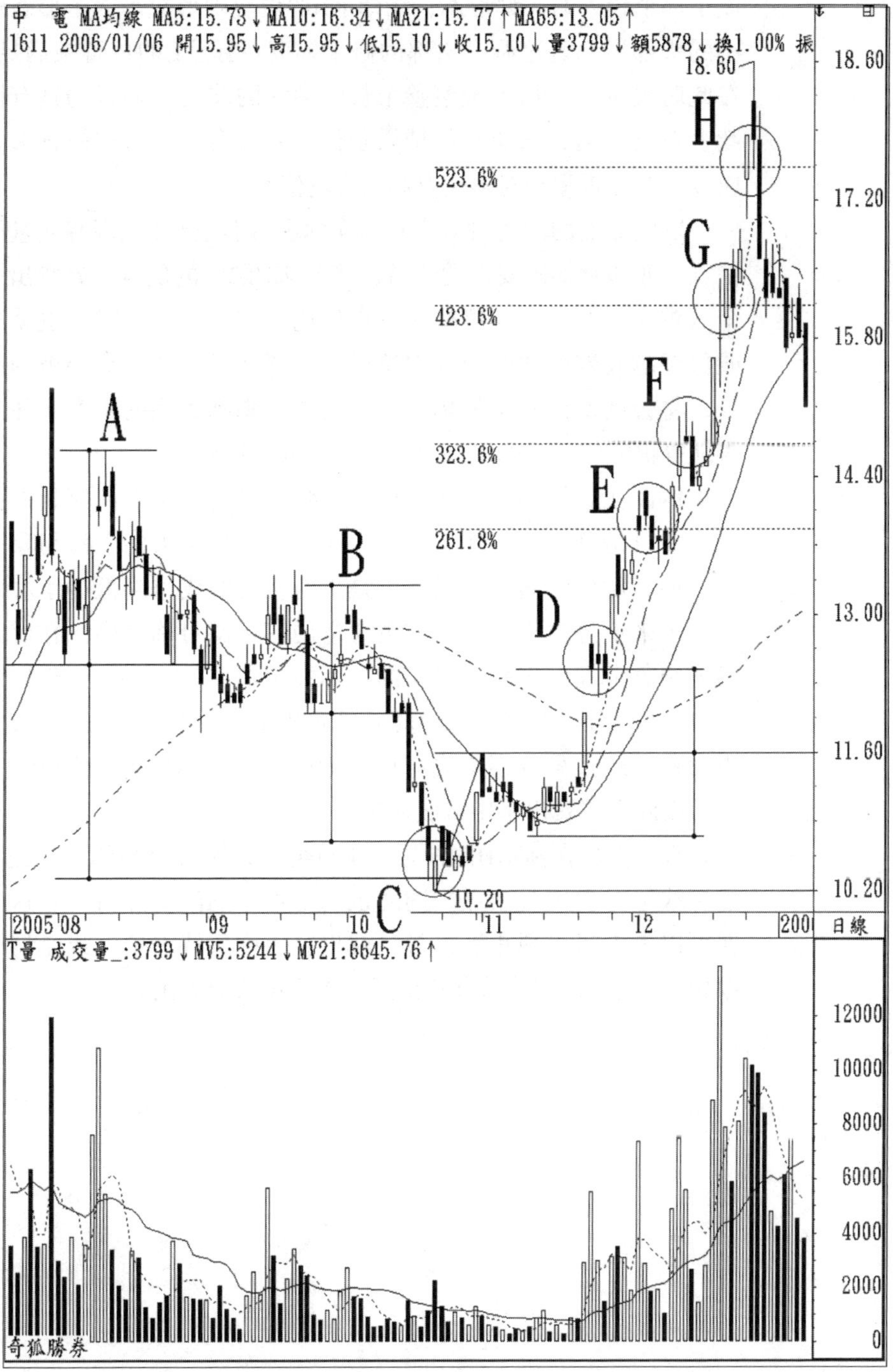

图2-20　　中电股价日线图(资料来源：奇狐胜券)

请看图2–20，中电股价从标示A附近开始向下修正，当时完成了一个较大的头部形态；在标示B的位置则形成了一个形态较小的头部形态，这两个头部的修正幅度在标示C的位置被满足。在此时投资人可以先观察整个长线潮汐的波动，是否仍具有持续上攻的力道，若研判的结果是仍然有机会，那么在修正末端应该注意是否呈现对多头有利的进场信号。

以成交量的波动对应来看，在标示C时就已经呈现谷底量的信息，亦即有筹码安定的味道，接着从10.2元的低点开始盘出一个双重底。假设以一般的买进点讨论，在底部完成时，也就是股价穿越底部颈线时介入多单操作，那么只要维持真突破的信号，将会满足最基本的幅度：从第二只脚到颈线的距离，往上再涨等幅完成基本的形态对称，即标示D的位置。

然而在长线潮汐暗示股价会持续上涨的背景下，获利的目标将不只是这短短的形态对称，应该是具备更大的上涨想象空间，形态对称的满足，只不过是主力将持股成本降低的手法之一，未来走势将有机会完成更大格局的形态对称目标。在此时仍采用黄金螺旋来测定操作的目标并评估风险。当走势于标示E、F、G，分别穿越不同的黄金螺旋倍幅时，都守住一般人最常用的移动式止盈观察均线：10MA(10日均线)，并使股价持续攻坚，因此无需卖出手中持股多单。

直到走势在标示H的位置穿越黄金螺旋的5.236倍幅，已经属于短线绝对卖出观察点，同时也满足某个潮汐上涨目标，这时便可以考虑当出现止涨信号时就出脱手中所持多单，或是持续以10MA 观察，等待跌破均线后才将手中持股卖出。

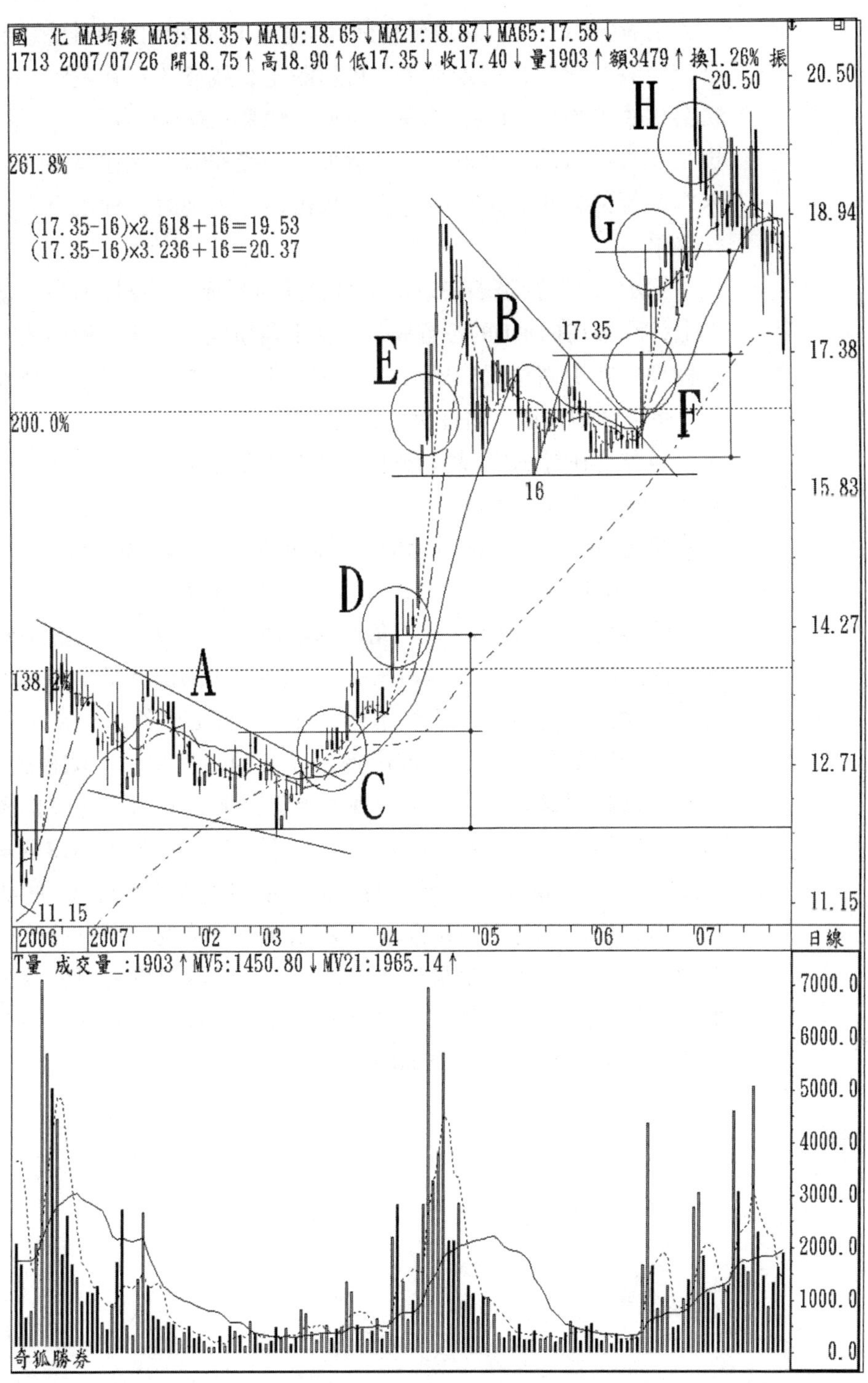

图2–21　　国化股价日线图(资料来源：奇狐胜券)

请看图2-21，国化股价在标示A呈现下降楔形的中继整理形态，观察当时整体的走势图，可以断定长线潮汐正在发动，有机会挑战2000/02/21的压力 = 19.9元，整理过程所呈现的成交量，也呈现谷底状的量缩形态。既然如此，操作者应该在整理形态末端，等待修正结束信号与多头攻击信号出现时，伺机介入操作多单。

标示C的位置是多头攻击信号，同时形成V形反转形态，基本上，涨幅在标示D的位置满足。如上段所述，长线潮汐的攻击目标理应在更高位置，所以这里只要没有跌破自己设定的观察点，可以续抱持股，追逐更多利润。

当股价在标示E穿越初升段测量的2倍幅后，在接近2.618倍幅前止涨，请投资人注意，并没有任何一套理论可以告诉我们，走势非达到主观认定的目标价不可，更何况2倍幅也是重要关卡价之一，实际走势出现信号就是眼见为凭，照着执行就对了。

随后股价在标示B呈现三角形的整理形态，以同样的方法研判，依然可以再介入多单操作，因此在标示F的位置呈现多头攻击，同时该处为一个双重底结构，标示G满足底部形态基本测幅，但当时股价尚未过前波高点，并非预估的多头上涨模式，因此可以利用移动式止盈法则观察走势强弱，同时采此底部形态第一只脚，为较小层级的初升段进行测量，计算出2.618倍 = 19.53元，3.236倍 = 20.37元，与之前评估多头潮汐欲挑战的19.9元压力相仿，也与原始初升段测量的2.618倍接近，所以股价在穿越这些价格时，如果呈现止涨信号，是暗示股价将回档修正的可靠度会提高。事实上，当时的最高价就出现在20.5元，整个长线修正结束点暂时落在5.88元。

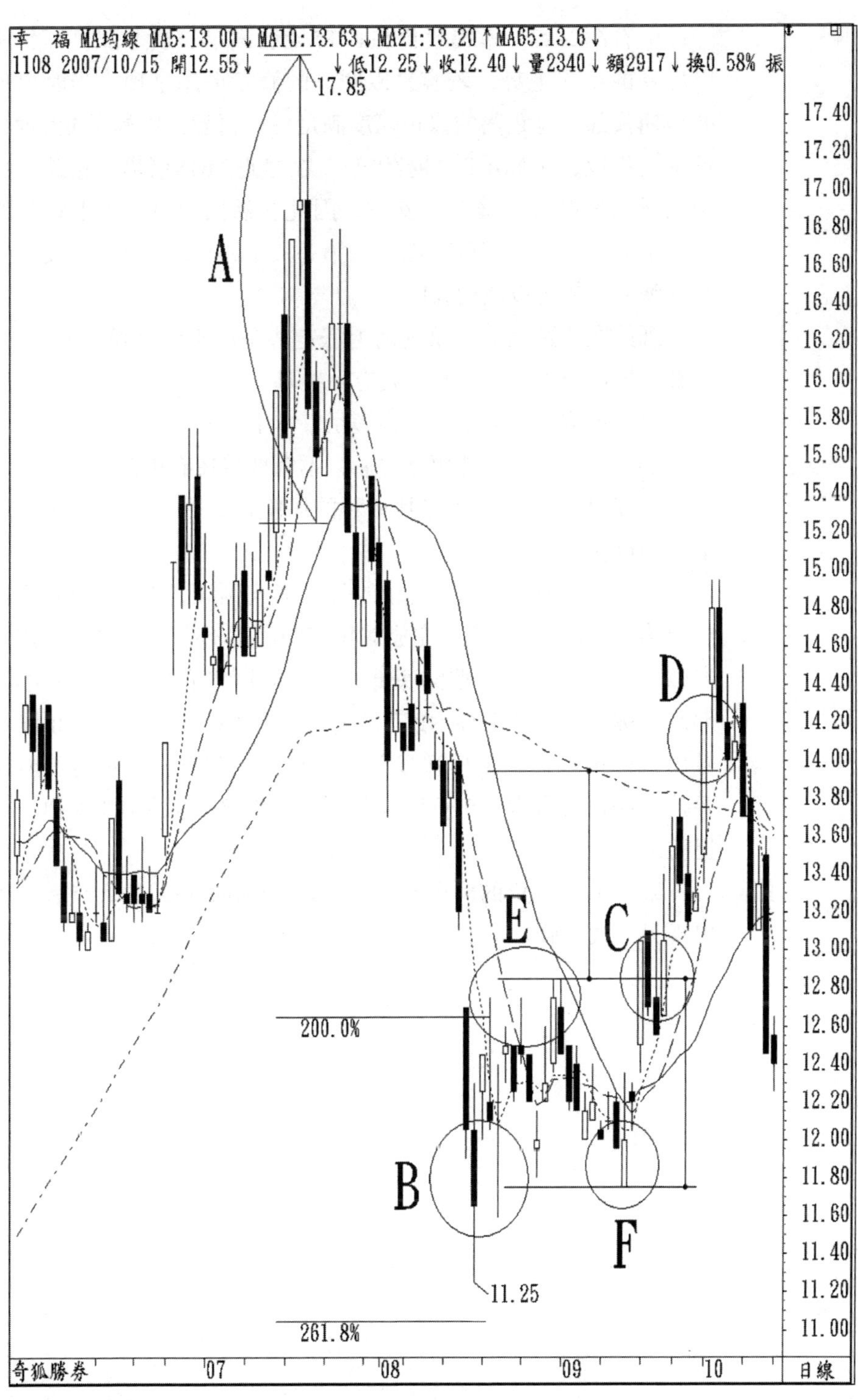

图2-22　　幸福股价日线图(资料来源：奇狐胜券)

请看图2-22，幸福股价在17.85元已满足长线上涨目标，所以出现的反转走势，较容易以明显的修正形态呈现。当时出现的短期头部，等距离的修正幅度满足后，再发挥以标示A为黄金螺旋测量段，于标示B穿越2倍幅，在接近2.618倍幅时止跌，由于当时已经跌破上涨时的支撑，因此容易出现对应于下跌段的反弹走势。以“波浪理论”而言，第一段下跌可以假设为A波，未来反弹的走势可以假设为B波。

既然在止跌之后，呈现的上涨走势是属于“反弹”的假设，那么进场操作多单时，必须要有一些基本认知：

(1) 形成的底部不一定会满足基本上涨幅度。

(2) 满足基本上涨幅度之后，不宜期待还有更高涨幅。

也就是说，抢反弹有其相对的风险性存在，进场操作的资金比例也应降低。

从走势图观察，在标示E的位置形成颈线，在标示F的位置形成第二只脚，于标示C完成双重底的底部形态，只要能维持真突破，就不会形成失败的底部，上涨幅度将有机会满足基本的形态对称，而股价在标示D满足测量的上涨幅度后，任何止涨信号出现便可以退出抢反弹多单，不宜恋战贪多，以规避可能还要持续修正的风险，毕竟原本我们就假设这一段是B波反弹，须提防未来C波下杀。

事实上，股价的确出现C波下跌，直到7.35元的低点后，才出现另一波反弹。

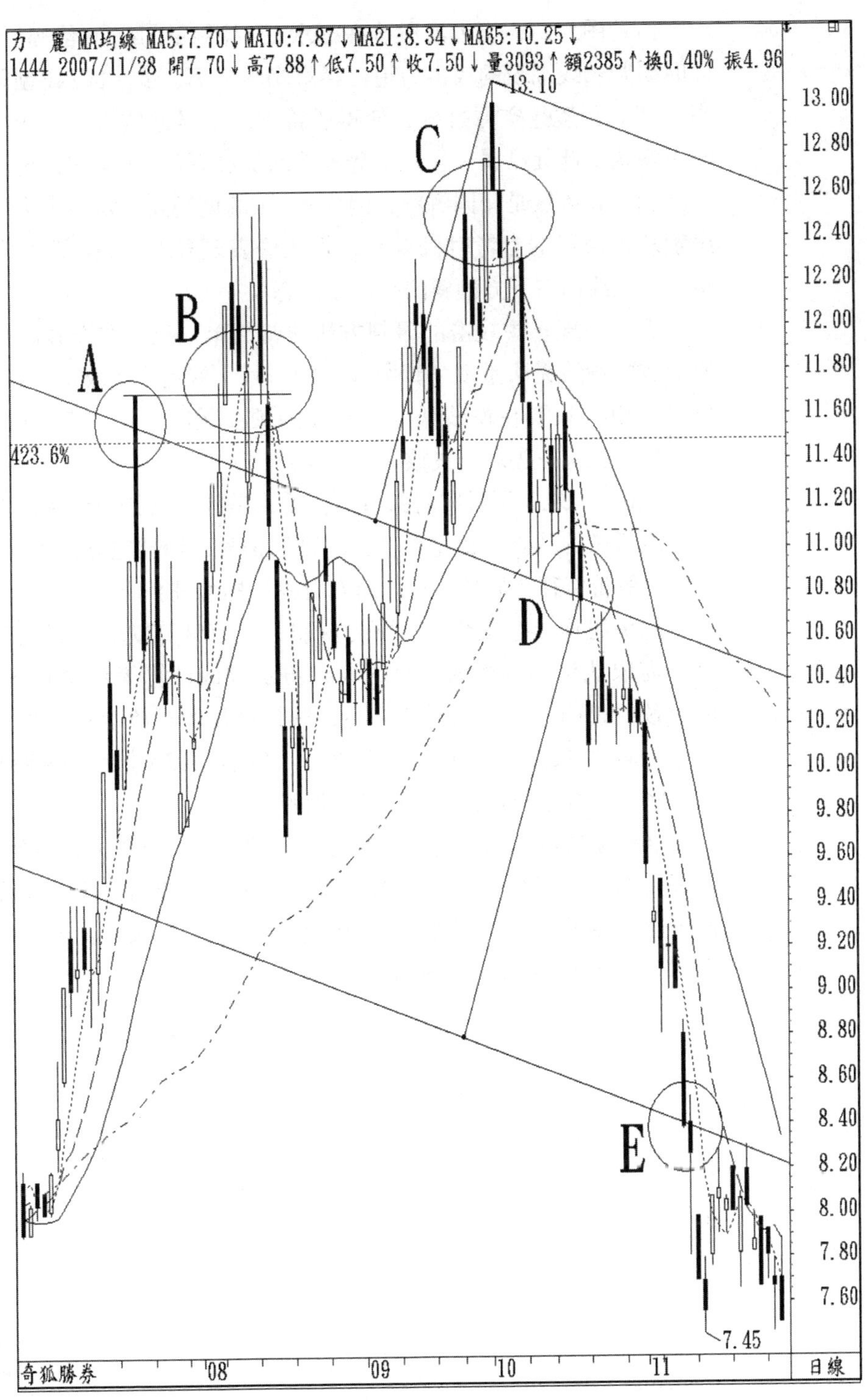

图2-23　　力丽股价日线图之一(资料来源：奇狐胜券)

请看图2-23，当力丽股价在标示A穿越测量的4.236倍幅后，同时研判长线潮汐的攻击力道已经有竭尽之虑，虽然标示B创新高，却立刻遭逢空方打压，使得股价出现明显回档修正，让当时主观认定此处已属于长线走势末端的疑惧更浓，标示C又再度拉抬创新高依然是相同解释，因为标示C的创新高，是多头再度出现攻击波段的参考时机点，却仍无法表现多头气势，反而盘出一个颈线向右下方倾斜的头肩顶形态。

无法呈现多头攻击的研判方法非常简单，只要在突破高点所形成的颈线无法呈现“真突破”的信号，就是多头攻击失败。反过来说，只要在跌破低点所形成的颈线无法呈现“真跌破”的信号，就是空头攻击失败。

在标示C之后所形成的头肩顶，无论是针对倾斜颈线或是水平颈线所做的跌破，都呈现“真跌破”信号，因此空方操作者，应假设股价将往头肩顶形态的形态对称目标前进。

此头肩顶形态颈线为右下方倾斜，所以计算跌幅的等距离时，需取从头到颈线的垂直距离，再从颈线计算等距离向下。因为颈线是向右下方倾斜的关系，跌幅满足的距离会较颈线往右上方倾斜者还长，实际走势是在标示E的位置穿越后，还多跌了一些，接着才开始尝试止跌盘底反弹。

这种穿越目标却跌更多的走势，经常是暗示空头力道强劲，就好比车子速度很快，踩了刹车却无法在停止线前停止，还要冲出去许多的意思。因此可以判断空头走势已经成立，未来出现的上涨走势，都先以反弹走势定位之。

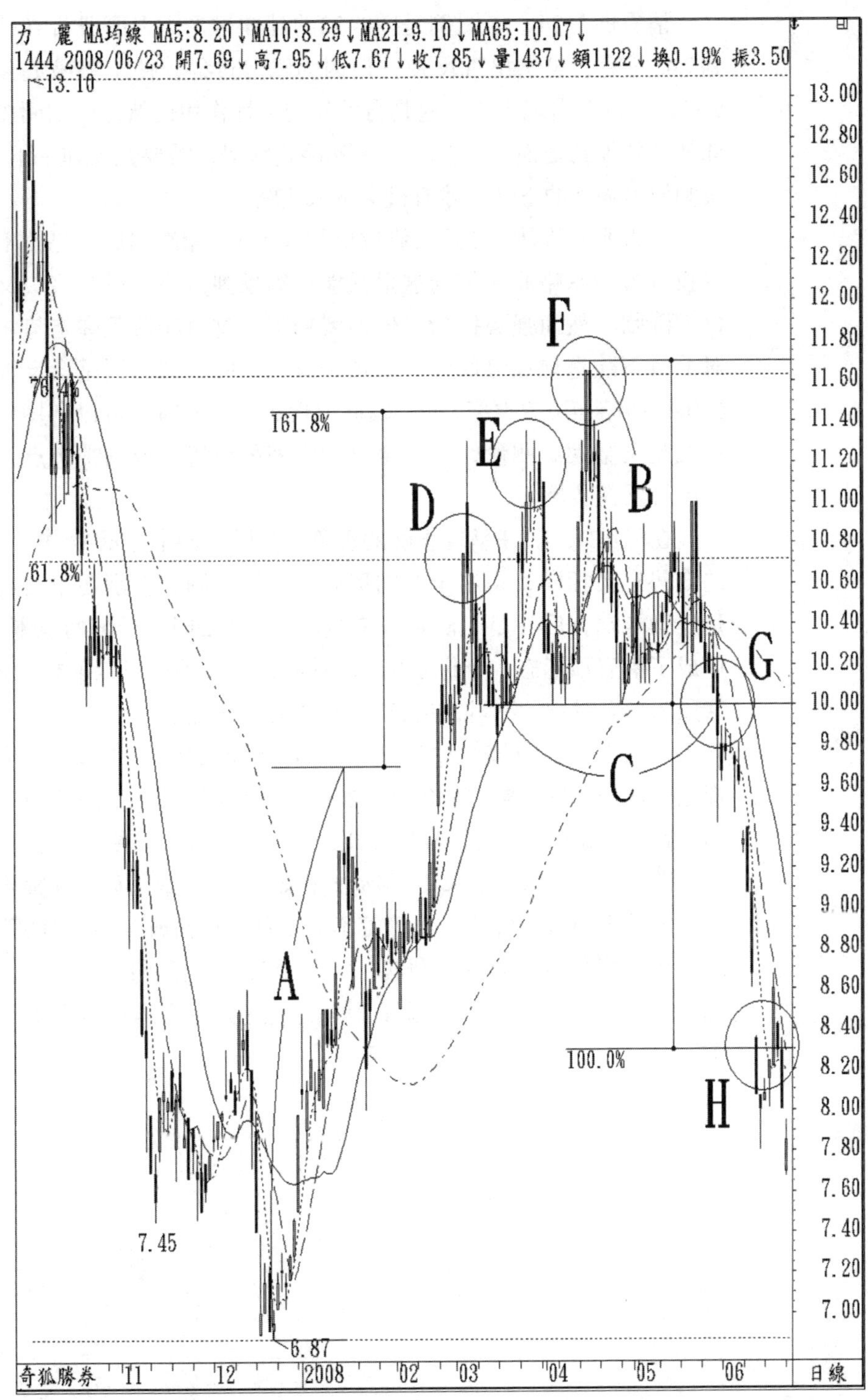

图2-24　　力丽股价日线图之二(资料来源：奇狐胜券)

请看图2–24，本图例是图2–23的延伸讨论。力丽股价在跌到7.45元后，虽然出现反弹，但因为跌势过猛，使走势破底到6.87元才再度出现止跌。这是自然界的惯性作用使然，就如同皮球从高处掉到地面，不会一下子就停止跌势，需要先反弹一下，缓和原本强烈的下跌后才有机会进入止跌。

当力丽股价从6.87元强势拉出如标示A这段涨幅后，恐怕不少投资人会忽略原先规划这里只能视为反弹走势，以为多头又再度降临。然而强势拉抬又做何解释呢？这意味着反弹走势将对前波下跌呈现强势反弹，以黄金分割空间规划，则是会反弹到0.618倍甚至0.764倍以上，因此出现买入信号时，可以利用杠杆或是黄金螺旋测量，与黄金分割空间的位置，取其交集点观察股价反弹满足区。

在标示D、E、F呈现止涨的现象，与图2–23中标示A、B、C的走势意义相同，是属于“同形态比较”法则，差别在于前者是反弹末端，后者是上涨走势末端。而图2–24中标示C的范围，形成了头肩顶形态，于标示G出现跌破信号，因此可以取标示B这段为形态对称的测量，走势在标示H穿越满足。

至此，我们应该回过头思考，如果图2–23的下跌属于波浪理论中所描述的A波，那么图2–24的反弹是属于B波，因此现在的下跌应该是C波修正，若是如此，空方的利润应该更大，在标示H 满足后，可以考虑采用“移动式止盈法则”，或是放大观察轮廓，或是采用黄金螺旋测量等等不同工具，评估或观察C浪的下跌走势，获取最大的做空利润，实际走势是从标示F的高点11.7元，跌到3.03元后才告一段落，跌幅远远超过形态测量的幅度。

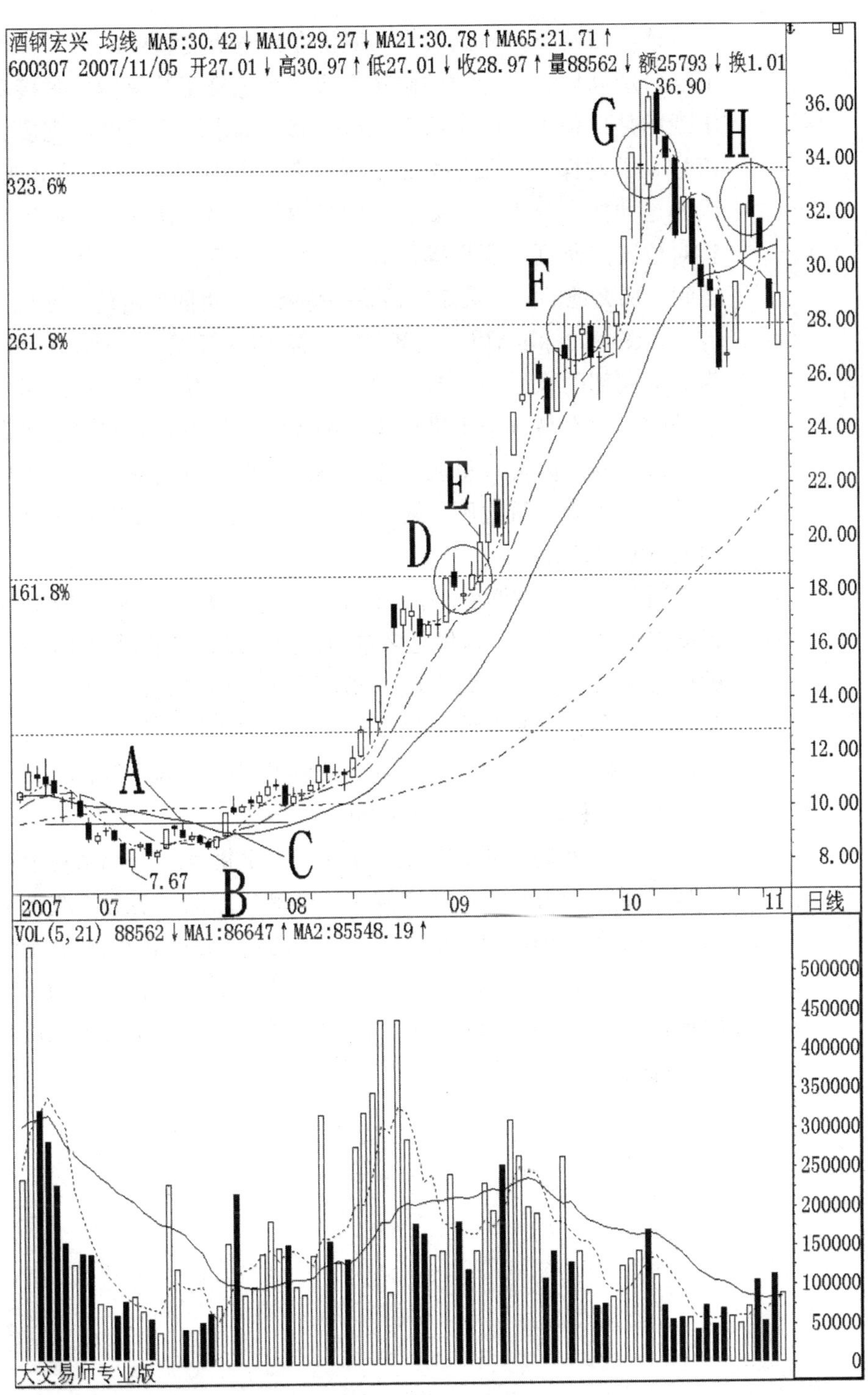

图2-25　　酒钢宏兴股价日线图(资料来源：大交易师)

请看图2–25，酒钢宏兴的股价在穿越历史重要压力，并创下当时新高后，进行拉回修正走势。无论修正结束后，紧接着出现的是反弹走势或是回升走势，修正的末端自然会出现多头信号，因此操作者最要紧的不是如何辨识底部形态是否出现，因为这种技术分析容易多了，困难的是：对整体格局的认识与相对位置的研判。假设操作者定位在修正后，多头仍然有上涨空间，那么他的操作策略应该是等待修正结束的攻击信号出现。

在图中的标示A属于底部颈线，标示B属于第二只脚，标示C为完成底部的讯号，同时是“均线三合一”起涨点，在此做多买进的风险不高，至于进场操作的利润，将不是只有底部形态的形态对称，因为这里属于长线格局的多头再发动，因此理应以长线波段的测量法则面对，宜取3.46～12.79元作为黄金螺旋的测量波段计算。

当股价走势在标示D穿越1.618倍幅时，略做震荡便在标示E再度出现多头攻击，这里是多单的再介入点，虽然风险比标示C的位置还高，但因为满足1.618倍时并未压回修正，反而持续攻坚，暗示多头方向明确，只要守住当时的支撑，便可以假设未来走势将挑战2.618倍，而止损与获利的风险报酬比例，对多单操作相对有利，自然可以积极操作。

标示F的推论同理，只是未来是否向上挑战3.236倍的可靠度较难以评估。无论将目标定位在哪个测量比例，走势从底部起涨开始都沿着10MA向上攻坚，也就是说未来跌破10MA时，走势才会暂告一段落，在标示G的位置穿越3.236倍幅后，跌破10MA确定止涨，此时可以将波段多单退出，或是等待在标示H的反弹时伺机逢高退出。

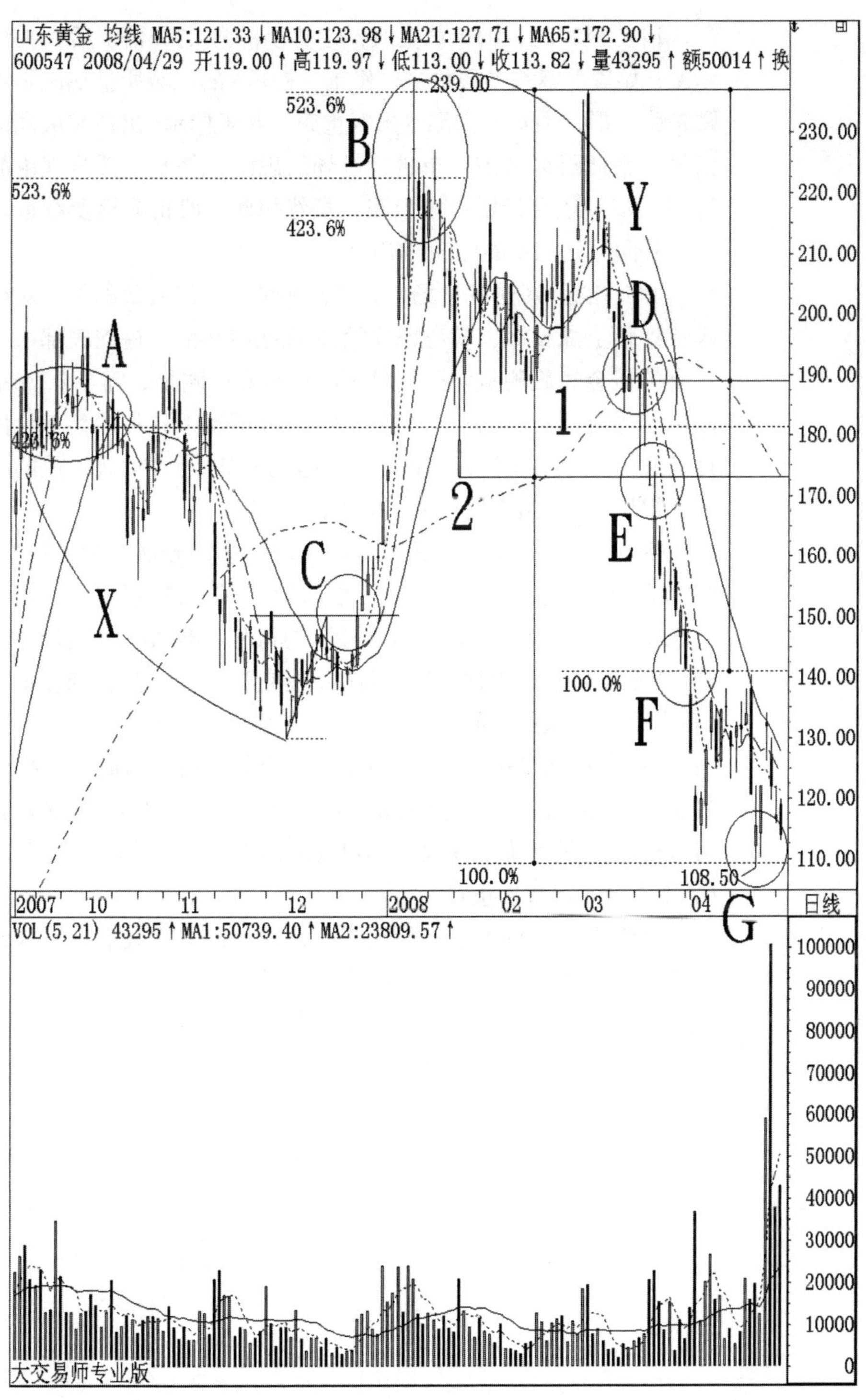

图2-26 山东黄金股价日线图(资料来源：大交易师)

请看图2–26，山东黄金股价走势上涨到4.236倍幅后，在标示A 开始震荡盘头使股价进入修正，标示X的区域所呈现的是下跌扩张楔形，在形态末端盘出双重底，并于标示C出现完成底部信号。在此可以考虑多单再度进场的思维，是基于波浪理论的规划，暗示还有最后一波上涨。既然如此，股价应该要续创新高，并向原始测量的5.236倍满足。

所以在标示C选择进场后，就不能单纯只以底部的形态对称进行评估上涨目标，应考虑原始测量的5.236倍，搭配底部第一只脚的黄金螺旋测量。第一只脚的黄金螺旋测量，需要4.236倍的幅度才能创高，而且又与原始的5.236倍接近，目标参考价便订在此处，为防止研判错误，可以选定10MA为移动式止盈的参考，很显然，标示B是可靠的止涨点。

接着走势在标示Y的区域开始呈现盘头，分别对标示1的颈线完成V形反转，对标示2的颈线完成格局较大的双重顶，而标示D、E在跌破时都维持“真跌破”的讯号，换言之，股价要分别往V形反转、双重顶的形态对称目标前进，也就是分别标示F、G的位置。这次修正幅度已经超越多头最后上涨的波段，暗示空头力道增强，从239元开始下跌的波段有极高机会形成空头A波，当反弹B波结束后，将还有C波的下跌修正。实际走势是B波反弹后进行除权(笔者强烈建议以不填权的图形观察走势)，整个下跌C浪到26.4元才暂告止歇。

波浪理论的价值之一便在于此，它可以提供我们针对未来走势轮廓的规划，请各位投资人不妨自行体会。

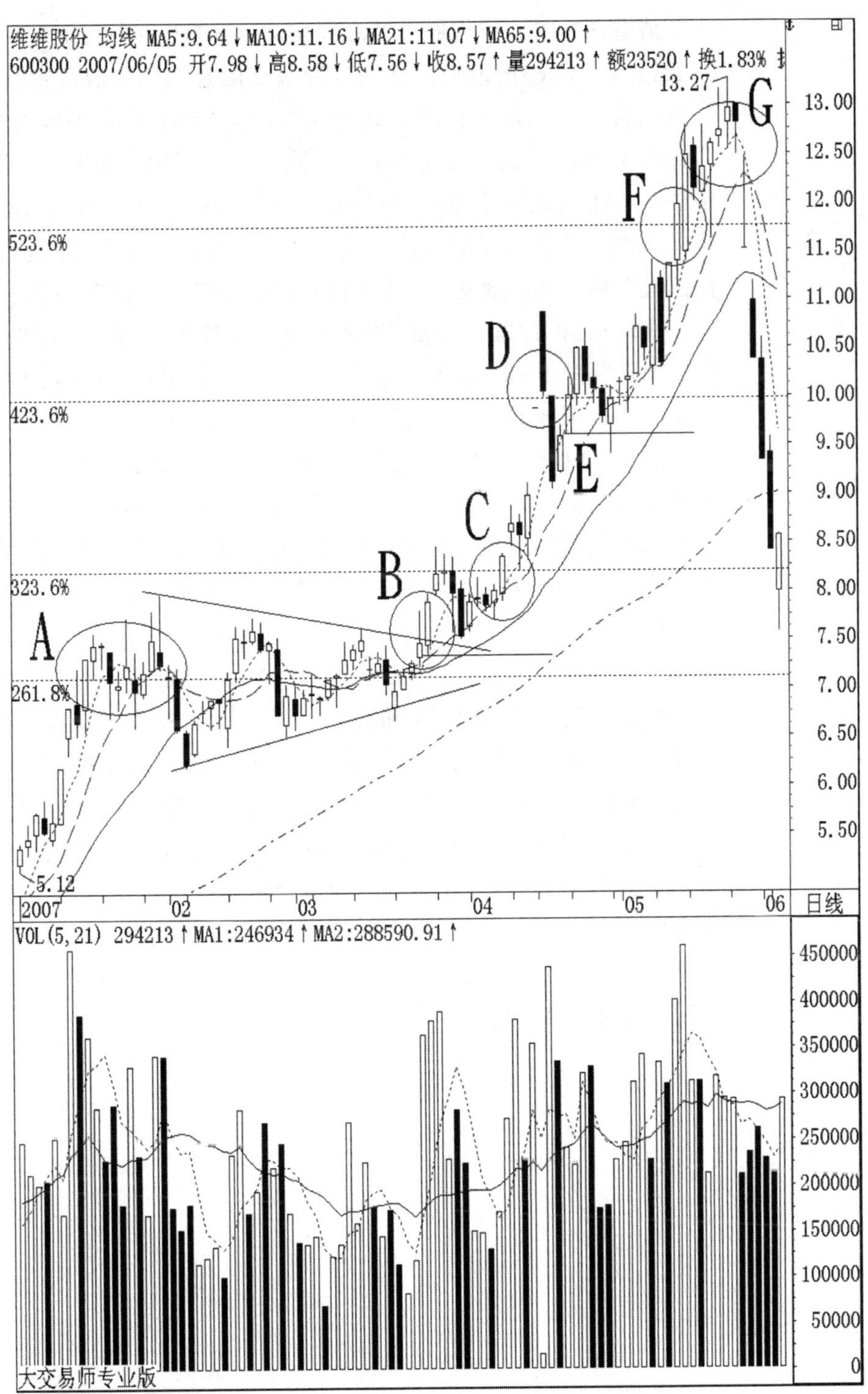

图2-27　维维股份股价日线图(资料来源：大交易师)

请看图2–27，维维股份的股价在标示A穿越2.618倍测幅后，开始进入震荡修正走势，修正过程呈现的是三角形收敛形态。一般而言，当三角形收敛结束之后的上涨走势，将被当成末升段，而末升段可能于何处结束呢？除了可以利用三角形态的测量法外，也可以采用原始上涨的测量波段进行评估，但是请投资人注意，毕竟这里有很高的机会成为末升段，操作时的止盈控制宜严格一些，触发止涨卖出信号时的动作也要俐落一些。

在标示B的位置，突破三角形的下降趋势线，是多头买进讯号，但随即满足3.236倍幅，使股价进入短线修正。等到标示C的多头攻击信号出现时，才能认定多头有机会持续上攻，此时只要沿着10MA观察，就可以抱股到穿越4.236倍，直到出现长黑止涨信号时，卖出短线持股。不等待跌破10MA就卖股的思维，是此处为末升段的定位，走势随时有可能结束，况且4.236倍是重要的测量参考数据，短线投资人实在毋须计较些微利润，而冒险死抱多单。

股价在标示D之后开始震荡，虽然在标示E获得支撑，但再度进场做多的风险已经逐渐提高，正常而言，操作者应该降低进场操作比例，当然也可以持续大开大阖，只是成王败寇，敢赌大一点的人，也要具备赔多一点的胆识。

在标示F穿越5.236的倍幅后只要止涨信号出现，同样的，先退出短线多单，或是等到标示G的位置出现“丛岛反转”，并跌破10MA 观察价时退出，假设跌幅超过多头上涨幅度，暗示空方力道转强，操作的策略应该改由空方思考，出现的多方上涨暂时视为反弹波动为宜。

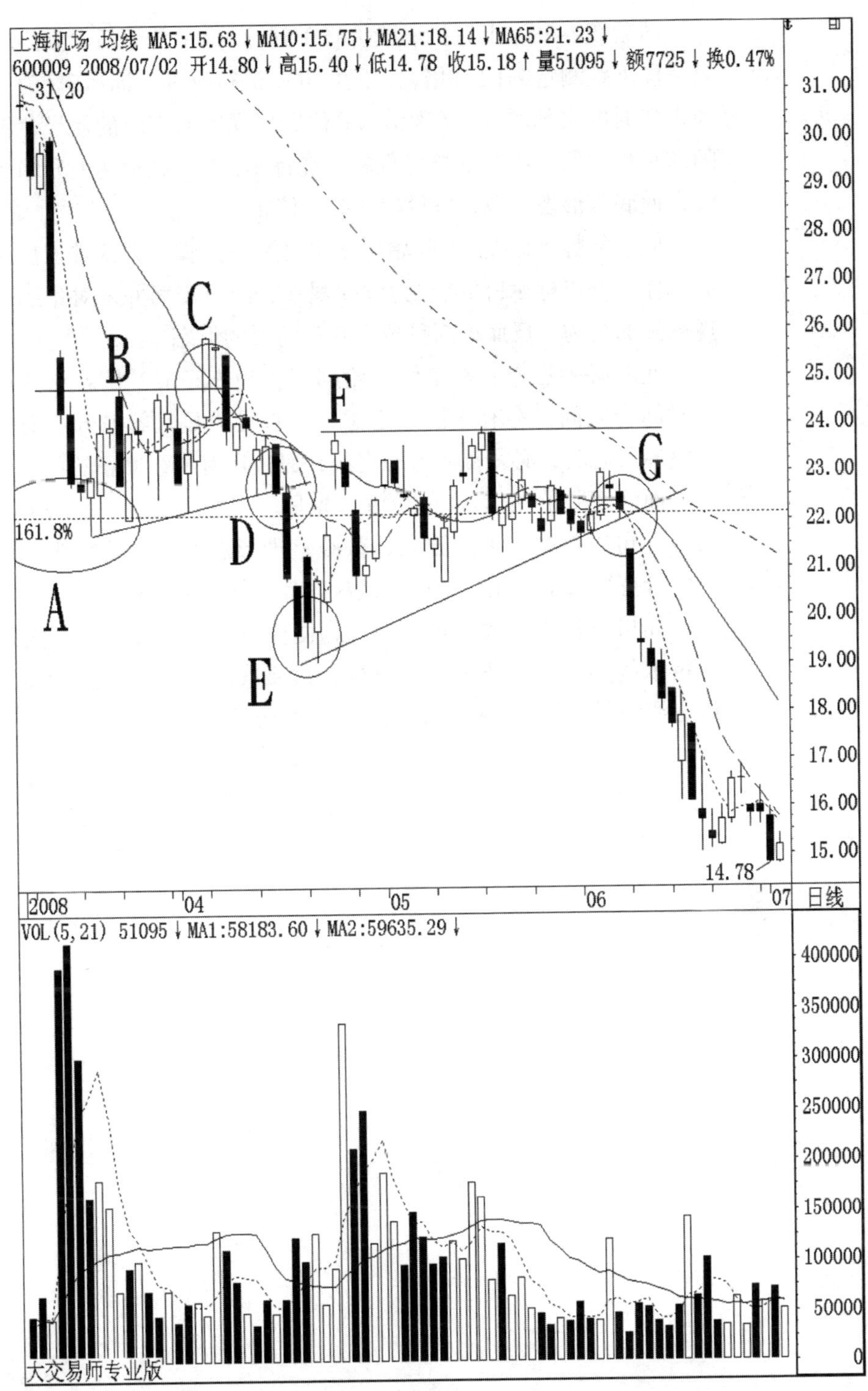

图2-28　　上海机场股价日线图(资料来源：大交易师)

请看图2-28，上海机场股价修正到标示A的位置后，满足以第一段下跌测量的1.618倍幅，股价开始进行反弹，标示B疑为反弹走势时的底部颈线，在标示C的位置出现底部完成的信号，但随即呈现“假突破”的技术现象，在标示D更跌破短期上升趋势线，使底部形态失败，股价持续向下修正。

股价从标示E的低点开始再度拉出第一只脚，尝试进入盘底的动作，并以标示F的高点为颈线观察，经过震荡并未对颈线呈现突破的行为，反而逐渐呈现上升三角形的形态。

此时必须思考：整个修正轮廓是否尚未完成？倘若对修正的时间与空间尚存有未满足之虑，当看见明显且容易分辨的中继整理形态时，必须提防形态完成，股价还有继续修正的可能。

而后续股价在标示G的位置，先呈现“均线三合一”的下跌信号，再以跳空向下的方式，跌破整理形态的上升趋势线，确认股价持续向下修正，两次尝试盘底都宣告失败。

如果投资人能放大观察轮廓，便能避免进场操作盘底失败的技术线形。这并非困难的技巧，只要找对方法，并大量阅读历史线图作为练习，很快的就能掌握关键的诀窍。

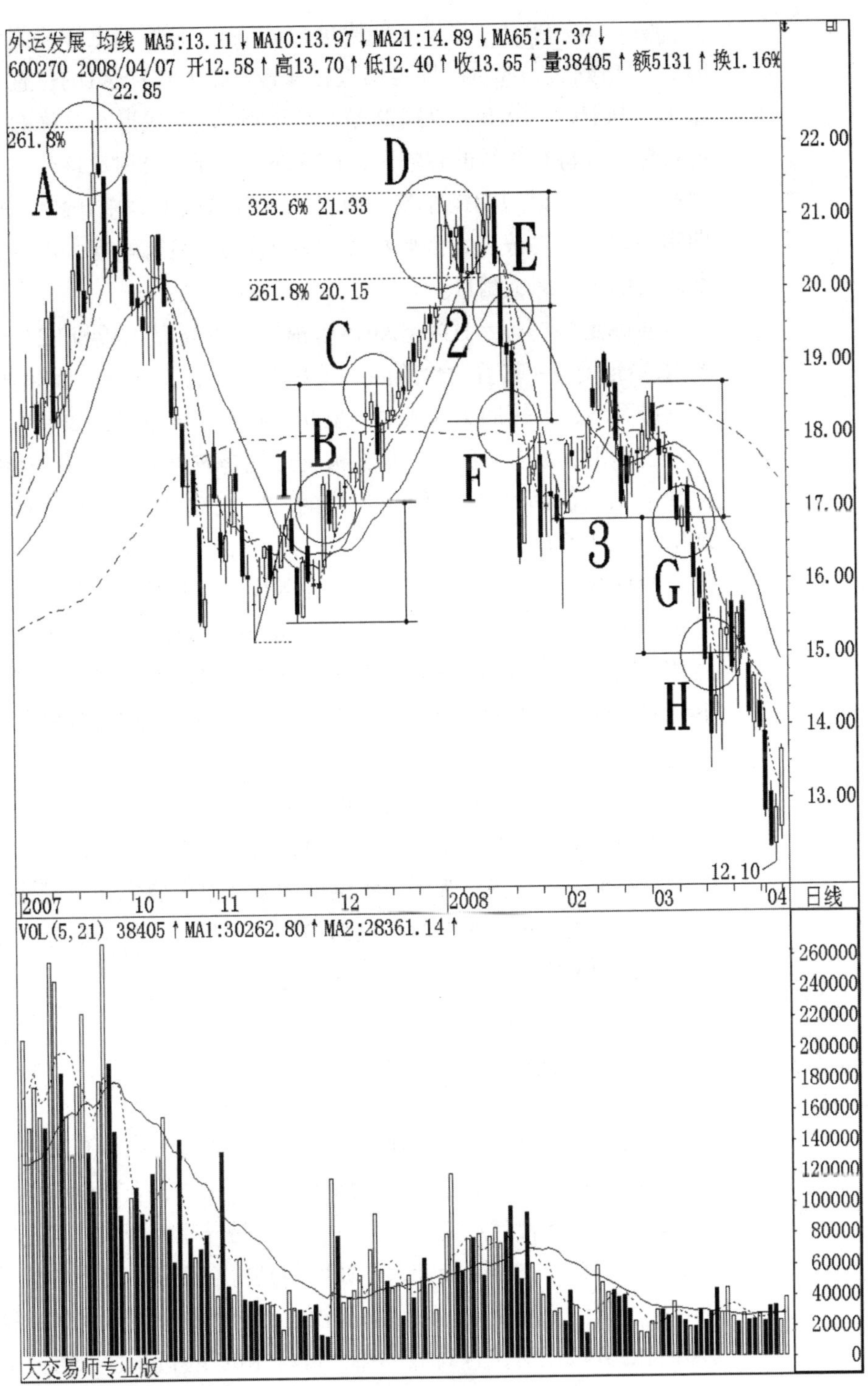

图2-29 外运发展股价日线图(资料来源：大交易师)

请看图2-29，外运发展的股价在标示A穿越原始上涨段测量的2.618倍幅度，股价随即走弱进行修正，接着在标示1的位置拉出第一只脚，标示B完成底部形态，于标示C完成形态对称的测量目标。股价在短暂的转弱后，持续向上攻坚，此时应该改换其他测量工具，以短期操作技巧而言，没有跌破上升中10MA，短期多头趋势不易改变，因此可以取标示1第一只脚幅度，进行短期多头的黄金螺旋测量。

实际走势在标示D穿越2.618倍幅，股价高点正巧与3.236倍的21.33元相等，接着股价压回、反弹未过高点，再于标示E的位置跌破颈线，使短期头部成立。至此，我们应该思考：如果头部一直迟迟没有被多方破坏，那么极有可能是波浪理论中所描述的反弹B波，而标示2与标示1所形成的“头底对照”，也属于对称理论的一种观念。

股价在标示F先完成形态对称的测量，再出现反弹震荡，又以标示3为头部颈线，盘出双重顶，并于标示G呈现“真跌破”的技术现象，于标示H满足该头部向下的形态对称测量。至此，下跌的幅度已经扩大，走势已经确定进入空头，操作者应采空方角度思考。

然而投资人必须等到当时才能警觉空头已经来临吗？当然不是！当满足重要倍幅开始进入修正时，就必须卖出多单，然后再根据实际走势研判多空强弱，本例即为上涨时未能再创新高是多头败笔，绝对不可因为当时消息面的利多纷呈，就昧于走势已经出现疑虑的事实。

力道的形态对称

股价波动的过程，简单地说，就是多空力道较劲。至于市场中，谁的力道多一些，筹码又流向哪位主力手中，企图以简单的统计数据或是指针就想要一窥究竟，实在是异想天开。与其花费许多时间与精力在钻研指针，不如回归到价格变化。笔者的意思并非认为指针不能使用，而是如果没有经过严谨的逻辑训练，能够恰当的分辨相对位置高低，那么再好用的指针也会惨遭误用。指针就如同兵器，使用的成效好坏，关键仍然在于使用者。

无论操作者是以哪种理由进场，举凡观察筹码流向、分析财务数据或是使用了神奇指针、自己优化过的交易程序等等，到最后仍然是以“价格”呈现交易结果。既然如此，每一笔K线代表的就是在当时的单位时间，纪录买卖双方(或说是多空力道)的过程与结局。

我们以图2-30说明收盘价的重要性。第一根K线的收盘价，就好比是多头军队向上攻坚后，军队驻扎的位置，但哪知第二回合甫一开战，多方军队立刻退守在标示O2的位置，如果多方军队要维系其气势，首要关键便是想办法将原本失守的C1位置抢回来。纵使将C1点抢回来之后，也不过是维持原本的局面而已，无法真正显现多方军队的企图心，故必须再往上推进相当距离，这段距离当然是越远越好，不过最起码也要“雪耻”，也就是被空方趁虚而入的距离，要能够等幅的要回来。

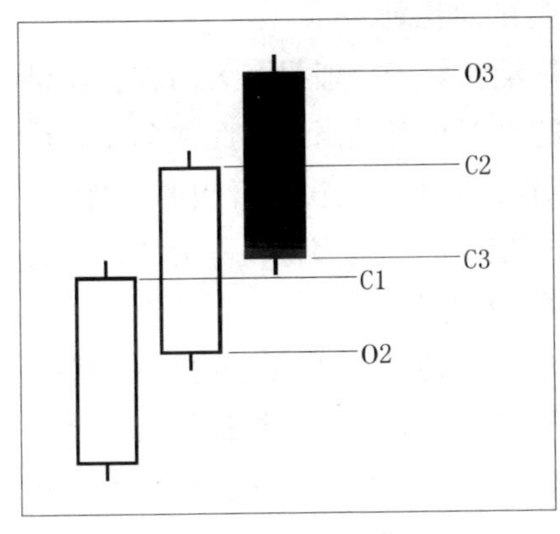

图2-30　K线收盘价的思考

等到第三根K棒开盘时，如果是属于高开，那么标示O3的位置将攸关多方军队接下来可能的动向。比如：离正常多方想要攻占的目标还有一点距离，那么在“正常”的情形下，多方军队应依赖前两根K线的气势，往目标挺进。过程中，只要关注多方是否出现错误信号即可；如果没有出现错误讯号，代表多方走势无虑，出现时则应反向思考。假如甫开盘的位置，就将多方军队想要攻占的目标满足，那么接下来应该关心的是，多方军队已经达成目的，把军队拉回后方补给？或是趁势追击扩大多方版图？还是遭逢空方军队伏击导致无功而返？

我们将多方军队一开始就满足目标的现象分别描述如下：

(1)　如果是拉回补给，那么应该会出现留有下影线的红色K棒为佳，留有下影线但K棒收黑，代表多方被消耗的量能较重。

(2)　如果是趁势追击，那么应该会留下跳空缺口，K线维持收红。留下的缺口若是完全缺口，对多方最为有利，留下实体缺口次之，但仍为强势。这一笔K线是否留有上影线，与上影线的长短与前方阻力的大小有关。

(3) 如果是遭逢伏击，那么空方军队宜展现企图心，亦即先抢回标示C2的位置，再往下推进相当的距离。

这些多空力道的推演比较，无论是用在哪个层级的线图，道理都是相同，只是传统上对于多空争夺的多寡，往往以所谓的“黄金分割空间”计算，然而力道多寡的评估，最原始的方法就是“对称”的运用，就算是费伯纳奇数列，也是从对称开始，而对称的精髓，便是如何找到恰当的对称轴。

如何找到K线行进间的对称轴？对于一般投资人而言，如果是单根K线的比较，在使用上的难度相对较高，因此本单元着重于K 线形态组合观察。只要能在K线形态上找到恰当的对称轴，就可以针对这个形态计算低一个层级的力道多寡，称为“力道的形态对称”，又称为“力道的幅度对称”。

图2–31为岛状反转的K线组合，传统对于K线组合的力道研判上，以整个形态是一个箱幅作为计算基础，然而在实际操作过程中，往往尚未开始发挥该有的力道时，走势便出现折返，导致操作者的止损区域过大。尤其是操作杠杆倍数较大的期货、选择权等衍生性金融商品时，未能在力道转弱前先收警示之效。

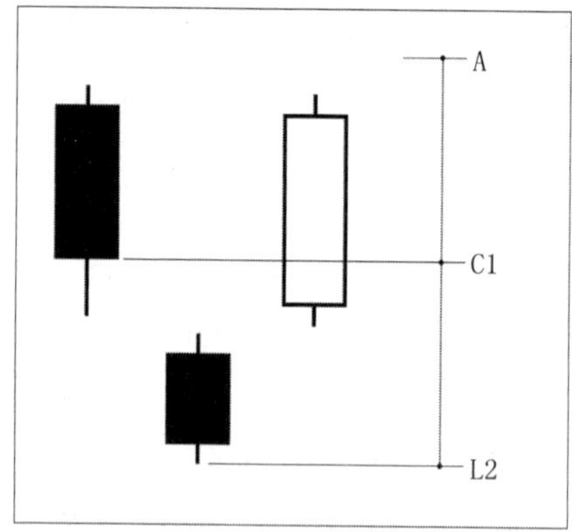

图2–31　K线的对称形态之一

若能将力道对称的观念先导入，便可以规避此一弊端，同时缩小观察范围、降低止损值太高的风险。其原理如图2–30的说明，对称轴若以图2–31岛状反转为模板，则应取经过标示C1的水平线为参考，再以C1–L2的低点为测幅，计算多方形态最起码的攻击距离，便是标示A的位置。至于图2–32 阴母子的组合，应取经过标示C1的水平线为参考，再以C1–L2的低点为测幅，计算多方形态最起码的攻击距离是标示A的位置。至于空方形态组合的研判，只要将上述说明倒过来运用即可。

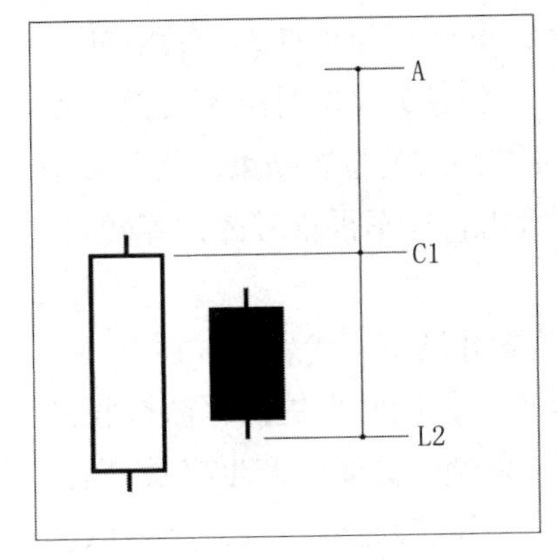

图2-32　K线的对称形态之二

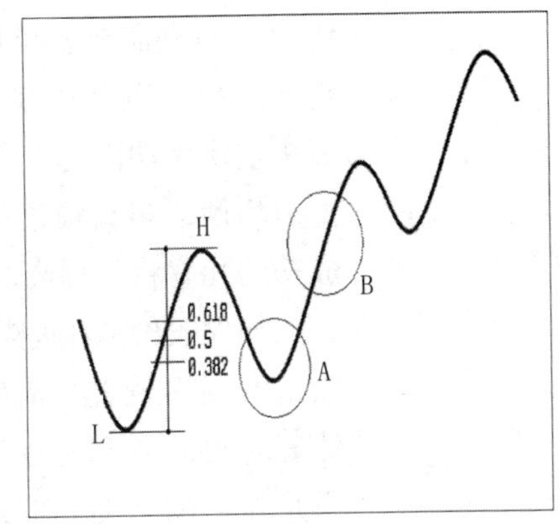

图2-33　盘底再攻示意图

其他K线组合有关于“力道的形态对称”，请依此原则研判，本书仅举此两图形作为范例说明，避免过于繁琐减低阅读兴致。至于对称轴的取法，可以使用收盘价作为关键，也可以使用高低点当成关键，端视当时的走势变化而定。此外，要再度提醒投资人：任何测量都可以视为力道的呈现，而测量既然有一个“测”字，便包含了预测的成分在内，没有人能百分之百保证预测的目标可以到达，所以对于目标到达与否的思维，应该是到不了该怎么办？到了之后又该怎么办？到了目标之后，是力竭或是补给再攻？还是反方向力道趁虚而入偷偷打击？投机过程中能持续不断的反复思考，进行合理的逻辑推演，才是保命最佳良方。

当多方在相对低档或是修正末端，盘出一个底部信号，那么就是多方兵力集结完成，投资人能否在多头尚未发起攻击信号时，领先知道多方有集结兵力的企图，而早一步加入多方的阵容呢？这可以根据多空对领地争战的空间多寡进行思考。以图2-33 所示的底部形态说明。假设多方先拉出标示H-L这一段后，遭逢空方顽强抵抗(这是大部分的情形)，致使多方兵马遭受损失，那么多方拉回进行补给时，便可以根据H-L这段切割黄金分割观察。

计算的公式是：(H－L)×黄金分割率＋L，黄金分割率可以用0.236、0.382、0.5、0.618与0.764这些数字代入。

通常股价从H回档到0.618的位置就结束，代表股价回档幅度较少，多方需要补给的粮草不多，可以立即再挥军上攻，不过空方却也可以利用多头胜骄之际，在多头攻击时给予突袭，使多头重伤无功而返。若股价从H回档到0.5的位置结束，代表多空力道均衡，多头粮草补给的幅度恰当，挥军再攻时因休养较足，成功的几率将会提高。

如果股价从H回档到0.382的位置才结束，代表多方在上一波攻击时损失较重，需要将补给线拉长，同时也提供军队较长的休养时间，当养足力气再攻时，可以使空方军队产生轻敌之心，只是拉回的幅度如此之深，多方是否能够充分补给，必须以多方行进的走势观察。综上所述，可以得到一个结论：回档浅，多方虽然强势，却因为上档空间不足，造成较高的做多风险；回档深，多方虽然弱势，却因为上档空间足够，形成较低的做多风险。因此成败之间，并非当时强弱与否决定，需以后续走势的呈现作为进一步观察。

在图2-33中所标示A的位置，先以黄金分割决定强弱之别后，紧接着就必须观察多方是否蓄势待发，若企图心强烈，必然会出现明显多头表态，此时就是适时切入时机，等到走势行进到标示B的位置时，已经突破标示H的颈线，势必会与空方产生激烈遭遇战，无论成功与否，风险已经比标示A的位置提高。倘若多方攻击成功，应该采用适合攻击波的测量工具，一般是使用黄金螺旋的测量方法，原理于此处不再赘述，请参阅拙作《主控战略移动平均线》，公式如下：

黄金螺旋向上测量目标 = (H – L) × 黄金螺旋数字 + L

黄金螺旋向下测量目标 = H – (H – L) × 黄金螺旋数字

黄金螺旋数字可以用：1.618、2、2.618、3.236、4.236、5.236、6.854这些代入，其中3.236是1.618的2倍，5.236是2.618的2倍，这两个数字并非标准的黄金螺旋数字。

范　例

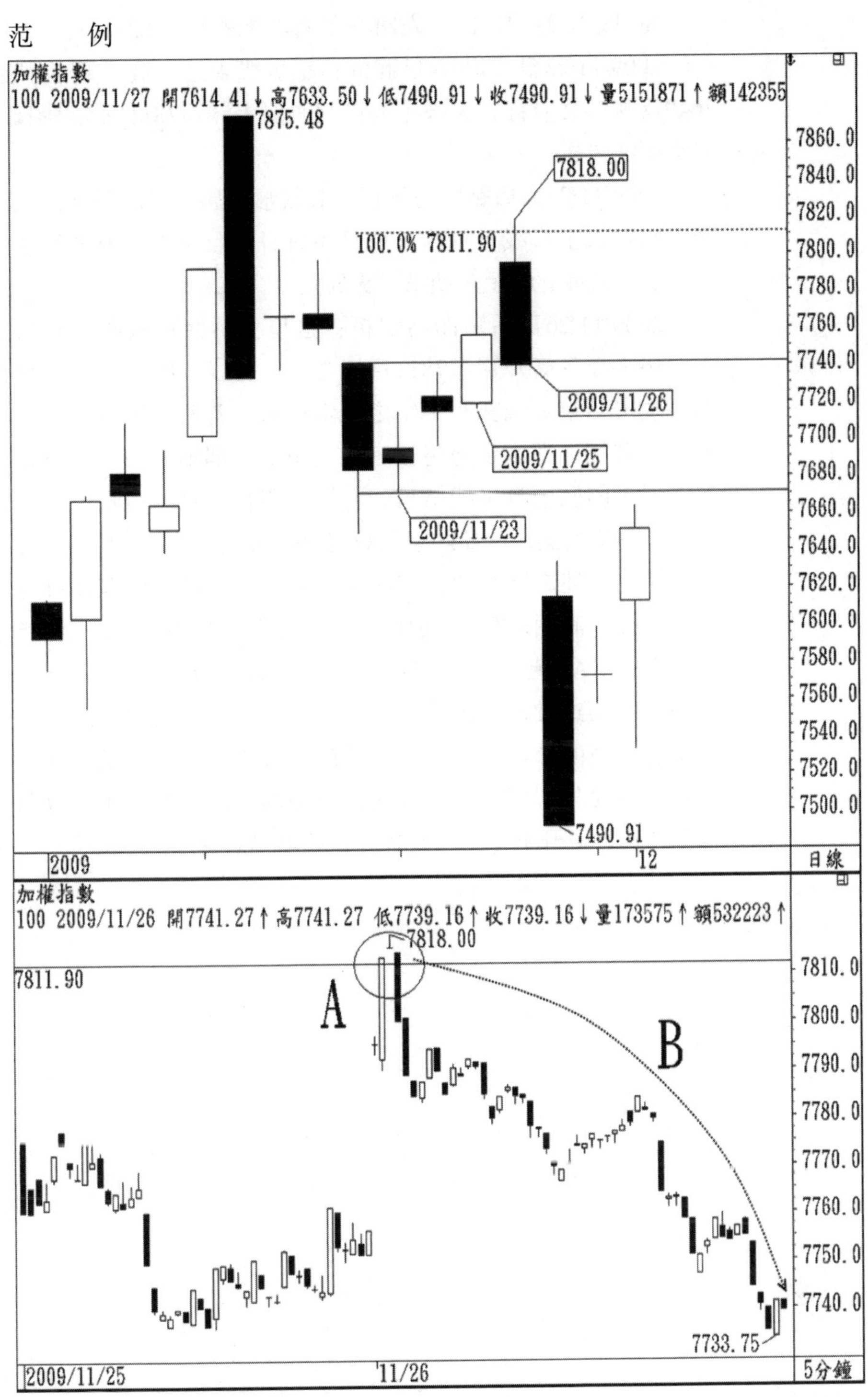

图2-34　台湾加权指数日线图(资料来源：奇狐胜券)

在讨论图2–34以前，先回顾在笔者网站上的几篇讨论。

2009/11/23盘后贴图与解析：超短线未过今高，理应跌破7649反映形态对称，突破今高则起码要上涨到7811(才能使日线多头再度转强。

2009/11/25盘后贴图与解析：K线形态属于阳破阴日出线格局，收略长上影线，量增。明日不宜日落收中黑，或者呈现母线收黑，若如此暗示短期第二头成立。

2009/11/26盘后贴图与解析：这里会不会是短期头部第二头？……今日高开穿过7811目标之后，分线压回修正。此视为多头攻击结束短线获利了结之正常情形，若此卖压造成这一段上涨之破坏，那么走势将被定位成短期头部第二头。……K线形态属于阴破阳日出线格局，量增。明日不宜日落收中黑，或者呈现母线收黑，若如此暗示短期第二头成立。

请将上述文字与图2–34相互对照。当时之所以取7811为观察点，即是利用K线“力道的形态对称”计算出来的。当在5分钟线图标示A穿越评估的7811数字后，股价随即压回修正。也就是说，利用这种短线评估力道的方法，有助于超短线搏击的操作者能适当的分辨风险区。除了在5分钟线图可以规避如标示B下挫的风险外，更可以在日线格局协助定位该处可能是短期头部第二头，避开下一个交易日开盘就重挫的现象。

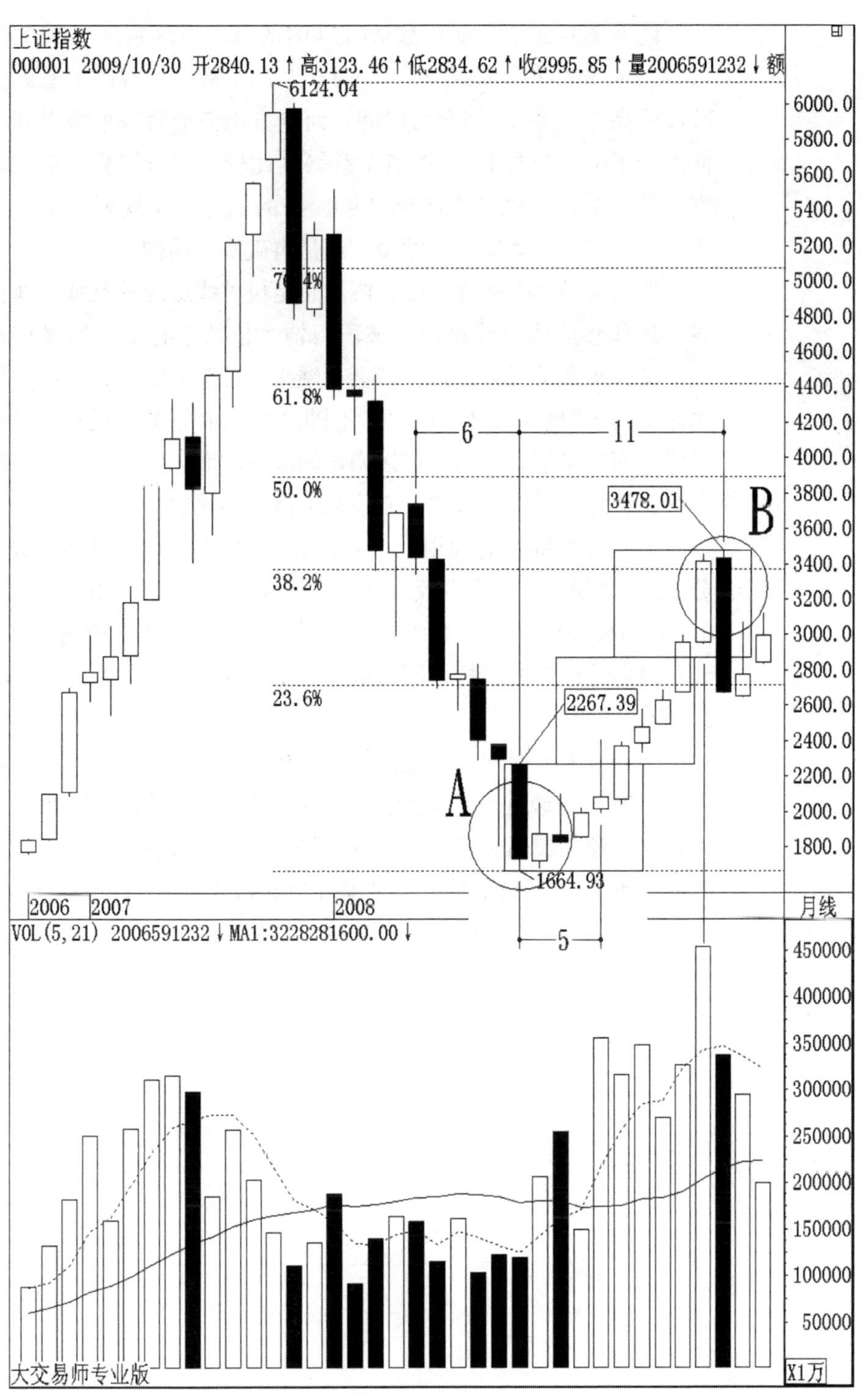

图2-35 上证指数月线图(资料来源：大交易师)

请看图2–35，上证指数从6124.04的高点滑落到1664.93的低点后，月线图在标示A呈现“阳母子”的结构，从谷底上涨到突破母线高点，共花了5个月时间，而空方趋势最后一个顿点到最低点花了6个月时间，以两者下跌幅度比较，空方气势较强，多方气势较弱，也就是说从1644.93以来的上涨，应规划成反弹走势，反弹结束后则应进入回探，或是再破底的结构。

那么反弹该如何操作呢？既然是定位月线层级的反弹，在日线的操作将成为日线格局的波段行情，依然会有丰厚的操作利润，又在指数类反弹过程中，会有领头羊带头上涨，或是结构仍属多头的个股会再度创下新高，因此不能只看指数呈现月线格局反弹，而忽略了日线格局可以操作的波段利润。此时操作的利润多寡，又与选股优劣有关，必须从大格局的轮廓下手。

至于反弹幅度的规划上，可以取6124.04～1664.93进行黄金分割的测量，以弱势反弹目标为例＝(6124.04 – 1664.93) × 0.382＋1664.93=3368，此波实际反弹高点在3478.01，在标示B已经穿越弱势反弹的目标，同时也满足以母线为箱体的幅度，上涨3个箱体的幅度。

而整段上涨时间，取最高最低计算，共花了11个月，仍较最后一个顿点到最低点的6个月时间多，以波段力道比较来看，空方的强度还是较高，若想将多方气势扭转成为有利，则应让回档时间拖更长(超过11个月)，且走势不宜再破1664.93的低点。

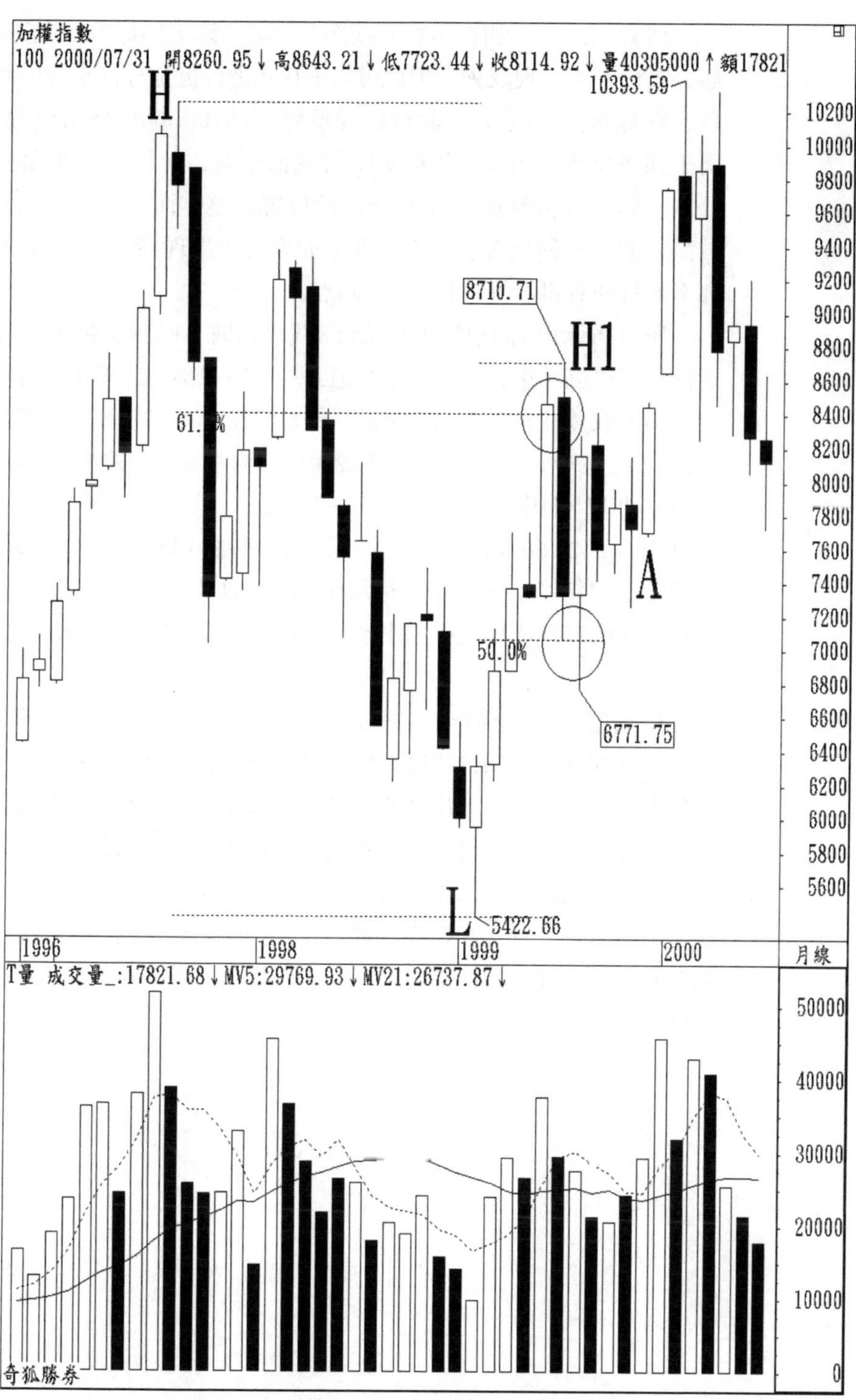

图2-36　　台湾加权指数月线图(资料来源：奇狐胜券)

请看图2-36，加权指数月线图从标示H修正到标示L的位置后，股价开始出现反弹，因此可以取H-L进行黄金分割空间的测量，在标示H1的地方，股价已经反弹穿越H-L的0.618倍位置，属于强势反弹。当股价从标示H1开始回档时，计算H1-L的黄金分割空间，股价修正结束于0.5倍的位置。整体而言，多头反弹较强，而空头回档较弱，亦即未来如果可以出现多头攻击信号，那么股价便有机会挑战标示H的高点。

所以当标示A的位置出现长红K线攻击时，暗示从标示H1以后的修正可能结束，投资人不妨退到周线图观察，此修正形态属于三角形收敛的格局，因此突破后的可靠度会相对较高。既然是形态修正完毕，以形态学的观念而言(请参阅《主控战略形态学》)，可以利用杠杆计算未来的目标，即目标 = 8710.71 + 6771.75 - 5422.66 = 10059.8，与标示H的价格10256.1非常接近，当股价走势持续上涨，穿越标示H与评估的目标价10059.8之后，若在操作的日线或周线格局出现止涨信号，应考虑逢高退出手中多单持股。

根据笔者实际操作的经验，指数类的价格评估，稳定性很高，因此在穿越评估价格时，应检视手中持股是否已经转弱，然后再视实际情况适时退出持股。虽然近几年由于技术分析观念普及，已经使走势有些许的变形状况，但这些现象对识者并没有造成困扰，反而对于一知半解者，造成辨识不易之弊，结果就怪罪技术分析无用。其实在操作过程中，除了要拥有正确的技术分析技巧外，更需建立对应的策略与心态，成功之路并不是靠想象就能随意成就。

图2-37　台泥股价月线图(资料来源：奇狐胜券)

请看图2–37，台泥股价在标示A的位置回到标示H–L这个区间的0.236倍，回档的幅度相当深，当股价从标示A的位置开始反弹，然后再下跌到标示L1的位置时，观察H–L1这段区间的形态，超长线格局符合波浪理论中的ABC三波修正，又因为修正低点L1大于标示L的低点，因此多头尚未被破坏，只是回档幅度很深，让操作者对多方感到疑惧而已。

其实这种走势对操作者是相当安全的，因为回档幅度深且修正时间久，相对的筹码必然安定。从主力作手的角度而言，布局成本将会相对较低，也容易拉抬做价，所以股价从标示L1的低点出现明显涨幅时自然不必意外，反而暗示攻击走势的初升段已经来临，操作者在初升段没有介入，应积极把握攻击走势中的主升段行情。

在标示B的位置穿越标示H–L1的黄金分割0.764倍，已属于超强势反弹，从标示B开始回档到标示C的位置，针对标示B～L1的黄金分割，只到达0.382倍，利用同形态比较多空力道，我们可以判断，在标示C其多方力道都大于标示A、L1的位置，因此从标示C开始的上涨，纵使没有出现预期的主升段行情，也会有一段不错的反弹行情，所以在当时只要出现可靠的做多信号，操作者应积极介入多单的操作。

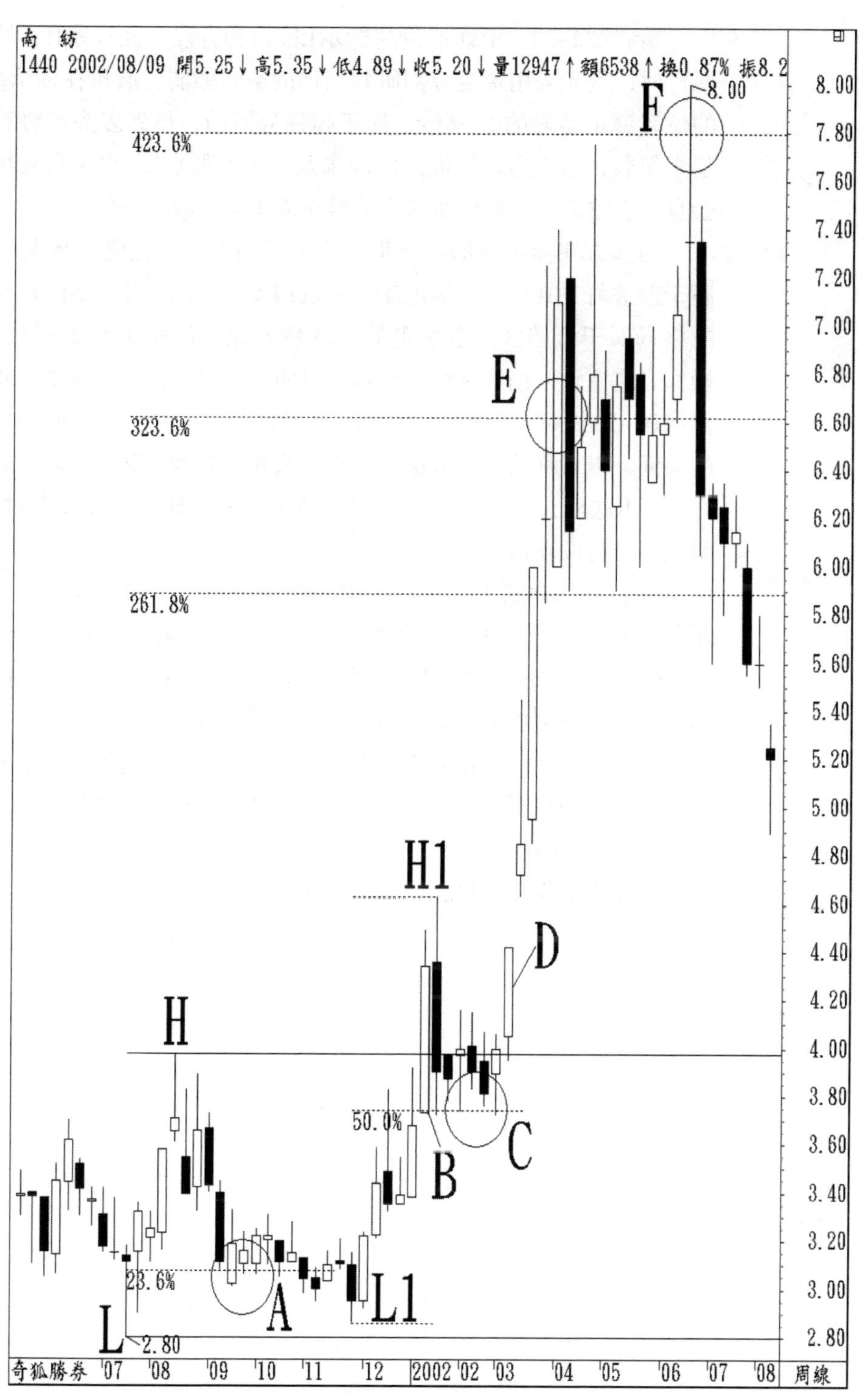

图2–38　　南纺股价周线图(资料来源：奇狐胜券)

请看图2–38，南纺股价从标示L拉出初升段，从标示H开始回档时，宜先采用黄金分割研判回档的空间强弱，股价在标示A的位置满足整段的0.236倍，属于超强势回档，虽然多头走势看起来很弱，但因为走势低点L1尚未跌破前波低点L，多头仍有机会盘底上攻，且在此处布局多单操作成本与风险都较低。

当多方在标示L1的地方集结兵力开始上攻，让股价高点H1高于前波峰顶H时，即呈现H1 > H且L1 > L，暗示当时整体轮廓的格局属于低档区的多头走势，既然如此，从H1开始的回档，操作者应注意回档修正结束信号，以便伺机再介入操作多单。我们取H1–L1做黄金分割空间观察，发现在标示C的位置落在0.5倍的空间，以对称的空间来论，属于多头相对有利，又走势同时防守标示B这根长红棒的低点，当出现标示D的日出长红攻击时，暗示多方持续攻击。

在目标的规划上，可以将L1当第二只脚，计算底部的形态对称，也可以取H–L这个段落计算黄金螺旋，实际走势在穿越2.618倍时未出现止涨信号，却在标示E穿越3.236倍后呈现止涨，因此在当时应伺机退出短线多单，随后股价进入震荡，发现并未使多头走势破坏，仅以修正形态呈现，所以当出现再度攻击信号时，便可规划往下一个黄金螺旋4.236倍目标前进，在标示F的位置穿越后，当出现止涨信号时，宜视为另一次短线多单退出时机，以规避股价进入修正，或是多转空的风险。

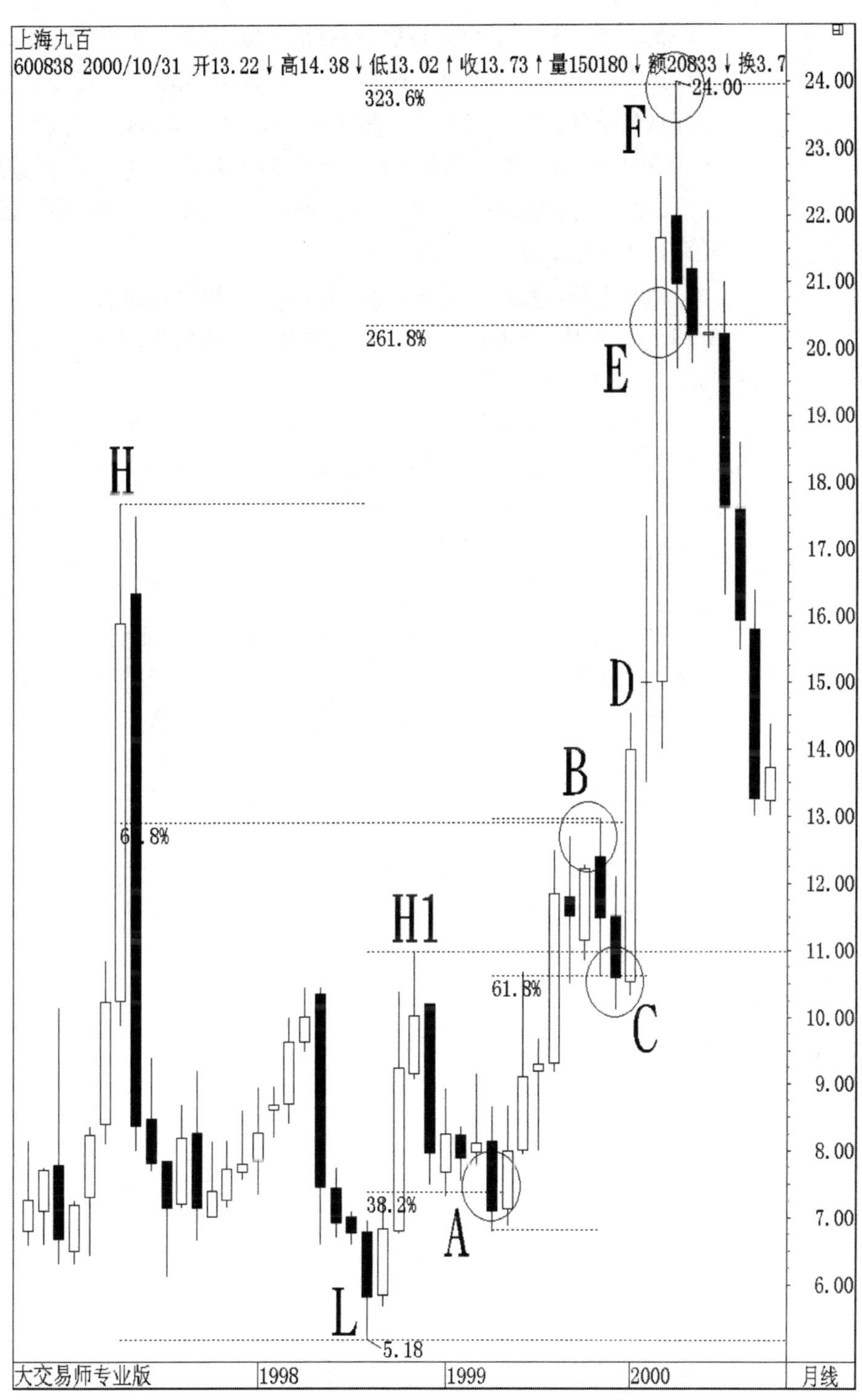

图2-39 上海九百股价月线图(资料来源：大交易师)

请看图2-39，上海九百股价从标示H的位置向下修正，在标示L 的位置开始出现反弹，这期间可以取H-L这段计算黄金分割空间观察反弹强弱。当股价从H1开始回档时，标示A的低点落在H1-L的0.382倍，属于强势回档，虽然多头弱势，但仍维持低点抬高的现象，因此多头仍可以持续反弹，直到标示B的反弹，已经穿越H-L这段的0.618倍空间。

当时走势已经出现对多头有利的波动，也就是呈现B > H1且A > L，所以从B开始的回档，宜切割B-A这段的黄金分割观察，同时与H1-L的切割做比较。

标示C是回到前上涨段的0.618倍，相较于标A回档到前上涨段的0.382倍，是属于相对强势，所以只要出现多头攻击信号，理应会有强于标示B-A这段走势的上涨，因此标示D为多方追逐买进信号。

在目标的规划上，可以将A当第二只脚，计算底部的形态对称，也可以取H1-L这个段落计算黄金螺旋，实际走势在标示E，穿越2.618倍时，未出现止涨信号，在标示F的位置穿越3.236倍后呈现止涨信号，因此在当时应伺机退出短线多单。

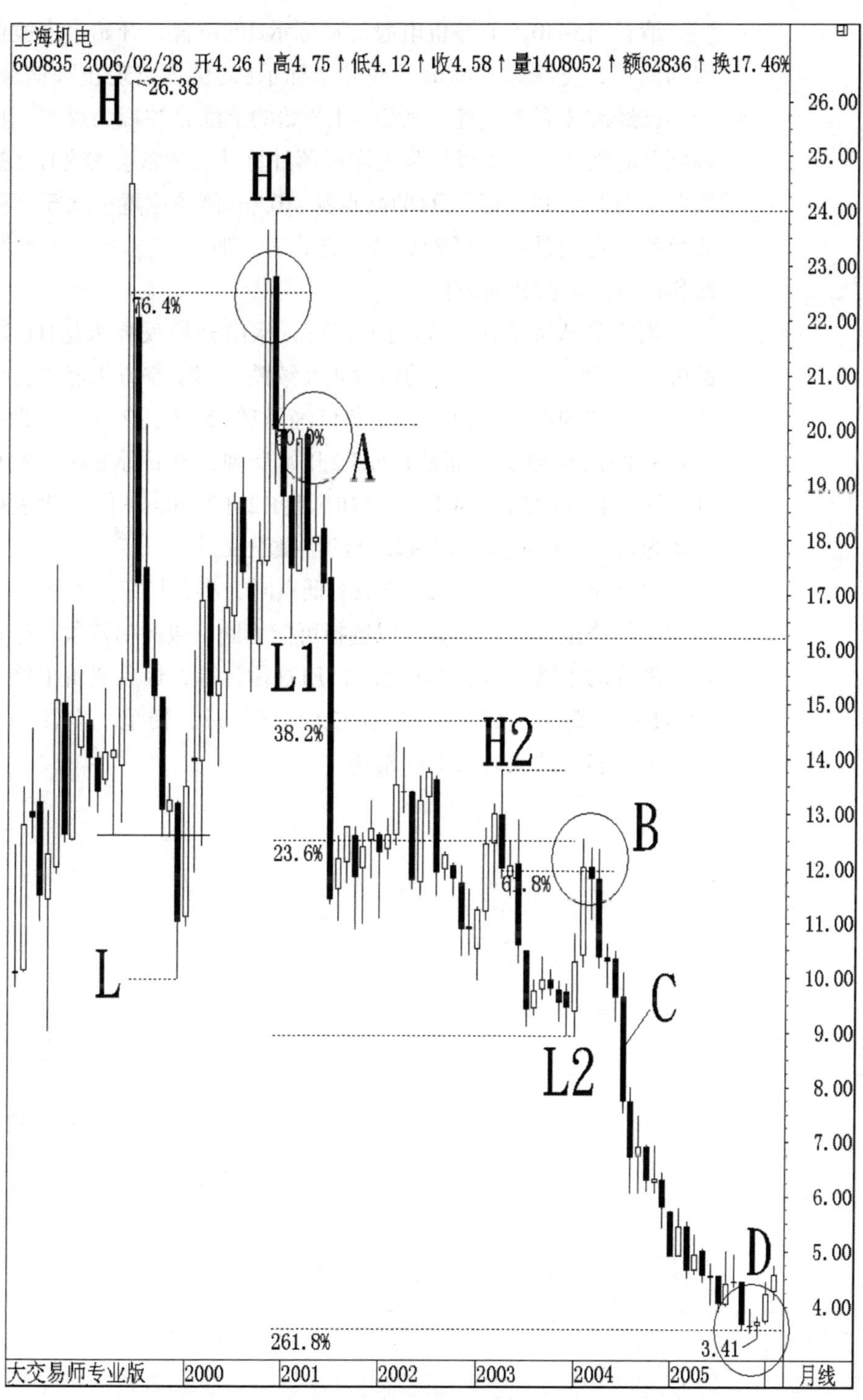

图2-40　上海机电股价月线图(资料来源：大交易师)

请看图2–40，上海机电股价从标示H的位置，开始出现股价回档修正，先跌破起涨的谷底才于标示L的位置出现止跌信号，因为已经破坏多头支撑，所以从L开始的上涨将被视为反弹。反弹幅度的规划，除了以反弹上涨段落计算外，通常会参考H–L这段黄金分割空间，标示H1的高点穿越0.764倍的位置，属于超强势反弹，也就是说这里若集结空方兵力，那么以空方主力而言，操作的风险将会相对较低。

当股价从标示H1开始向下修正，从L1开始反弹未达H1–L1的0.5倍空间，便在标示A的位置止涨续跌，暗示空方仍然维持优势，当下跌到L2的低点时，走势已经呈现L2 < L且H1 < H，为空方趋势的波动形态，而从标示L2开始反弹，在标示B的位置止涨，未到H1–L2的0.236倍，但却满足H2–L2的0.618倍，代表标示B 的高点，极可能是层级较低的细微浪反弹。

也就是说，当标示C跌破L2的低点时，将会持续进行该层级未完成的修正目标，因此可以选择可能为同层级的初跌段，进行黄金螺旋的下跌测量，即标示H1–L1这段计算，最后股价下跌到标示D的位置，完成黄金螺旋的2.618倍目标，便呈现空转多走势，形成多方的大波段上涨格局。

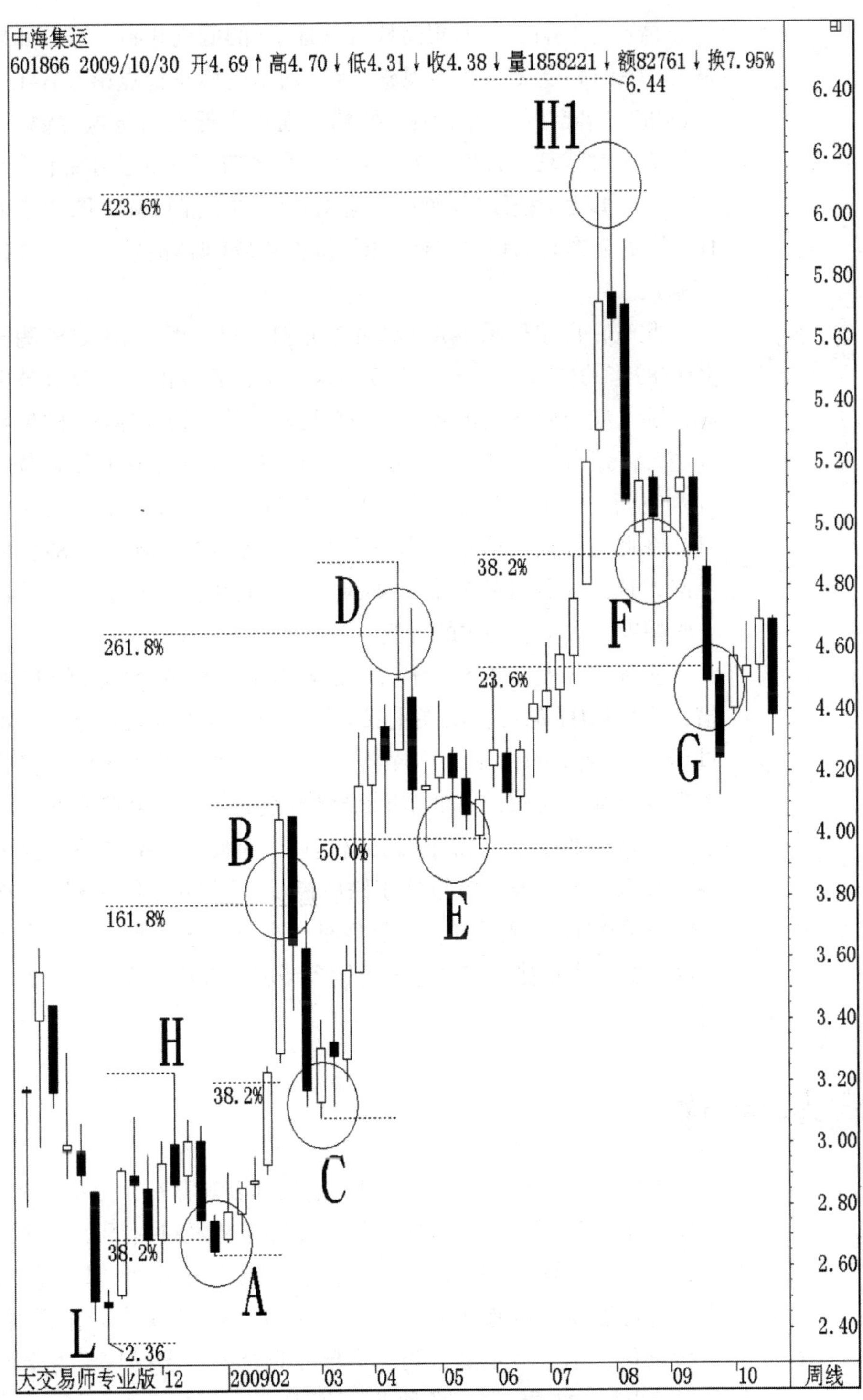

图2-41 中海集运股价周线图(资料来源：大交易师)

请看图2–41，中海集运股价从标示L的低点开始上涨，如果从标示H的高点之后开始观察，则标示A的修正低点落在H–L这段的0.382倍空间，属于强势回档。在历史低点出现这种修正，应视为正常波动，且可以视为多头的盘底期。当多方出现上涨走势，则可以运用第二只脚的形态对称评估上涨目标，图中是取H–L为黄金螺旋测量，在标示B的位置穿越1.618倍后止涨，并拉回修正。

此时，再取标示B–A计算黄金分割空间，于标示C之处测试其0.382倍的位置后，多方再度出现攻击，若攻击信号没有被破坏，那么应当假设股价将往下一个目标挑战，即在标示D的位置穿越2.618倍后，股价再拉回修正。同理，取标示D–C计算黄金分割空间，于标示E之处测试0.5倍的位置后，股价出现盘底信号。在此处投资人应该思考一个重点：前两次均测试0.382倍后上涨，这次仅测试到0.5倍，如果可以出现多头攻击信号，是否上涨幅度将大于前两次的规模？

实际走势是先在标示E盘底，接着上攻到黄金螺旋的4.236倍，于标示H1 的位置出现止涨信号，随即进入修正走势。修正过程中，取标示H1–E计算黄金分割空间，标示F落于0.382倍后才出现反弹，比较前一波落到0.5倍就盘底上涨，显然此次有暗示多头转弱的疑虑，况且4.236倍是一个重要的上涨波段，满足参考数据，最后股价持续修正跌破标示F的谷底，纵使标示G在0.236倍的空间出现反弹，但已经呈现高点越来越低、低点也越来越低的空头走势，未来想要再做多买进，必须等待另一个盘底时机。

虚拟对称

虚拟对称的原理是利用心理与事实的客观存在，但却未在K线图留下信息，由使用者尝试找出实际走势经过后所留下的痕迹，作为观察使用的运用法则，此法可以当成压力、支撑的参考，也可以计算参考目标，只是这个方法偏向于散户操作原则，也就是仅适用于特定的行为。本单元只介绍“支撑与压力交换律”、“消失的颈线”这两种操作原则。

支撑与压力交换律

支撑与压力的交换，简单地说，就是支撑变成压力，压力变成支撑。利用此观念与多空攻击信号，可定位出高低制胜关键点，依此拟出操作策略并评估目标，关于高低制胜关键点的完整运用，只能在进财虚拟学院(stock.sam.com.tw)取得详细资料，请各位投资人先看图2–42说明。

在决定压力以前，必须能够先分辨出这个压力是多头走势中形成的，还是空头走势中所形成；同时也要能够分辨这个压力所处的层级大小与其相对位置，这些定位都关系到后续突破压力时，研判是否能够攻击成功的关键所在。在图2–42属于空方下跌走势中，所形成的最后一个负反转高点H，当成压力观察参考点，同时画一条经过H的水平颈线。

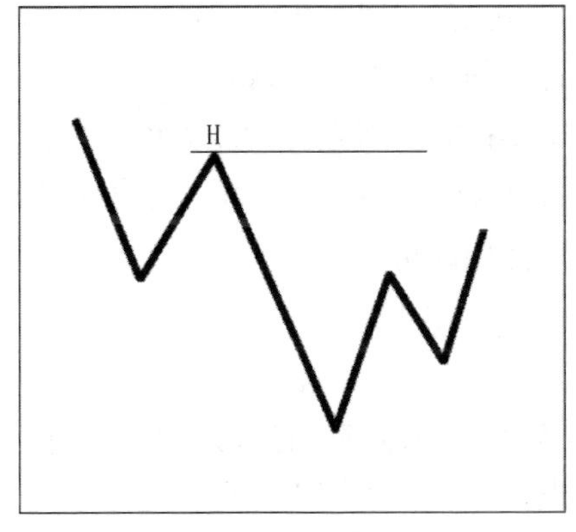

图2–42　空方压力关卡

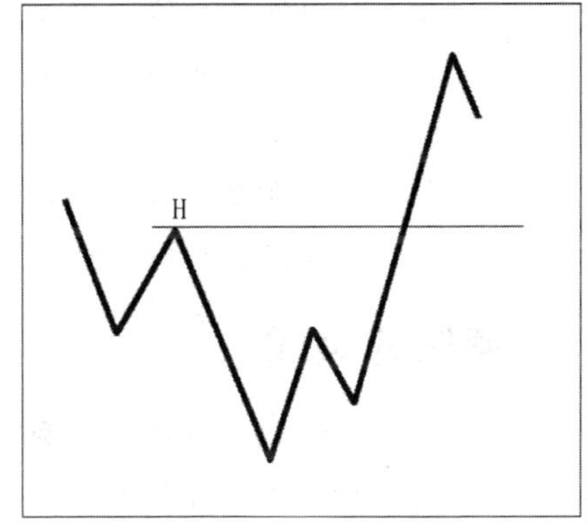

图2–43　关卡突破转成支撑

请看图2–43，无论多头用什么模式往上攻坚，当突破经过标示H的水平颈线之后，这条水平颈线的压力作用已经消失，取而代之的，是水平颈线将转变成为支撑，这就是压转撑的支撑压力交换原则。以多头的角度而言，穿越压力之后的惯性就是拉回，如果多头能够拉开与原始压力的距离越远时才开始拉回，或是回档的幅度越浅，代表多头的力道越强。

而拉开距离的好处是：如果未来要进行回测支撑的动作时，多方具有足够的防守空间，可供空方进行压盘或洗盘的动作，但却不至于产生破坏支撑的情况。

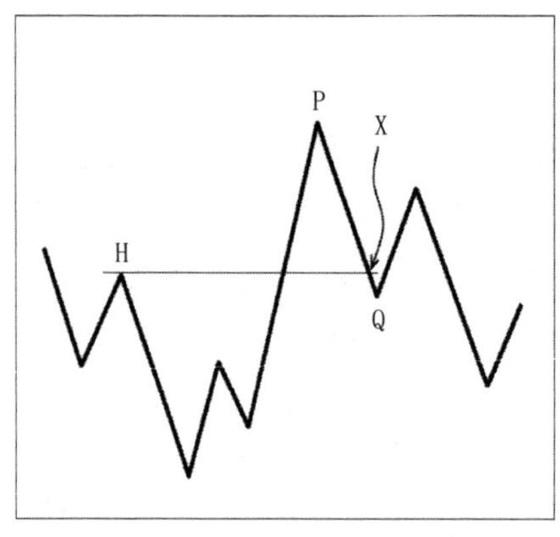

图2–44　　跌破支撑出现反弹

请看图2–44，当股价从标示P的位置开始回文件修正，以该折线图进行观察，面临到的第一个重要支撑，便是由压力转为支撑的水平颈线，当在标示X的位置穿越这条水平颈线后，代表跌破支撑，股价的正常反应是出现反弹，但是支撑压力交换的原则只能够使用两次。

换言之，原本是压力的水平颈线，被突破后，压力的作用消失，转变成支撑时，属于第一次使用；当股价再跌破这条支撑时，已经属于第二次使用，因此后续这条颈线就必须从线图上拿掉，不能够再被使用了。

所以从标示Q的反弹开始，走势的压力观察就不看经过标示H的水平颈线，需要从线图上重新定位。以图2–44的折线图而言，反弹走势所需要观察的压力，是指经过标示P的水平颈线。

而投资人在运用支撑压力交换律时，所选择的压力可以是任何一个负反转高点，且任何层级的K线图都可以使用。至于支撑的看法，请将上述原则反转过来使用即可。

消失的颈线

消失的颈线又称“虚拟颈线”，一般是针对形态学来定位运用，本单元只说明头部行为的虚拟颈线，投资人亦可以运用在底部形态与整理形态，尤其是经由整理形态所画出的平行轨道线，往往与走势波动的转折产生吻合。

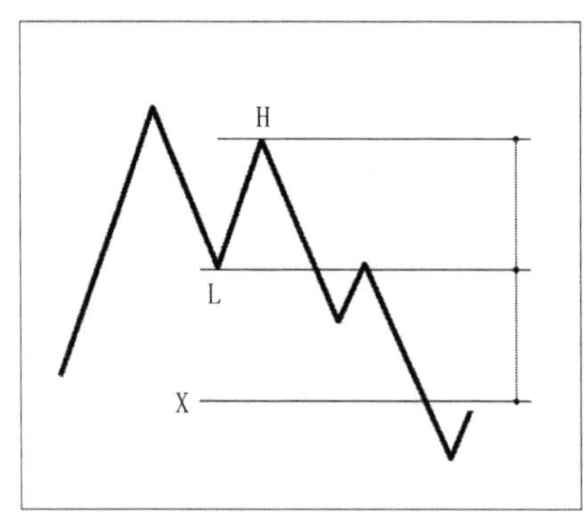

图2–45　　头部的虚拟颈线

请看图2–45，标示H是短期头部第二头，经过标示L的水平线为头部颈线，当走势跌破颈线完成头部后，股价正常的跌幅利用“形态对称”原理，评估在标示X的位置满足。

结果走势超乎预期，空头气势强劲，使股价穿越标示X的位置后续跌，此时实战操作策略是改采其他测量工具进行评估，例如：黄金螺旋测量之类。

当时经由计算而被评估的数据X，就是所谓的“虚拟颈线”，该颈线视为压力的参考，当股价反弹时，可将此数据与黄金分割空间计算出的数值合并观察。

请看图2-46。所谓走势段落的虚拟对称，是消失的颈线运用延伸技巧之一，其原理是股价向上涨升过程中，如果走势出现明显回档，未来股价无论是反弹或是回升，最起码的幅度应该维持某种程度的对称，达到图中所标示的X位置。这种技巧在头肩顶的运用中最为常见，它不仅局限于盘头过程，行进间的续涨走势也可以适用。

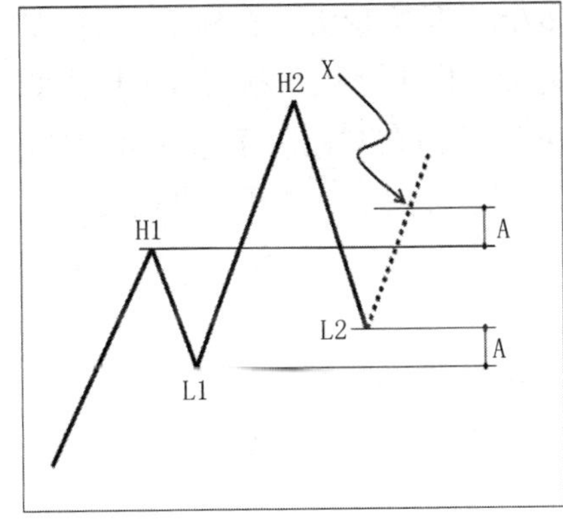

图2-46　走势段落的虚拟对称

而最起码的幅度对称，是指下跌段(标示H1–L1)应等于反弹段(从L2开始)，就是将L2–L1的价差A，从H1往上加等幅。也可以说，修正的低点L2既然离前波谷底还有A的距离，那么正常的涨势(或反弹)，理应超过H1高点有A这么多的距离。

这种情形也属于对称的一种，只是对称点是利用形态决定，而非固定的一点观察点。简单的计算方法是：X = H1 + L2 – L1。

至于走势到达标示X的位置后，是形成转折或是续攻盘，或是续攻的上涨幅度多寡，必须交由另外的研判法则进行观察，尤其是在浪潮的相对位置研判上，决不可偏废，只是这些观念并非靠书本论述便能建立，因此没有列入本书讨论范围。

请看图2-47。若股价在向上涨升过程中，走势出现回档跌破上涨波谷L1时，代表股价未来呈现反弹走势的几率比较高，呈现回升走势的几率较低，纵使是反弹，也应维持最起码的反弹幅度，完成某种程度的对称，换言之，下跌段(标示H1–L1)应等于反弹段(从L2开始)，也就是将L2–L1的价差A，从H1往下扣减等幅。

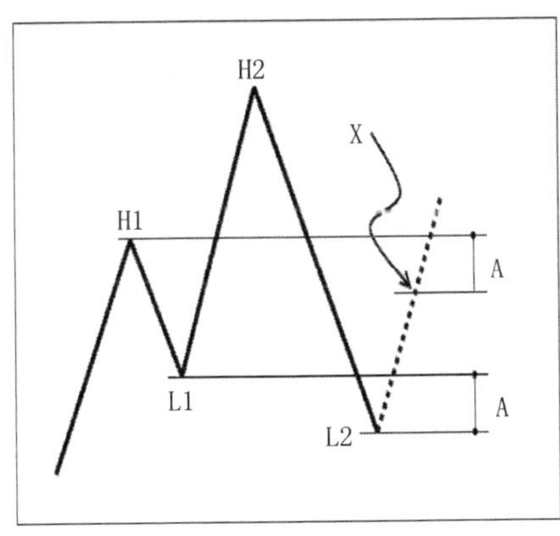

图2-47　走势段落的虚拟对称

我们也可以说：修正的低点L2既然跌破前波谷底A的距离，那么正常的反弹走势，理应距离H1高点有A这么多的距离。

简单的计算方法是：X = H1 + L2 – L1。

无论是图2–46或图2–47，经由计算而被评估的数据X，都可以在实际走势中，与黄金分割空间所计算出的数值合并观察。

只是请注意本法在运用时，如果计算出来的空间价差极小，需考虑是否合理的问题。

请看图2–48，京城股价从67.5元开始盘头，在标示A的位置出现“真跌破”信号，使头部完成并向下修正，利用双重顶头部形态计算目标，第二头的形态对称价格在43元，于标示B位置穿越，随后股价续跌到22.95元(其中包含除权)，才开始出现反弹走势，因为走势超跌甚多，经过43元的水平颈线，便是所谓“消失的颈线”。

至于反弹走势的目标评估，我们可以计算67.5 ~ 22.95元的黄金分割率，得到0.382倍 = 39.97元，0.5倍 = 45.22元，或是退到下个层级线图，计算黄金螺旋的数据，得到5.236倍 = 37.87元，6.854倍 = 42.48元。这些数字都与虚拟颈线相当接近，因此可以评估反弹期望值有机会超过0.382的分割空间，实际走势在标示C止涨，当时高点是43元，正巧与消失的颈线呈现相同数据。

请看图2–49，新华传媒股价从59.88元开始盘头，在标示A的位置出现“真跌破”信号，使头部完成并向下修正，利用双重顶头部形态计算目标，第二头的形态对称满足点在标示B的位置，走势满足该处包含了除权行为，后续跌到9.01元才开始出现反弹走势，因为下跌完成点较头部满足点超跌甚多，因此可以取消失的颈线进行观察。

当股价从9.01元开始反弹，以第一段折线高低点(标示H–L)为测量，计算黄金螺旋2.618倍的目标，并与消失的颈线合并观察。股价在穿越2.618倍的目标，同时触及消失的颈线而呈现止涨的信号，随后该股再度出现除权，走势转成弱势，并再度跌破9.01元创下波段修正新低点。

范　例

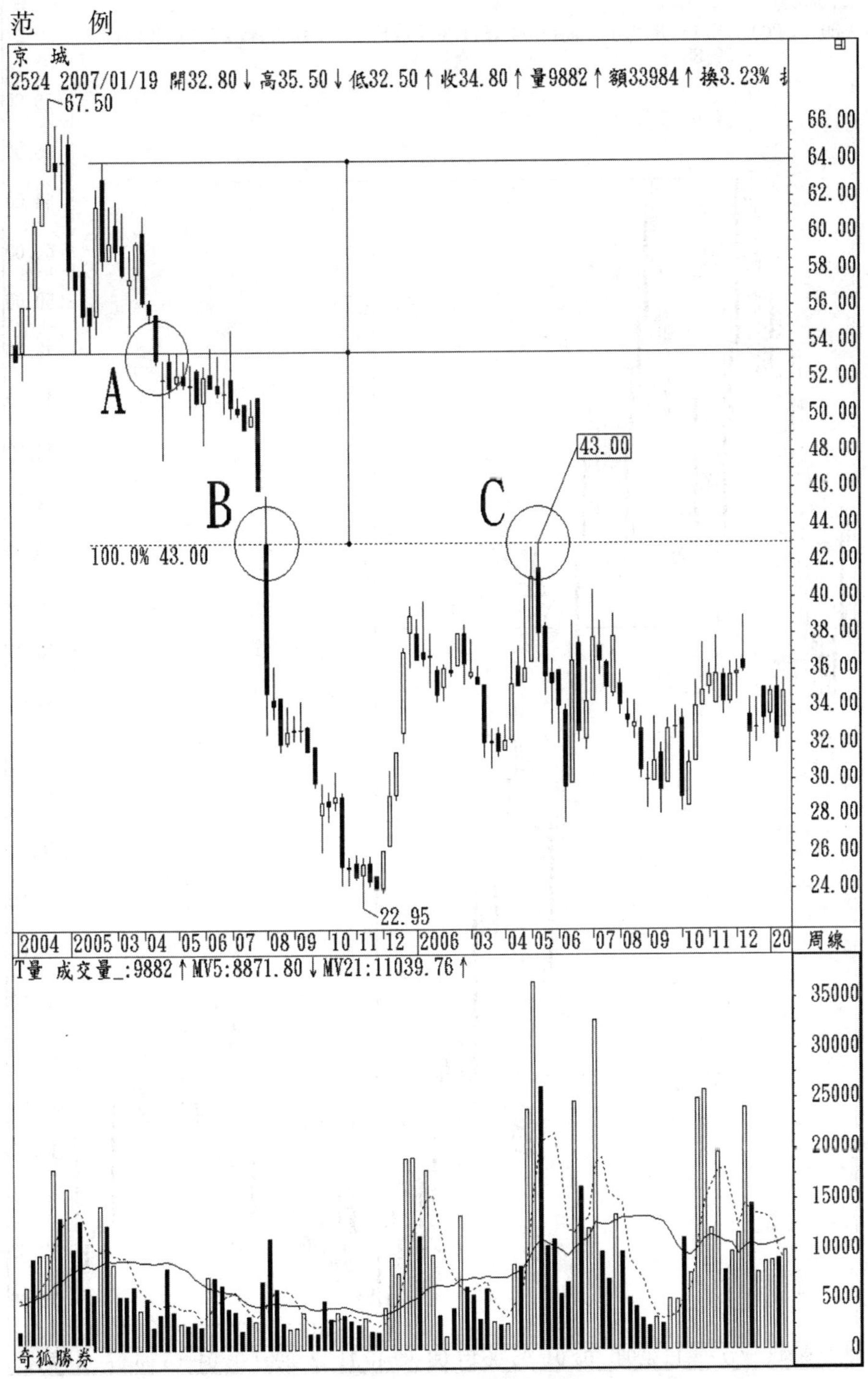

图2–48　　京城股价周线图(资料来源：奇狐胜券)

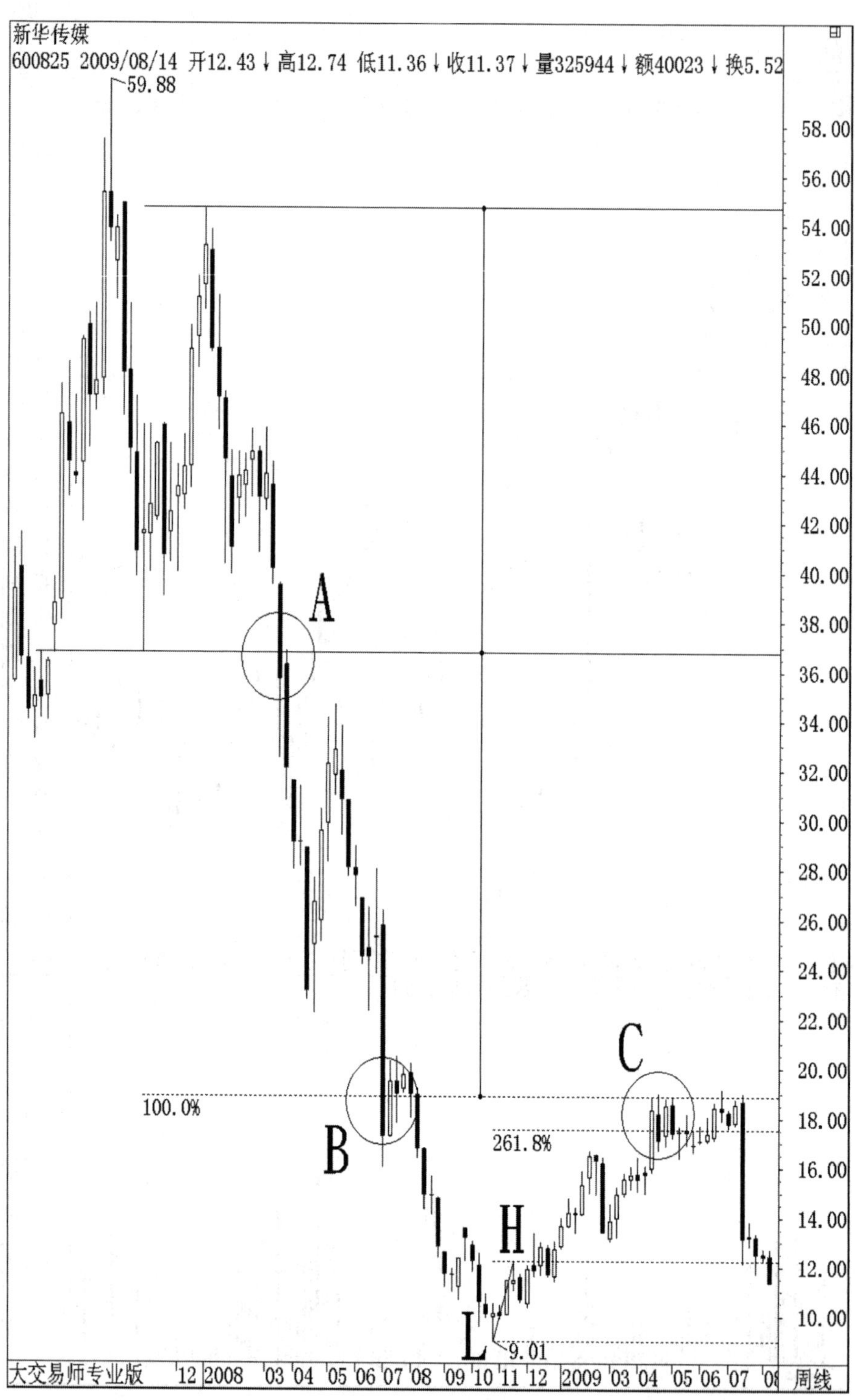

图2-49　新华传媒股价周线图(资料来源：大交易师)

请看图2-50，南纬股价从12.95元上涨到23.4元时，不但满足中长线上涨目标，并且突破前方压力，所以研判有可能进入修正走势，当走势迅速压回，跌破12.95元的谷底后，开始出现反弹。

反弹过程中，我们可以利用23.4～11.15元计算黄金分割空间进行评估，又当时走势形态亦可以用“虚拟对称”，计算出最起码的反弹高点来观察可能的反弹数据，即目标 = 16.4 + 11.15 - 12.95 = 14.6元，实际走势则是穿越黄金分割空间的0.236倍，并止涨于14.75元后再度回到下跌走势，最后下跌到4.11元才开始出现另一波反弹。

请看图2-51，马钢股份股价从6.2元上涨到15.45元时，不但满足中长线上涨目标，并且再度创下历史新高点，所以研判有可能进入修正走势，当实际走势迅速压回后，于7.82元止跌，并开始出现反弹。

反弹过程中，我们可以利用15.45～7.82元计算黄金分割空间进行评估，而且当时走势形态亦可以用“虚拟对称”计算出最起码的反弹高点来观察可能的反弹数据，也就是目标 = 10 + 7.82 - 6.2 = 11.62元，实际走势则是穿越黄金分割空间的0.5倍，并止涨于11.67元后，再度回到下跌走势，最后下跌到3.12元才开始出现另一波反弹。

图2-50　　南纬股价周线图(资料来源：奇狐胜券)

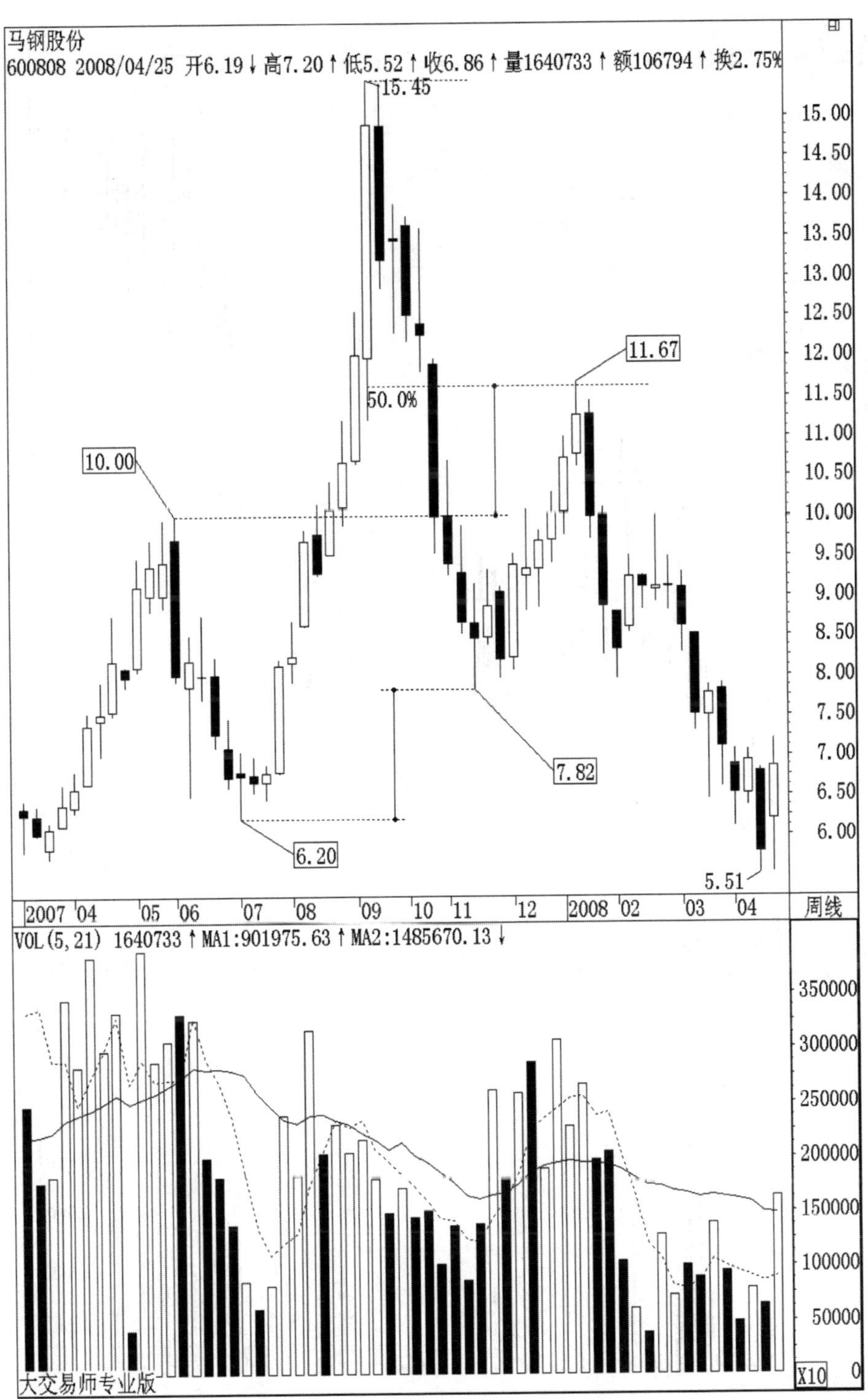

图2-51　马钢股份股价周线图(资料来源：大交易师)

图2-52　皇昌股价周线图(资料来源：奇狐胜券)

请看图2-52，黄昌股价在2002年4月下旬开始进入修正，过程中形成数个负反转压力，我们可以尝试将每个负反转高点视为压力，并画出水平颈线观察。图中只画出经过标示H、H1的水平颈线，当标示A的长红棒站上标示H1的水平颈线之后，该颈线将从原本为压力的定位，调整为支撑的定位，同时辅以突破压力拉回修正、跌破支撑反弹修正的波动原理进行思考。

当股价从标示A回档测试H1的颈线支撑时，于标示B的位置以收盘价跌破，所以支撑被破坏，但股价仍会出现反弹走势，直到股价创高才算维持多头走势。

此时股价在标示C的位置突破标示H的水平颈线压力，回头测试标示H的水平颈线时，在标示D的位置并未跌破支撑，因此可以研判股价会有一波多头攻势。

请看图2-53，从天业股份股价1.45元的低点，往回找到经过标示H、H1的水平颈线当成压力参考，而股价拉抬的过程，穿越这两条水平颈线，使压力转变成为支撑。

当突破压力后股价会有拉回测试支撑的惯性，在标示A测试标示H的水平颈线后略微反弹，便呈现正式跌破，但在标示B的位置，却未碰触到标示H1的水平颈线支撑，便开始出现多头攻击讯号。

又在标示B的位置，针对上涨的段落回档时，只修正到黄金分割空间的0.618位置，是弱势回档，所以当出现多头攻击信号，将属于多头优势。

图2-53　天业股份股价周线图(资料来源：大交易师)

图2-54　　福懋油股价月线图(资料来源：奇狐胜券)

请看图2–54，福懋油股价从42元的高点下跌，跌破标示L的谷底支撑，而经过标示L的支撑力道也转变成为压力的参考。当股价从1.85元的低点开始上涨，慢慢将扩底走势转成攻击走势，观察者可以取黄金分割空间、黄金螺旋等测量方法，与支撑转压力的水平颈线合并参考。

在实务上，走势未完成前，无法确切知道真正的目标区，但当股价穿越设定的目标区或是压力区，同时出现多头的错误信号时，便应该有所警觉的将多单退出。因此该股在标示A的位置同时满足上述设定的研判依据，相对应的操作策略自然要确实执行。

请看图2–55，上证指数从1311.68点开始反弹，同时穿越经过标示H、H1的水平颈线，使颈线压力转变成为支撑。在标示C、D 的地方测试标示H的水平颈线，并未正式跌破，且标示H1的水平颈线亦未被触及，所以水平颈线的支撑力道还在，当多头出现攻击信号时，通常研判仍有一波的攻击走势。

标示A的位置是当时该段落第一根长红日出K线的低点，也就是说，除了以该波段的谷底画一条水平支撑线外，长红低点一样可以画出水平颈线当成支撑观察，指数从1696.28点跌破支撑，让支撑转变成为压力后，我们在走势图上只画出经过长红低点的颈线作为参考，当股价在标示B的位置撞过颈线压力，呈现止涨信号时，应思考这个上涨段落的力道是否竭尽，同时应该伺机退出短线多单。

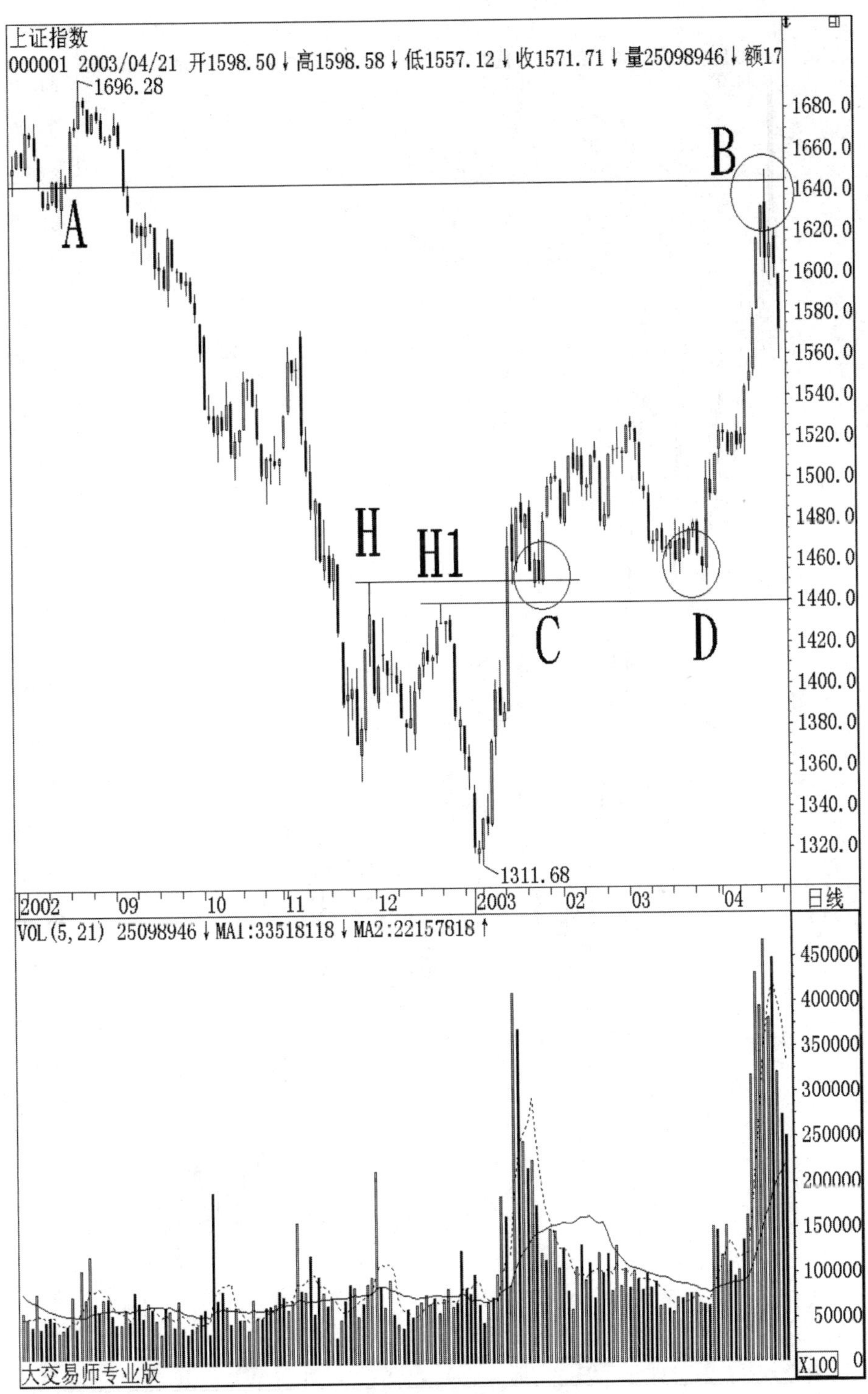

图2-55　　上证指数股价日线图(资料来源：大交易师)

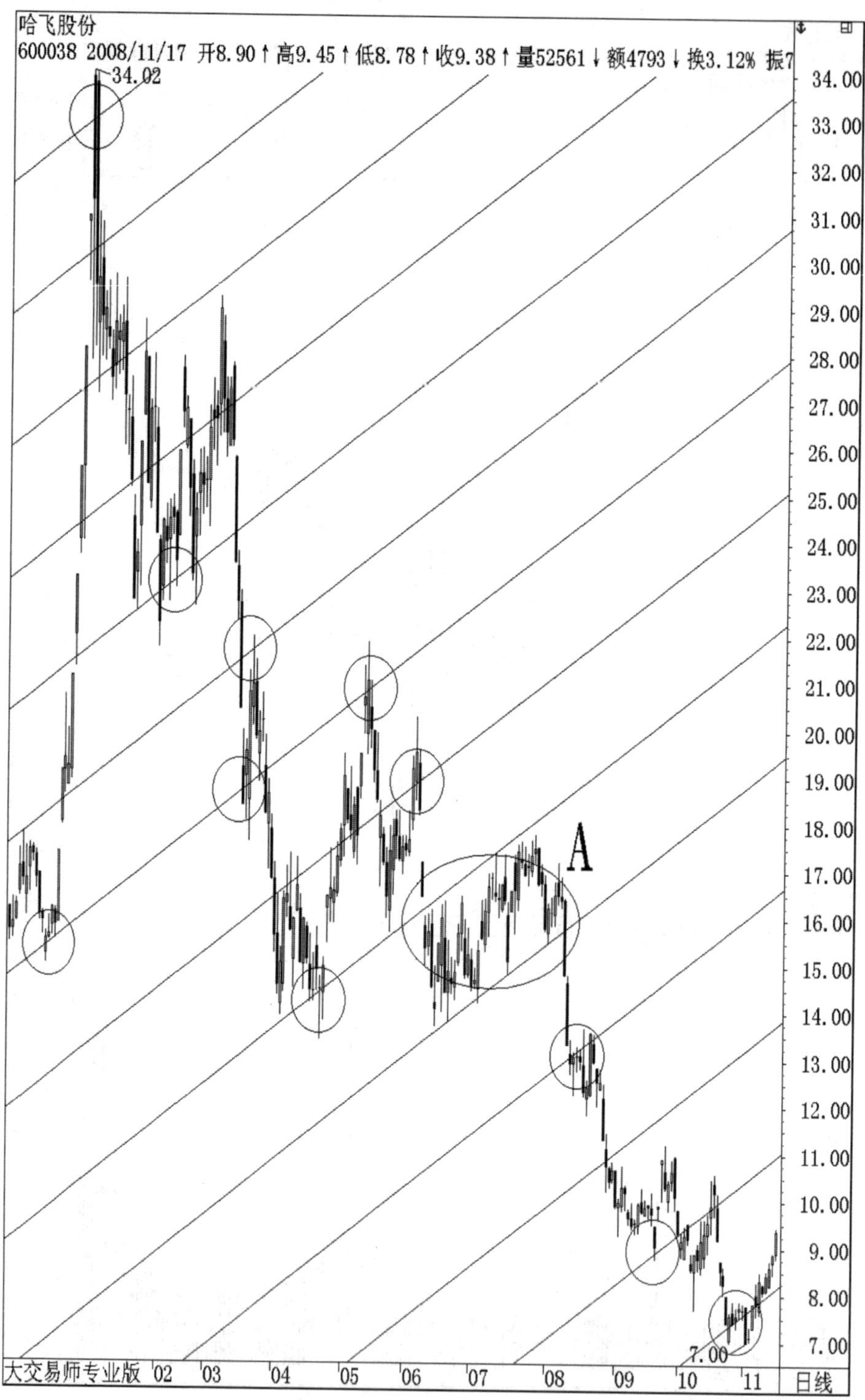

图2-56　　哈飞股份股价日线图(资料来源：大交易师)

请看图2-56，哈飞股份股价在标示A的位置，形成一个上升旗型的中继形态，当我们利用软件的画线功能，以该形态的高低点画出栅形线(等距离的平行轨道线)，便能发现许多股价的波动转折点，正巧在平行轨道线上。因此，这种画法可以当成一种关卡价的参考，但须配合股价波动原理使用，以免形成处处是关卡的窘境。

同形态对称

同形态对称又称为“同形态比较”，意思是观察历史走势线图，比对目前的走势图，若有符合之处，就可根据历史线图的轨迹，规划未来走势可能发生的相对应轨迹。使用这种方法时，在不同的周期、商品都可以产生对应，但原则上会先考虑相同的商品与相同的周期为优先，另外与同形态对称颇为类似的对称观察法有：头底形态对称、左右形态对称等。

利用同形态比较的观察法则，除了需要相当的操作经验外，更需要仰赖大量阅读不同层级的线图，才能累积深厚功力。建议投资人在不影响正常操作的情形下，利用时间多看线图练习、比对，就算无法将同形态比较出来，对于走势波动的了解将会有深入体会，久而久之，就能做好对未来的走势，进行规划与推演的动作，并且能拟定恰当的操作策略了。

同形态比较在本章部分范例中曾提出讨论，除了在这个单元讨论之外，各位投资朋友也可以回顾本章的内容。

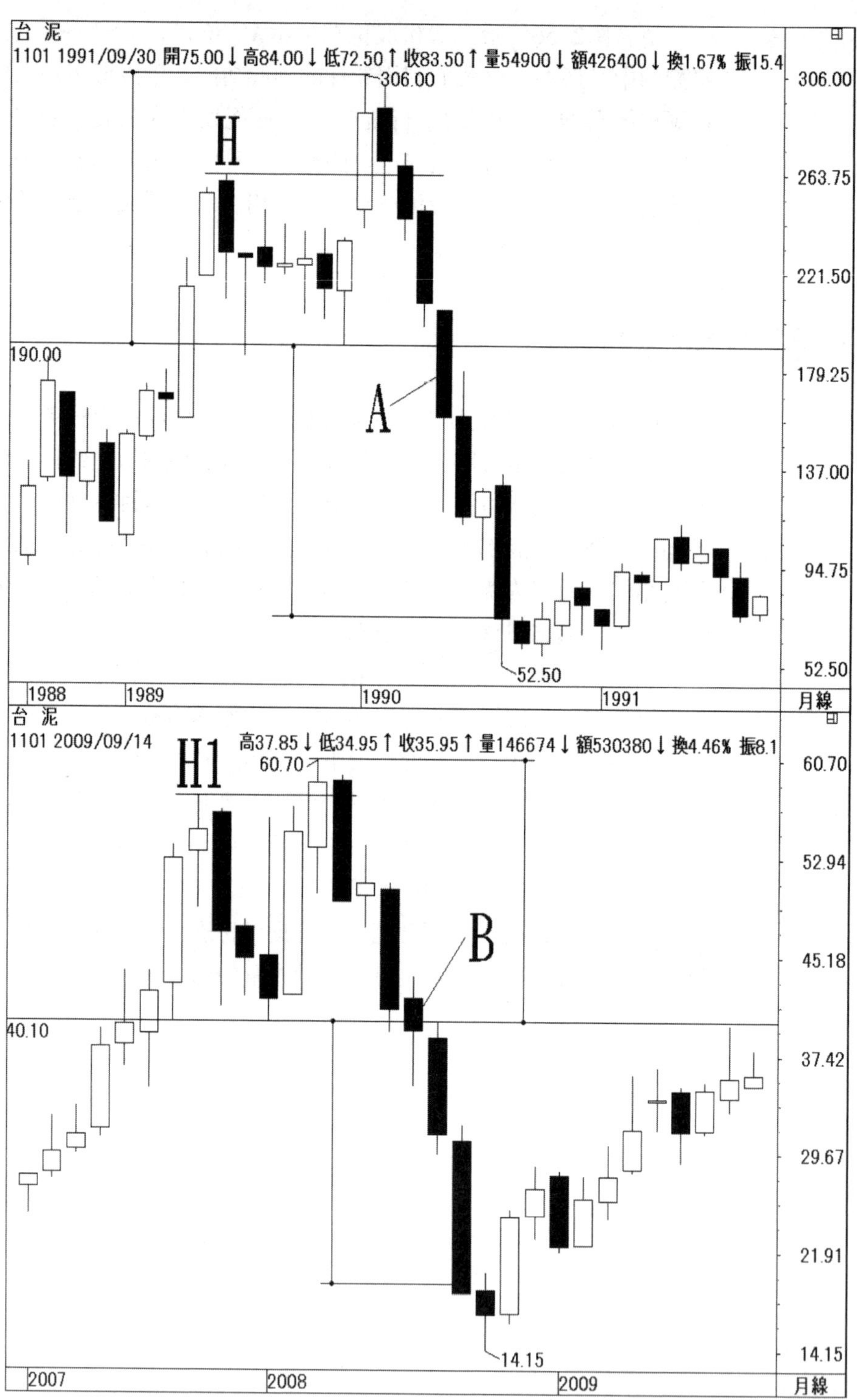

图2-57 台泥股价月线图的同形态比较(资料来源：奇狐胜券)

请看图2–57，台泥股价在1990年1月创下306元的高点时，走势为突破前方标示H的水平颈线，随即见高止涨，接着从最高点起算的第5根K棒，也就是标示A的地方，跌破190元的颈线，形成V形反转。若从标示A开始算，则是下跌4 根K棒到52.5元才开始出现反弹，利用V形反转的测量，完成形态对称的等幅距离，为高点起算的第8根K棒。

经过了18年，台泥股价在2008年3月，创下从7元起涨以来的高点60.7元，当时走势是突破前方标示H1的水平颈线后呈现止涨，也就是突破后就止涨，没有在下一根K线再创新高，走势与1990年1月雷同。接着从60.7元的高点起算的第5根K棒，也就是标示B的地方，跌破40.1元的颈线，形成V形反转，走势再度与1990年雷同。

根据技术分析的研判，呈现V形反转的形态，原本就应该采空方思考，同时利用形态计算对称的等幅距离，若投资人曾经对自己做过同形态比较的训练，此时对股价的研判与未来走势的推演，把握程度便可以提高。

以同形态比较观察，正常、合理的情形下，走势会在标示B开始起算，下跌4根K棒后完成目标。实际走势则是在下跌第3根便完成目标，空方走势较1990 年那段强劲，但仍在第4根K棒见到14.15元的低点后开始反弹，从最高到最低也使用了8根K棒。

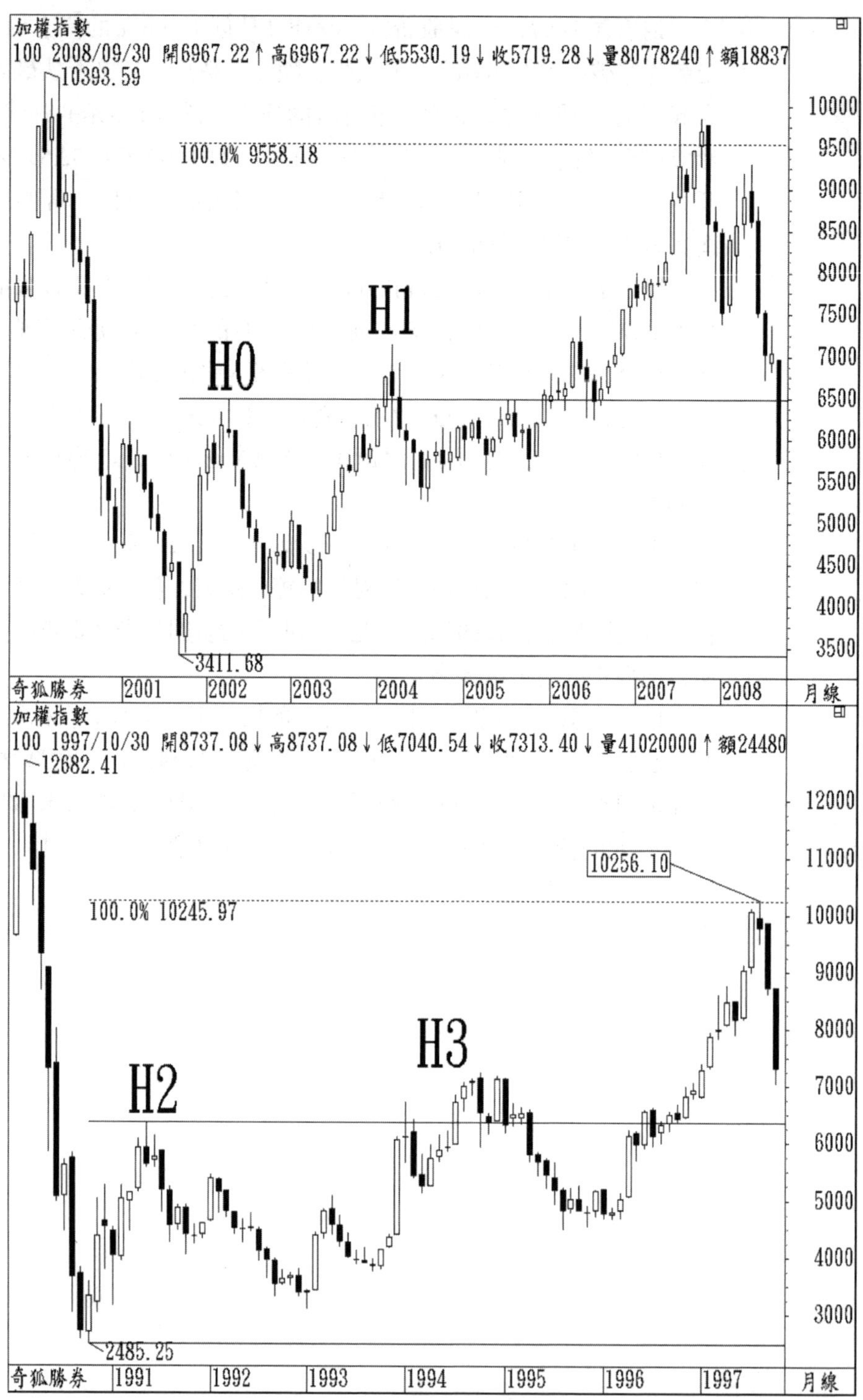

图2-58　加权股价指数月线图的同形态比较(资料来源：奇狐胜券)

请看图2–58，加权股价指数从12682.41点暴跌到2485.25点，股价随即出现反弹走势，整个反弹轮廓先创下标示H2的高点，拉回后不破底形成空多扭转，使股价往上弹升，再创下标示H3的高点后，虽然股价再度拉回，却依然维持长线多头走势，最后再度上涨到10256.10点，结束这次的反弹波动，同时也满足以H2为颈线的等幅测量。

在2000年，加权股价指数从10393.59点暴跌到3411.68点，股价随即出现反弹走势，整个反弹轮廓先创下标示H0的高点，拉回后不破底形成空多扭转，使股价往上弹升。至此，已经具有同形态比较的雏形，长线多头反弹走势，上涨到9807.91点结束，同样满足以H0为颈线的等幅测量。这段时间，笔者便受惠于同形态比较的原则，进行观察与规划加权股价未来可能的走势，使得操作策略在拟定时相对顺利，这也算是努力研究后的一点回报吧。

请看图2–59，光磊股价从标示H的位置开始下跌，在标示A的位置跌破标示L的颈线，完成双重顶的头部，除满足头部等距离外，更因下跌走势加剧，完成以H–L测量黄金螺旋的2倍幅。接着股价从标示L1的位置出现反弹，在标示B的位置突破标示H1的颈线，完成双重底的底部。

至此，走势形成头底形态对称的现象，因此可以研判，只要底部信号没有被破坏，除了会满足底部等距离上涨的测量外，也有机会发动以H1–L1测量黄金螺旋的2倍幅的目标。实际走势不但穿越了2倍幅的目标，更穿越了2.618倍幅度的目标，暗示多头走势强劲，未来只要维持多头趋势，便能将反弹行情转变成为回升行情。

图2-59　光磊股价周线图的同形态比较(资料来源：奇狐胜券)

第三章　价格的对称

任何金融商品的操作，最重要的是价格，而非价值，价格是基于供需原理，买卖双方同意的代价，属于一种商品交换关系。许多研究技术分析者认为：成交量的变化重于价格的变化，然而追根究底，在交易时仍然是以价格多寡为取向，而非成交量，其他技术分析的方法皆然，因此，研究价格的变化成为市场技术分析主流。

虽然本章是讨论价格对称，但形态、价格之间的关联性相当高，很难加以切割。在上一章讨论形态的对称时，不免会运用到价格计算；而在本章讨论价格对称时，仍脱离不了形态对称的运用。如果因为章节分类不够精确，造成投资朋友们阅读困扰时，请大家能够见谅。

平衡中轴原理

平衡中轴又称为主控棒线，是主控理论中最具代表精神的关键运用之一，它同时代表三种对称的涵义：时间、空间与形态，也就是可以据此评估未来可能的波动时间、价格目标与走势模型。目前坊间出版的书籍中，与平衡中轴有异曲同工的理论是“亚当理论”(Adam Theory)。“亚当理论”是探讨价格对称，当它的作者在探讨时间转折时，是以“三角洲理论”(DELTA Phenomenon)为主。

部分操作者非常推崇亚当理论，却排斥波浪理论。其实亚当理论描述的走势是属于波浪理论的部分走势模型；波浪理论所描述的走势模型更为完整——无论是攻击或是调整。排斥波浪理论者若非无知，就是没有完全搞懂波动的真实意涵。因为波浪理论不但说明“顺势操作”可能出现的走势模型，也描述了进入“混沌”时可能出现的走势模型，并阐述层级之间的差异，只是一般使用者没有深入进行理解而导致误用罢了。笔者可以很肯定的告诉各位投资人：亚当理论、波浪理论、道氏理论与其他股市中的理论，都是描述股价波动的行为，只是运用的方法不同，理解后自然就会发现这些理论之间的相似性。

或许有人会问：“如果我不懂波浪理论，是不是就无法进行操作？”当然不是这样，只要能确实执行既定的操作策略，通常都可以获得不错的投资报酬率，因为操作而产生严重亏损，往往不是技术分析的能力出现了问题，而是在操作心态出现了问题。

亚当理论开宗明义就说：“亚当理论告诉操作者，市场未来最可能行进的方向。运用亚当理论的预测技术，操作者可以预估并确实看见行进的路线。”上述其实就是主观的预测，主观的评估走势将上涨或是下跌，然后根据眼前所见的事实进行操作，至于后续走势是不是真如预测的上涨或是下跌？仍然只有上帝才知道，所以这种“顺势操作”的理论，与市场上所有技术分析的理论相同，都充满臆测、猜想与期待，更需要策略协助规避因为不确定性带来的风险。在后续我们将尝试把这些观念整合，让各位投资人对股价波动的认识，有更进一步推展。

平衡中轴和亚当理论一样，可以提供完整操作系统，除了方向性之外，止盈与止损的设置、目标的评估等等，都能够提供良好的研判依据，但是利用亚当理论观念进场时，在操作策略上是属于追买法或是追卖法，所以面对操作的市场周转率不高、容纳量太小，或部位较大的投资人、法人机构就不适合采用，解决的方法是利用平衡中轴理论的不同轮廓层级进场操作，或是在盘底或盘头期的发动信号成立时就进场。

利用平衡中轴进行操作时，必须明白下列几点：

(1) 理论形成的依据。

(2) 进行操作的原则。

(3) 设置停损点。

(4) 目标与时间的评估。

(5) 中轴的移动。

(6) 定位与操作的逻辑。

(7) 走势完成的定位与推演。

其中(4)~(7)点的详细内容，牵涉到主控理论中，关于一转三、三合一，转浪、推浪与箱子移转，是三个箱子还是两个箱子的堆栈等等关键，不方便在书本中或是网站论坛上公开讨论，请投资朋友们见谅。

理论形成的依据

什么是价格对称？因投资人对亚当理论较为熟悉，因此笔者借用亚当理论中的论述加以说明：在上涨走势时，第三象限与第一象限成倒影；下跌走势时，第四象限与第二象限成倒影。请看图3-1为上涨走势中的对称，图3-2为下跌走势中的对称。先以图3-1为例做说明。若股价呈现底部抬高、高点也创高的多头波动，并出现“突破”的行为时，那么在突破点之前的股价波动，将被定位在第三象限(III)，未来走势的模型，将以十字轴线的中点为映像点，将第三象限走势图，翻转到第一象限(I)的位置。

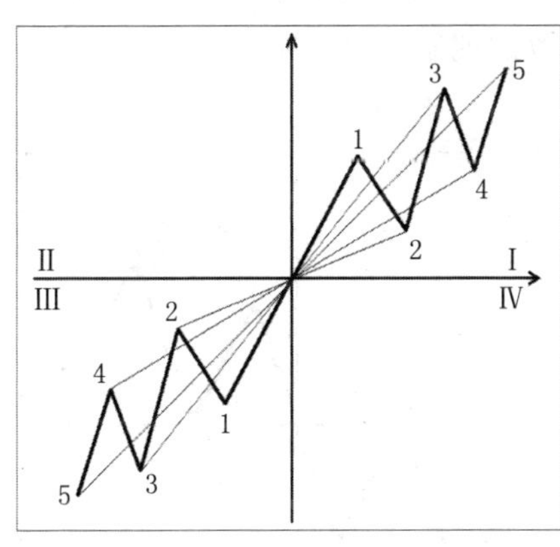

图3-1　第一象限与第三象限的对称

在第三象限是实际已经完成的走势波动，经过翻转映像到第一象限的走势图，则是预估未来可能发生的走势，图中标示的数字如果相同，代表它们彼此为对称点。这种翻转走势图进行评估的方法是非常理想化的模式，实际走势不可能会如此呈现，因此在实务操作上，只要利用这种观念将止盈与止损点确立即可。如果是要评估走势未来可能出现的模型，只要是找到对称点的转折点，并加以思考推演，并不需要非将图形翻转不可，本书范例初期会将图形反转，协助投资人建立观念，其余的部分则请各位自行练习。

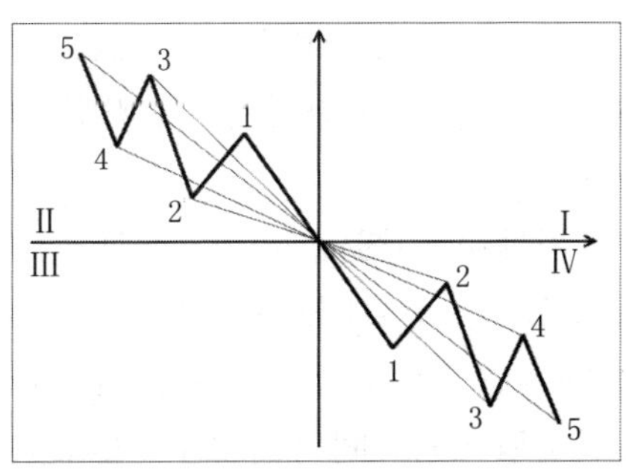

图3-2　第二象限与第四象限的对称

图3-2是走势呈现高点越来越低、低点也越来越低的空头波动，当走势出现“突破”的行为时，在突破点之前的股价波动将被定位在第二象限(II)，未来走势的模型将以十字轴线的中点为映像点，将

第二象限走势图翻转到第四象限(IV)的位置。图中第二象限是实际已经完成的走势波动，经过翻转映像到第四象限的走势图，则是预估未来可能发生的走势，图中标示的数字如果相同，代表它们彼此为对称点。

以图3-3为例，说明对称走势运用的技巧。在标示B的区间，股价的震荡宜呈现对多方有利，也就是趋势已经转为多方掌控，随后在标示A出现多方攻击信号时，应该进场操作，同时利用镜射倒影的方法，以标示A为对称中轴，将标示B区间的K线图绘制于标示A的右上方，也就是标示C区间所示的图形，理想的状况是未来走势应与评估的产生一致的现象。

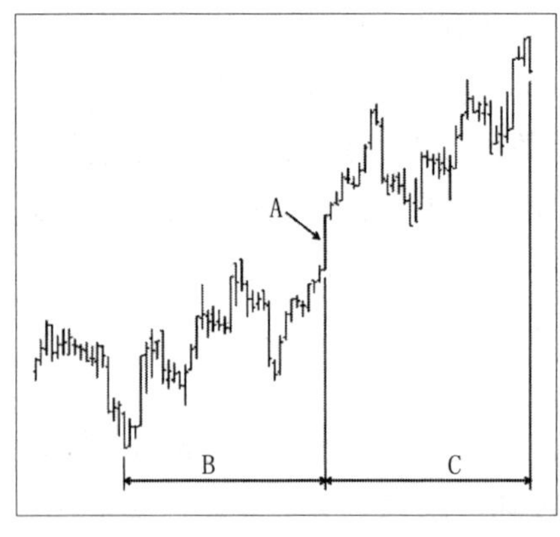

图3-3　上涨时的对称

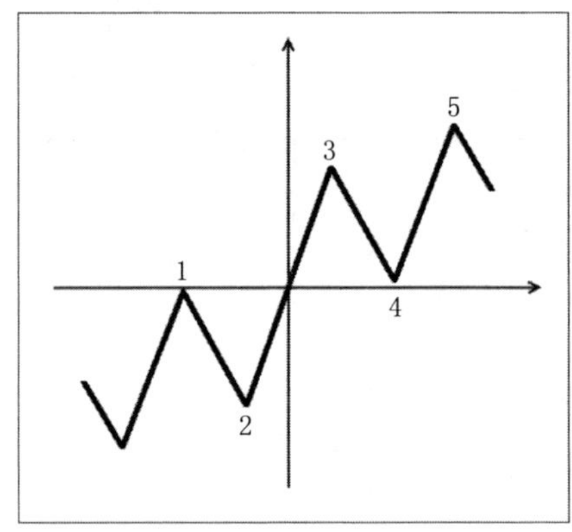

图3-4　上涨五波的对称

利用对称原理进行的操作法，属于攻击买进(追买法)，不属于布局买进(逢低布局买法)。对于操作部位较大的操作者，运用过程中难免会受到交易标的部位多寡，出现想买却买不到的窘境；或是追逐过程中因需求强劲导致成交价格提高，致使操作成本提高，增加了短线风险。这些现实状况所产生的条件限制，并非技术分析可以解决，调整某部分的操作策略可能会有些许帮助，但却需因地制宜，不能一概而论。

先前，笔者曾大胆地说：亚当理论所描述的走势，是属于波浪理论其中某一部分的走势模型而已，请看图3-4。之所以会有这样立论的理由是：波浪理论中描述，因为市场投资者信心恢复，成交量大幅上升，所以第三波呈现的时间与幅度往往是最大的，也是最具有爆发力的上升波。由于走势强劲，对第一波高点所呈现的突破信号，经常是以技术分析中，长红收高、跳空缺口等多头积极的行为表态，因此在突破第一波的高点时，是最强烈的买进信号……。

这样的描述与亚当理论的操作重点：趋势与突破，有何不同？严格来说，波浪理论的严谨度更高，因为它除了描述攻击走势外，也描述了不同的修正走势，并且告诉投资人必须适当的假设与调整，两者都属于“顺势操作”的观念，同时也包含了方向预测。若以波浪理论的铁律讨论，当走势以突破第一波高点的水平轴进行对称后，第二波的谷底将对应到第三波的峰顶，此时必然会符合：“第三波不会是推动波中最短的一波。”这条铁律，但波浪理论的另一条铁律要求：“第四波的低点，和第一波的高点不会产生重叠。”而亚当理论并没有这些要求，这是在描述攻击走势时，两者之间最大差异。

至于修正波里会不会也有对称的行为呢？当然有！只要各位操作者将观察的层级缩小，自然就会有相对的信号出现。我们将在范例中以实际操作的走势图说明，在此不另赘述。

进行操作的原则

利用平衡中轴进行操作时，最好先认识虚拟K线的取法，同时要能了解多空互换的原理。所谓虚拟K线是指控盘者(一般称为主力或庄家)，实际观察的K线形态，这种K线形态与传统K线的差异在于高低点可能不同。换言之，取虚拟低点时，需将某一根棒线的实际低点与前一根棒线的收盘价进行比较，取其最小者为虚拟低点；而取虚拟高点时，就将某一根棒线的实际高点与前一根棒线的收盘价进行比较，取其最大者为虚拟高点。利用这个方法画出来的K线，就是虚拟K线，而虚拟K线在任何层级的线图中都能使用。

观察股价波动者要能够分辨多空互换，必须先将传统K线转换成虚拟K线，再利用虚拟K线画出“高低折线”，并从正反转高点与负反转低点，定位“末升低点”与“末跌高点”。所谓“末升低点”是指：当创新高时往前数第一个正反转的低点。所谓“末跌高点”是指：当创新低时往前数第一个负反转的高点。上述的关键点在任何层级的线图都可以运用，各位投资朋友可参阅《主控战略开盘法》书中有较详细的说明。

有上述的观念后，在操作时只要注意两个关键即可：趋势与突破。当走势可能或确定转成多头时的突破，宜进场操作多单；当走势可能或确定转成空头时的突破，宜进场操作空单。

假设操作者研判的是1分钟或是5分钟K线图，那么只要针对当时的K线图进行趋势定位即可，如果能够在更高层级线图的保护下，如：30分钟线、90分钟线或日线进行多空研判，操作者的安全性将更为提高，至于分钟线单位多寡，必须以进行交易的市场的交易时间，进行合理取用，比如：台湾期货交易时间是08:45 ~ 13:45，共交易300分钟，那么属于300的公因子才能当做分钟线的单位时间。又例如：中国金融指数期货交易时间是9:15~11:30、13:00~15:15，每个时段135分钟，故宜取135的公因子当做分钟线的单位时间。

如果以图3-5做说明，任何短线的向上信号都可以视为短线买点，任何短线的向下信号都可以视为卖点，但这些短线买卖讯号，不一定会成为中线或是长线的买卖信号，因此在没有确定上一个层级的方向时，操作只能以当时观察的短线层级为之。但若我们研判中、长线的趋势可能对当时操作的方向有利时，短线的买卖信号将会是波段操作最有利的信息，就如同图中所标示B的位置，为长线进场操作的最佳时机之一。

假设中长线信号告诉操作者趋势是向下的，当时出现的买进信号必然先定位属于短线，同时我们定义短线多方的走势为“多头反弹”，所以操作时的技术分析技巧必须以短打为主；同理，当时中长线趋势经研判是向上时，出现的卖出信号依然先定位为短线，同时定义短线空方的走势为“空头回档”。若能够区分清楚短中长期的走势为何，操作策略的拟定将不会是困难的事了。

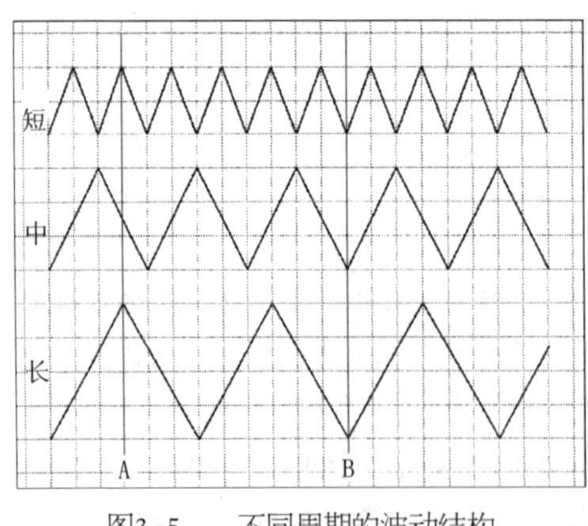

图3-5　不同周期的波动结构

以平衡中轴或亚当理论的观点来说，当操作者研判趋势已经发生改变，形成多转空或是空转多的信息时，不是立即进场的信号，而是等待下一个“突破”的信号。

因为当走势形成多转空的可能现象后，空头的力道可能已经用尽、衰竭，所以空方需要时间重新整军，才能储备充足的力道“向下突破”；反之，当走势形成空转多的可能现象后，多头的力道可能已经用尽、衰竭，所以多方需要时间重新整军，才能有储备充足的力道“向上突破”。

在图3-6中，标示A的位置代表走势可能形成多转空的现象，标示B出现的反弹属于空头走势中的惯性，若走势无法再创新高，暗示空方能够重新整军，于标示C的位置所呈现的突破，即为“向下突破”。

在图3-7中，标示A的位置代表走势可能形成空转多的现象，标示B出现的回档属于多头走势中的惯性，若走势无法再创新低，暗示多方能够重新整军，于标示C的位置所呈现的突破，即为“向上突破”。

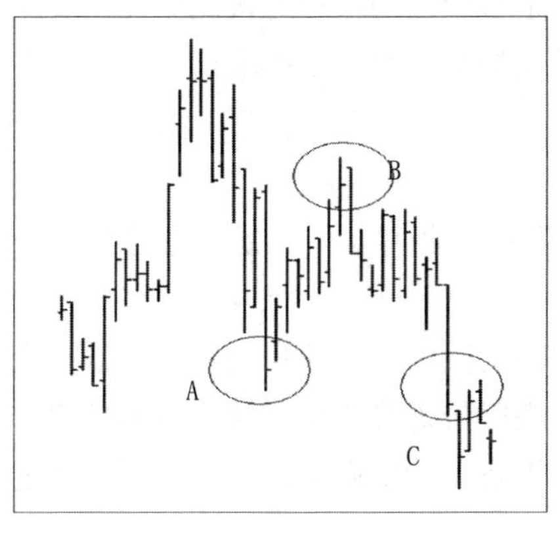

图3-6　转空后的向下突破

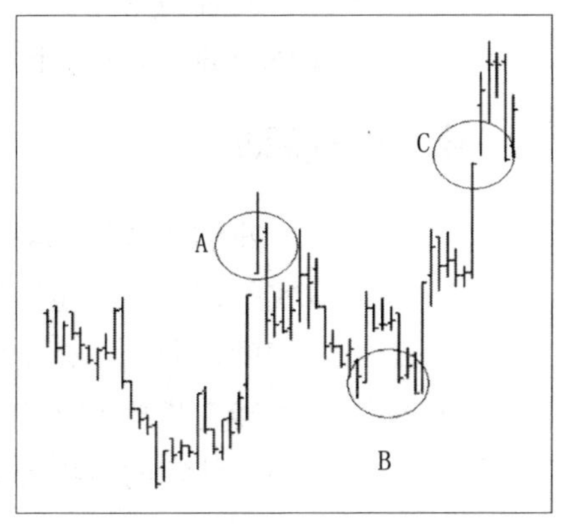

图3-7　转多后的向上突破

止损点的设置

任何的操作都需要设下止损点，利用平衡中轴或是亚当理论的方法进行操作时亦然，有鉴于在书本中讨论关键所产生的限制，并避免投资人未明其义，使操作过于急躁导致频繁进出，因此本单元介绍的止损观察点，将较实战搏击时来得宽松，这样的好处是可以避免盘势剧烈震荡，或是主力洗盘强劲时，碰触到了止损点，结果使投资人在走势发动前被洗出场。

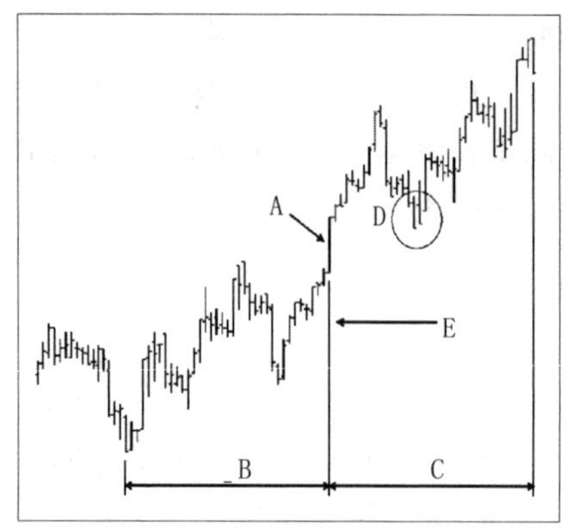

图3-8 止损点的设置

那么止损点如何设置呢？请看图3-8，当标示A出现向上突破时，依镜射原理应该将标示B区域的走势图，经过上下、左右翻转如标示C的区域，亦即预估的走势图将会出现明显回档，如标示D所示，并从这里开始上涨让股价创新高。也就是说，正常的情形下，标示D的正反转低点，应该让走势维持多头趋势，也就是谷底要越来越高。

虽然标示D尚未在实际走势图上呈现，但依常理研判，未来实际走势中，标示D的正反转低点，应大于在标示A的左侧图中某一个正反转低点，因此我们可以选择如标示E箭头所指的正反转低点，当成多方操作的止损观察点，或是取较标示E更低的正反转低点作为止损观察点，两者的差异在于操作者对走势图波动原理的认识深浅、实战操作经验的多寡，以及能忍受止损范围的大小程度有关。

中轴的移动

我们所认知的对称轴(即平衡中轴)并不一定是未来走势中所真实呈现的，只能算是自己主观的认定而已，有可能走势不符合我们的预期，那么止损的机制将会激活，协助我们规避风险；也有可能走势超乎预期，那么代表股价走势所反应的，并不是原本主观所认定的对称轴。此时就需要移动平衡中轴，进行下一波走势的观察。

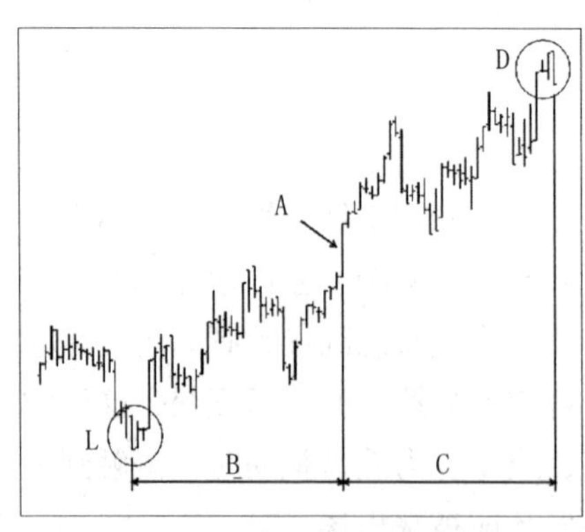

图3-9 中轴移动的时机

请看图3-9，在标示D的位置，代表是以标示A为对称轴，进行镜射的对称后，所完成的相对高点，也就是标示D对应到标示L。当实际走势已经完成原评估的目标，或是初始形态被完全复制结束后，就需要移动观察的平衡中轴。上述原则只是众多移动中轴方法之一，也是最简易并容易操作的方法，除此之外，移动平衡中轴的关键，与操作者是定位两个箱子移动，或是定位三个箱子的移动有关，这牵涉的讨论范围实在太广，又与实战操作环环相扣，本书只好省略不谈。

另外，需要移动平衡中轴的情形是：不管对未来走势的评估如何，只关注“突破”的行为，亦即当走势出现有效的突破时，便可以移动平衡中轴，决定新的止损观察点，这是机械式操作原理中的“移动式止盈法则”之一。

本章所探讨的对称观念，不但可以使用在价格对称，也可以使用在指针对称，如：以均线定位的“成交集中点”、KD或MACD指针的走势对称等等，只要观念正确，就能够变化出很多使用法则，但建议投资人暂时不要在此耗费心力，先将本书所描述的基本原则运用娴熟，简单且坚定的在市场中操作，并且让盈亏维持大赚小赔的结果，才是我们应该要努力追求的方向。

范　例

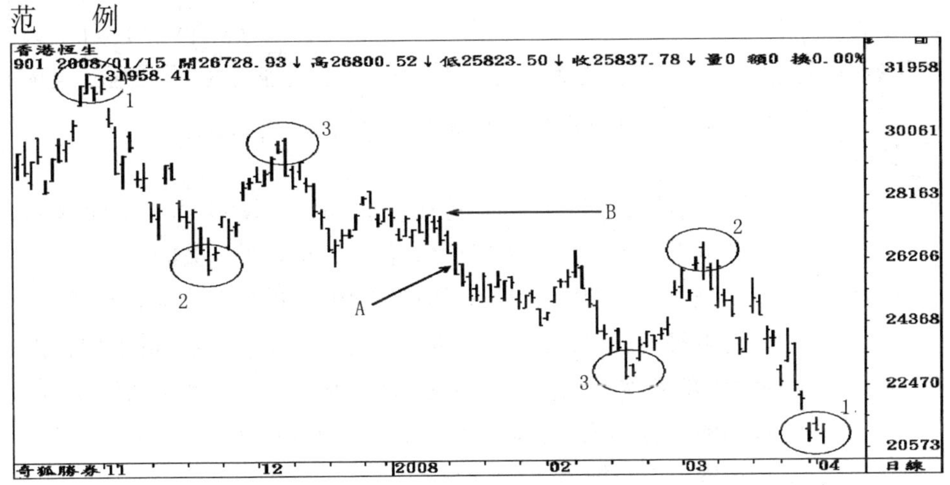

图3-10　恒生指数的运用图例之一(资料来源：奇狐胜券)

请看图3-10，恒生指数从31958.41点开始回档后，呈现疑似由多转空的信号，并于标示A的位置向下突破标示2的波谷，利用镜射原理可以将标示A以前的走势，上下、左右翻转到标示A的右下方，所呈现颜色较淡的K线图，即为未来走势的评估。

如果操作者在标示A的位置放空，那么做空止损点应设在标示B的转折点或是更高的转折点，视操作者所能忍受的止损范围决定，至于图中相同的数字标示，代表的是在不同象限相对应的转折点。

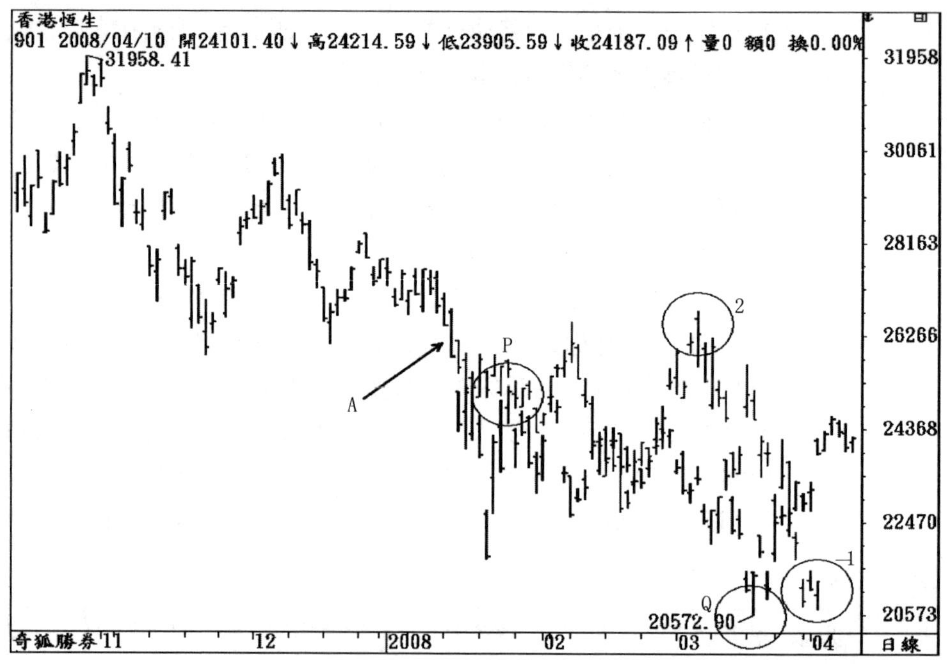

图3-11　　恒生指数的运用图例之二(资料来源：奇狐胜券)

请看图3-11，实际走势在标示A的向下跌破后，于标示Q的位置创下当时20572.90的低点，便开始出现另一波的反弹。

颜色较淡的K线图是利用镜射翻转后的预估走势，从实际完成的走势图比对，标示P的真实转折，对应到标示2的虚构转折；标示Q的真实低点，对应到标示1的虚构低点。虽然实际走势与虚构的走势不全然相同，但转折点与波动方向，却有吻合之处，请投资人不妨细细比对、体会。

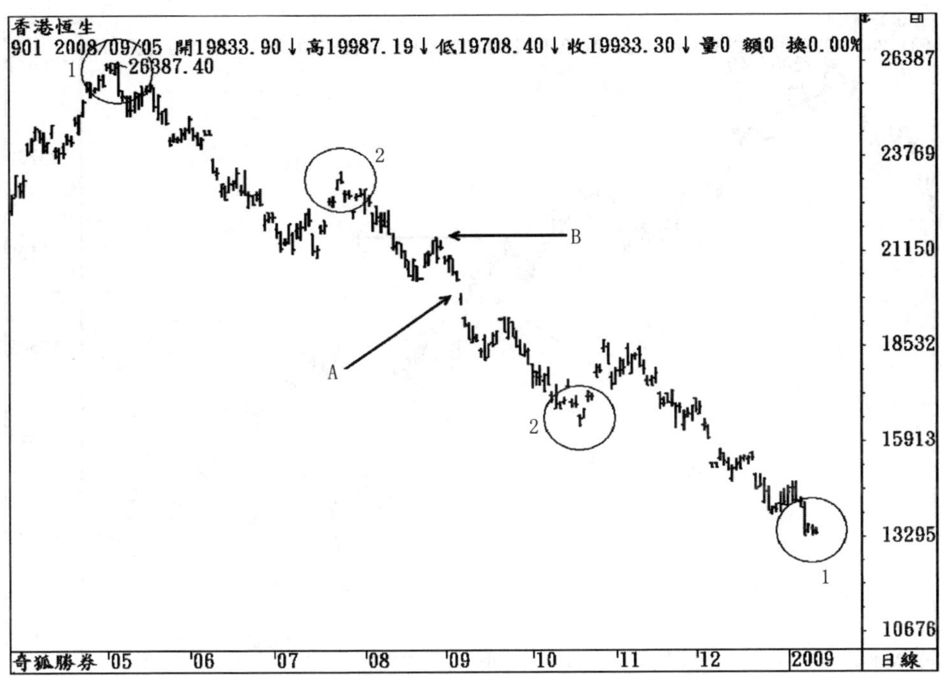

图3-12 恒生指数的运用图例之三(资料来源：奇狐胜券)

请看图3-12，恒生指数从26387.40点开始下跌，当时应假设走势已经呈现空方趋势，在标示A的地方，出现向下突破信号，利用镜射原理可以将标示A以前的走势，上下、左右翻转到标示A的右下方，所呈现颜色较淡的K线图，就是未来走势的评估。

如果操作者在标示A的位置放空，那么做空止损点，应设在标示B的转折点，而图中相同的数字标示，代表是在不同象限，相对应的转折点。

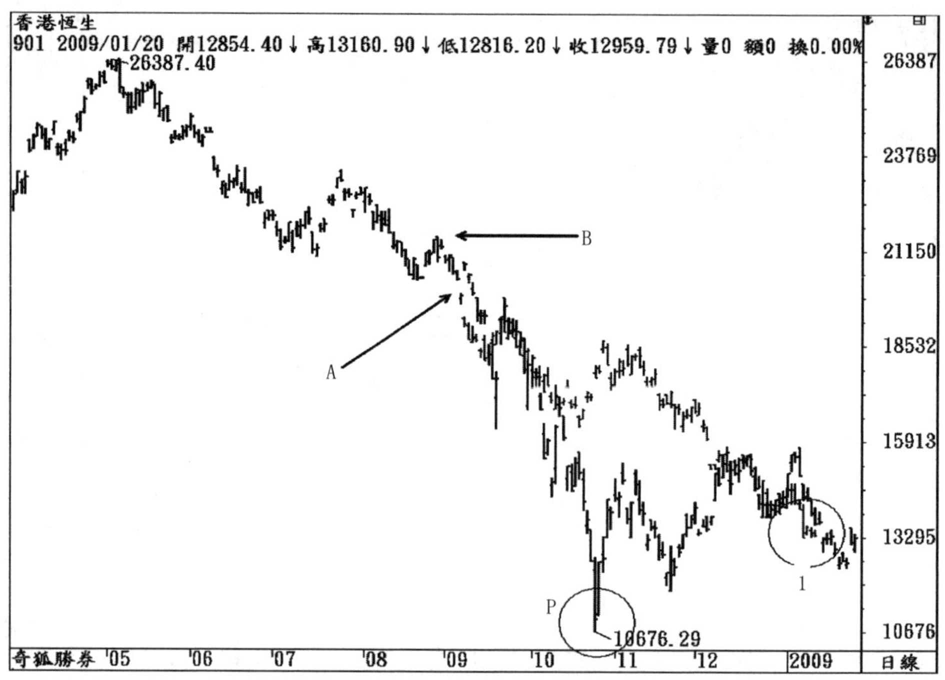

图3-13　恒生指数的运用图例之四(资料来源：奇狐胜券)

请看图3-13，实际走势在标示A向下跌破后，股价出现几次格局较小的反弹，但却未突破标示B的停损点，代表空单续抱无需止损。而原先所虚构的走势，终点在标示1的位置。实际走势到达标示P的位置时，代表之前被翻转过来评估的走势已经完成，在形态或是幅度完成时，需要考虑平衡中轴的移动，或是考虑回补空单落袋为安。

而在走势行进间，亦可以利用移动式止盈法则，研判股价是否能够顺利完成预估的走势。移动式止盈法则除了使用均线(如10MA)、MACD 等指针外，也可以在细微处使用平衡中轴原理。

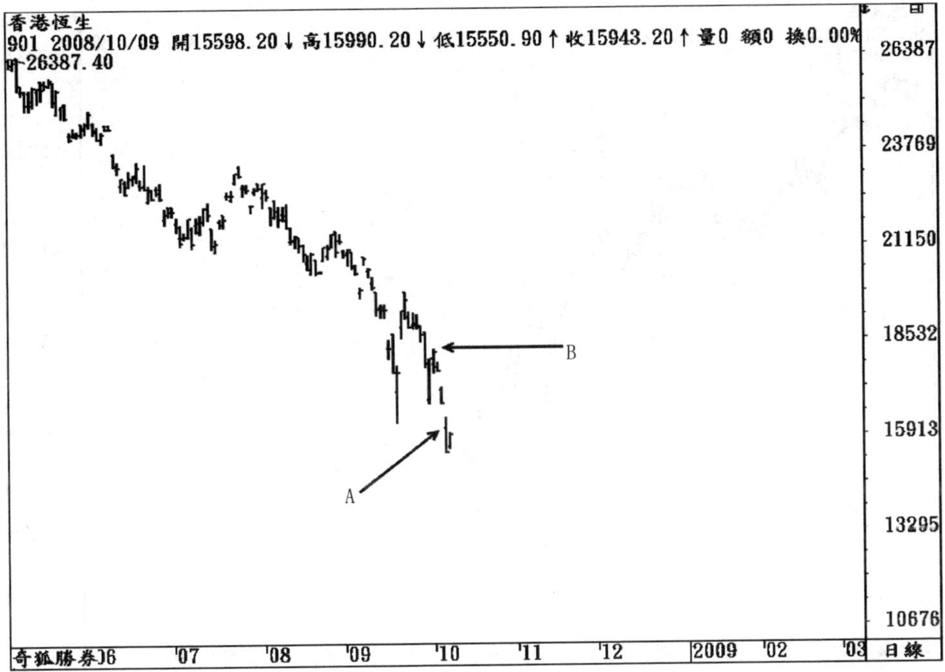

图3-14　恒生指数的运用图例之五(资料来源：奇狐胜券)

请看图3-14，标示A的位置是再一次向下突破，突破时，留下跳空缺口，代表空方气势强劲，既然如此，走势将会维持空方优势，往既定目标前进，所以停损点依平衡中轴原理设定在标示B的位置，未突破前，空单续抱，这就是未完成评估走势前，短线行进间的观察方法之一。

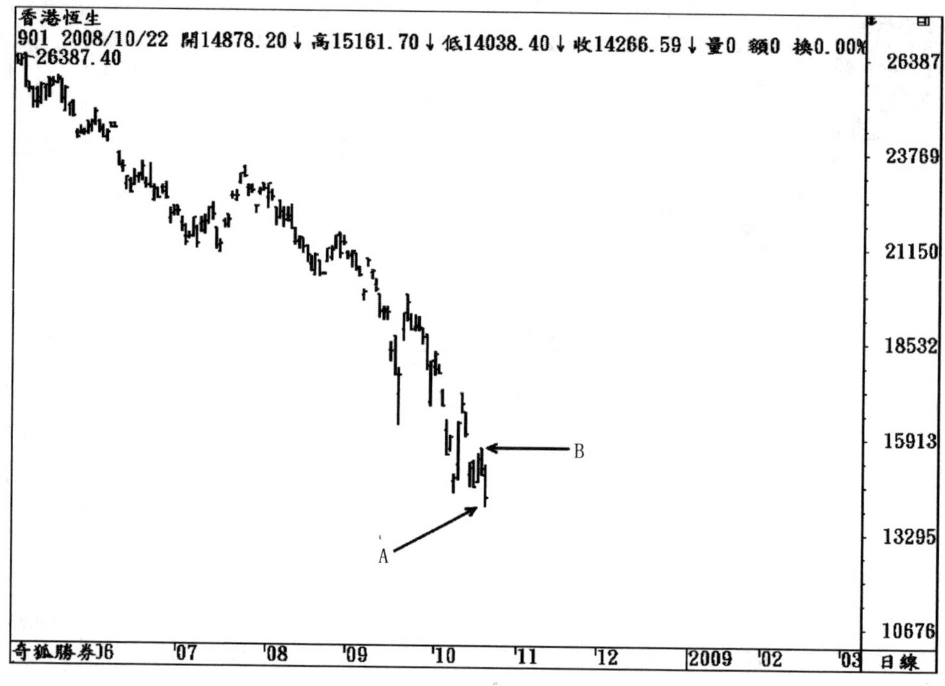

图3-15　恒生指数的运用图例之六(资料来源：奇狐胜券)

请看图3-15，标示A的位置又向下突破，行进间观察短线空头是否续强，则依平衡中轴原理，将停损点设定在标示B的位置，没有突破标示B之前，空单续抱。

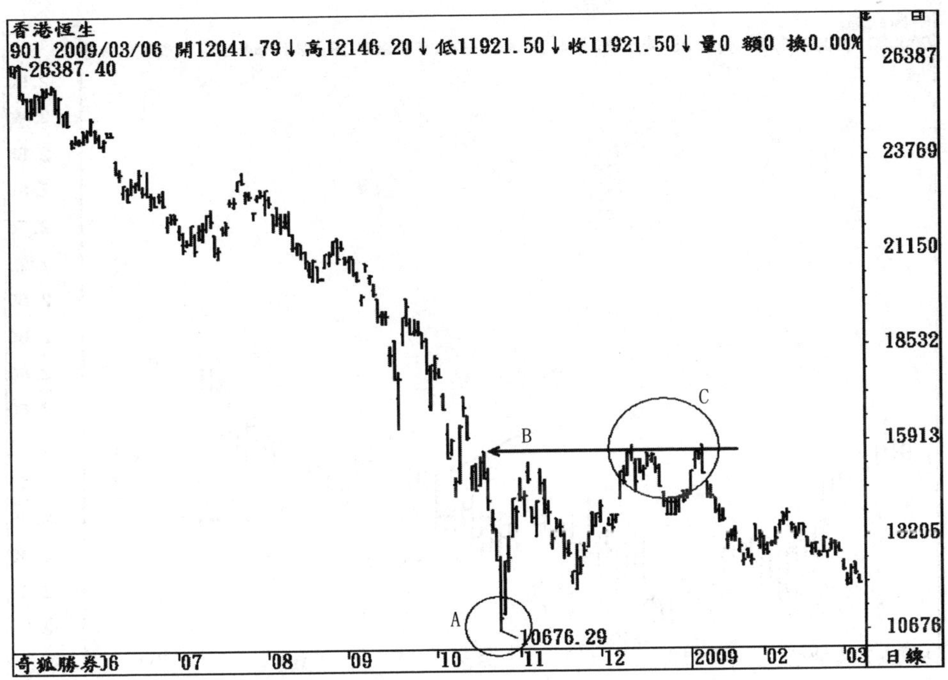

图3-16 恒生指数的运用图例之七(资料来源：奇狐胜券)

请看图3-16，当走势在标示A的位置创下当时最低价10676.29点后，股价出现止跌信号，操作者在当时有两种选择：

(1)于止跌讯号出现时，退出操作空单。

(2)等待下一次所触发的信号再决定。

这两种方法各有其技术面的理由与对应之策，但并无对错之分。假设投资人没有选择以第(1)种方式操作，在实际走势于标示C的位置突破标示B的止损观察点，已经触发了止损机制的情形下，空方操作者应该在股价回档时，伺机回补空单。

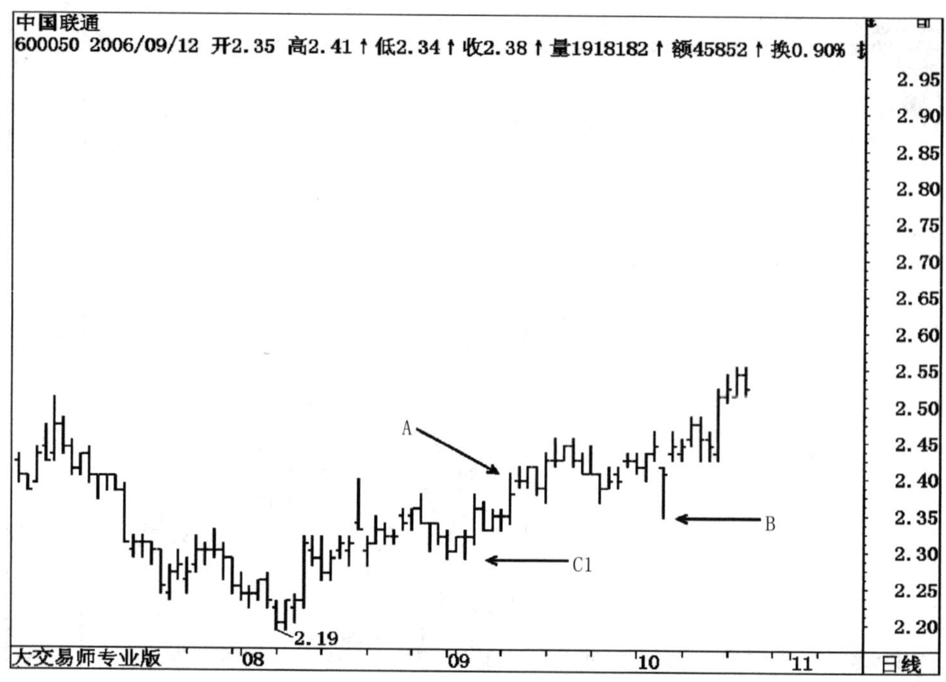

图3-17　　中国联通股价运用图例之一(资料来源：大交易师)

请看图3-17，中国联通股价从2.19元开始反弹，走势呈现疑似由空转多，并于标示A的位置出现多方向上突破的信号，利用镜射原理可以将标示A以前的走势，上下、左右翻转到标示A的右上方，呈现颜色较淡的K线图，就是未来走势的评估，其中标示B 的谷底，是虚构走势中回档的最低。

也就是说，如果未来走势想要维持多方趋势，标示B的低点应大于标示C1的低点，所以操作者在标示A的位置进场做多时，应将做多止损点设在标示C1的位置。

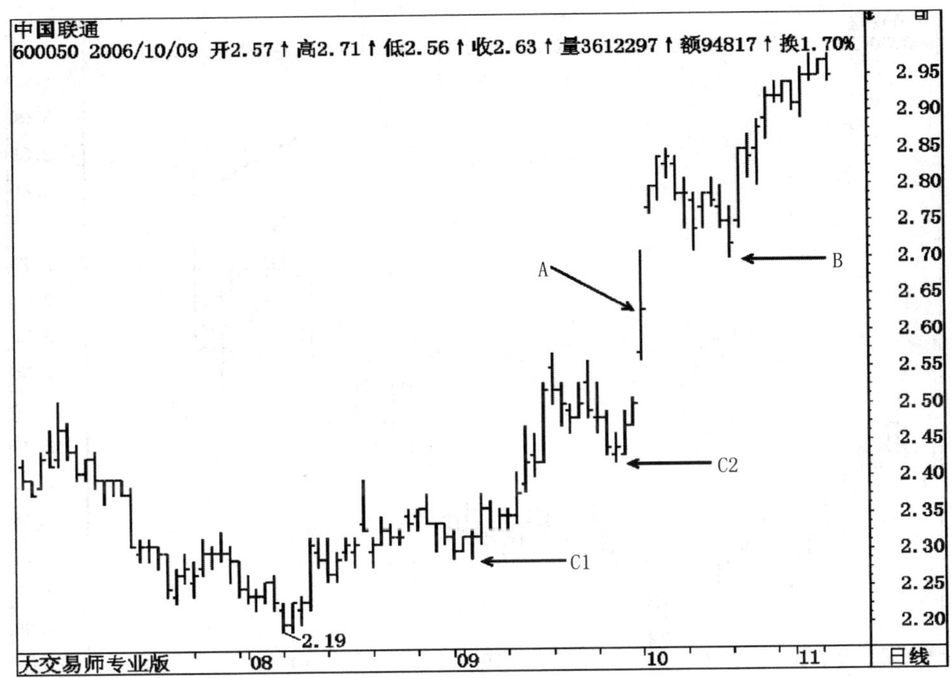

图3-18　　中国联通股价运用图例之二(资料来源：大交易师)

请看图3-18，股价从标示C2的谷底持续向上，并于标示A的位置出现多方向上突破信号，利用镜射原理可以将标示A到标示C1的走势，上下、左右翻转到标示A的右上方，所呈现颜色较淡的K线图，即为未来走势评估。

同理可证，标示B的低点应大于标示C2的低点，所以操作者如果在标示A的位置进场做多，那么应将做多止损点设在标示C2的位置，而原本设标示C1为止损观察点的操作者，也要将做多止损点移动到标示C2的位置。

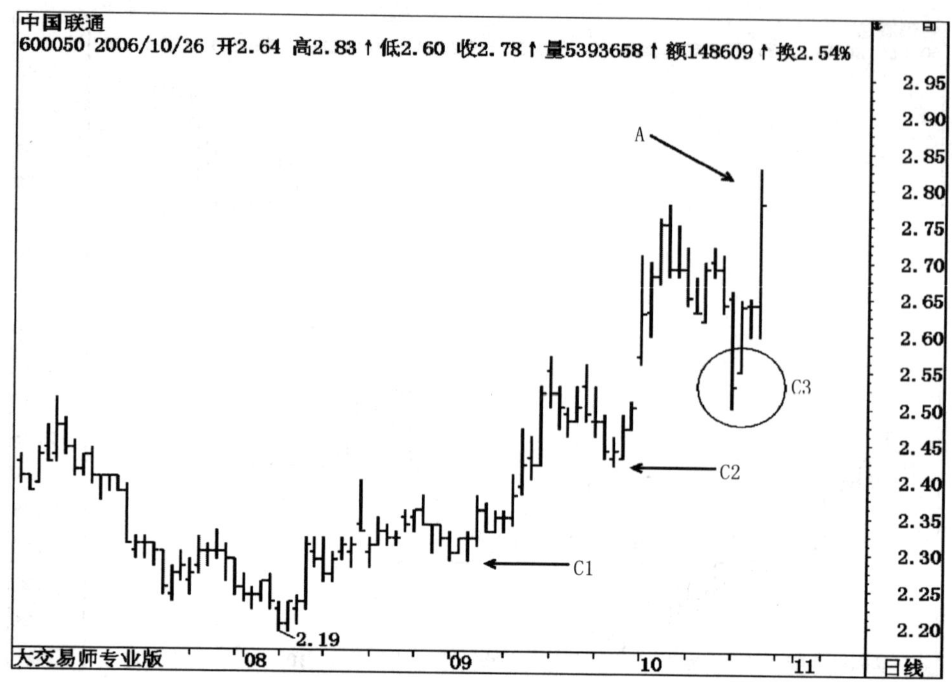

图3-19　　中国联通股价运用图例之三(资料来源：大交易师)

请看图3-19，股价回档时于标示C3的位置止跌，并未跌破标示C2的止损点，并从标示C3的谷底持续向上，且于标示A的位置出现多方向上突破的信号。

如果操作者在标示A的位置进场作多，那么应将做多止损点设在标示C3的位置。从图中可以得知，每个止损点的设置越来越高，即C3 > C2、C2 > C1，峰顶也持续创高，股价的波动维持多头趋势。

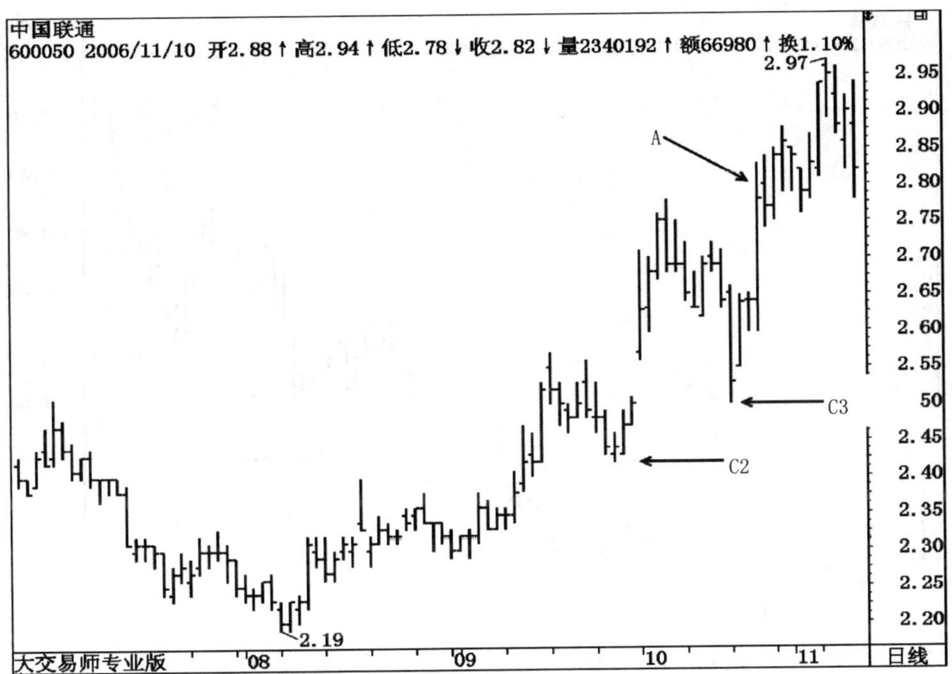

图3-20　　中国联通股价运用图例之四(资料来源：大交易师)

请看图3-20，中国联通股价的实际走势是不断创高，在标示A之后，从2.97元的高点开始，才出现较为明显的回档，投资人可以利用每个段落的大小进行比较(请参阅《主控技术分析使用手册》第七章)，就可以假设从这里开始的回档，才需要关注是否会跌破止损观察点。

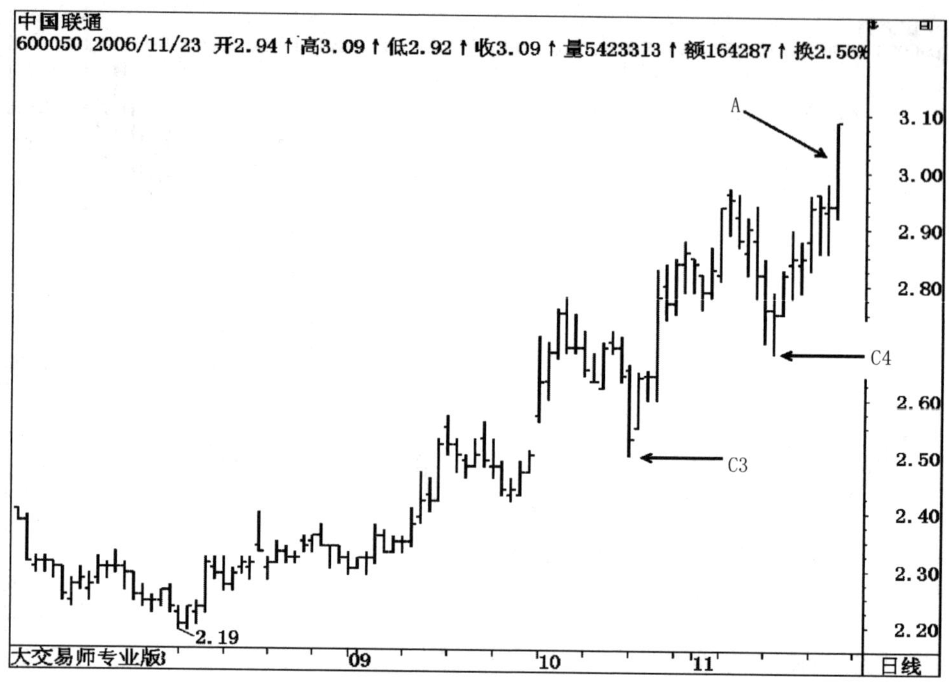

图3-21　中国联通股价运用图例之五(资料来源：大交易师)

请看图3-21，股价回档时在标示C4的位置止跌，未跌破标示C3 的止损点，并从标示C4的谷底持续向上，且于标示A的位置出现多方向上突破信号，如果操作者在标示A的位置进场做多，则应将做多止损点设在标示C4的位置。

至于原本在低档区就进场的操作者，因为一直没有跌破止损观察价，因此所持多单将是一路续抱至此，无需退出。

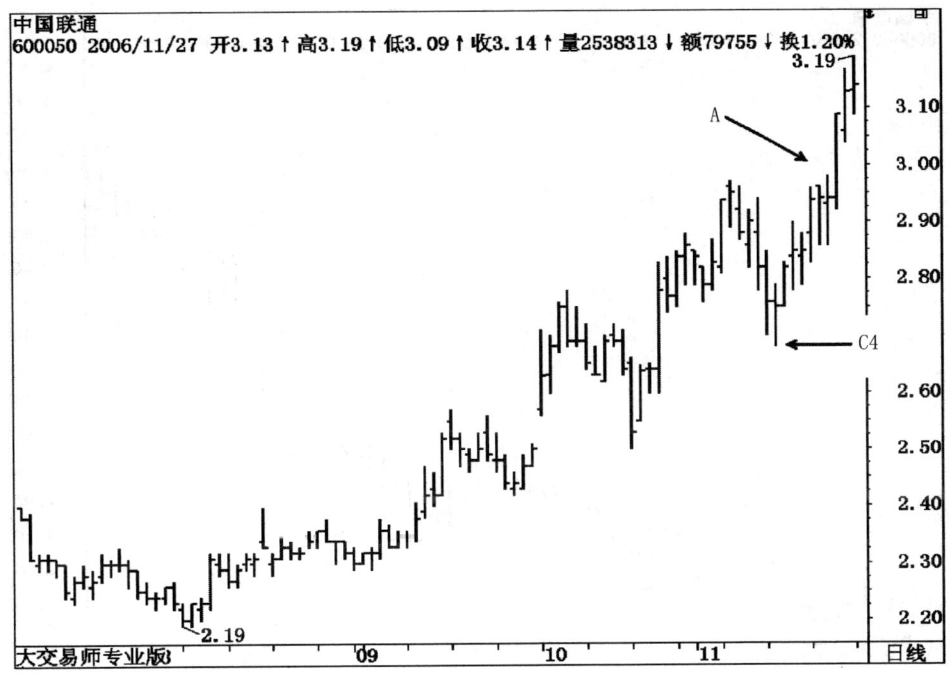

图3-22　　中国联通股价运用图例之六(资料来源：大交易师)

请看图3-22，中国联通股价于标示A之后持续向上涨升，股价离标示C4的停损点越来越远，代表上涨的力道没有转弱，无论在哪一个突破点进场操作的多单，都无需考虑退出时机，甚至不需要预估上涨走势在何处结束。

这种观念即为顺势操作，属于波段操作法则，与极短线或是短线操作策略不同(尤其是杠杆倍数高的金融商品)。这种操作方法的缺点在于越晚切入操作的多单，相对位置便越高，风险也越高，换言之，较为容易出现获利率小于止损率的窘境。

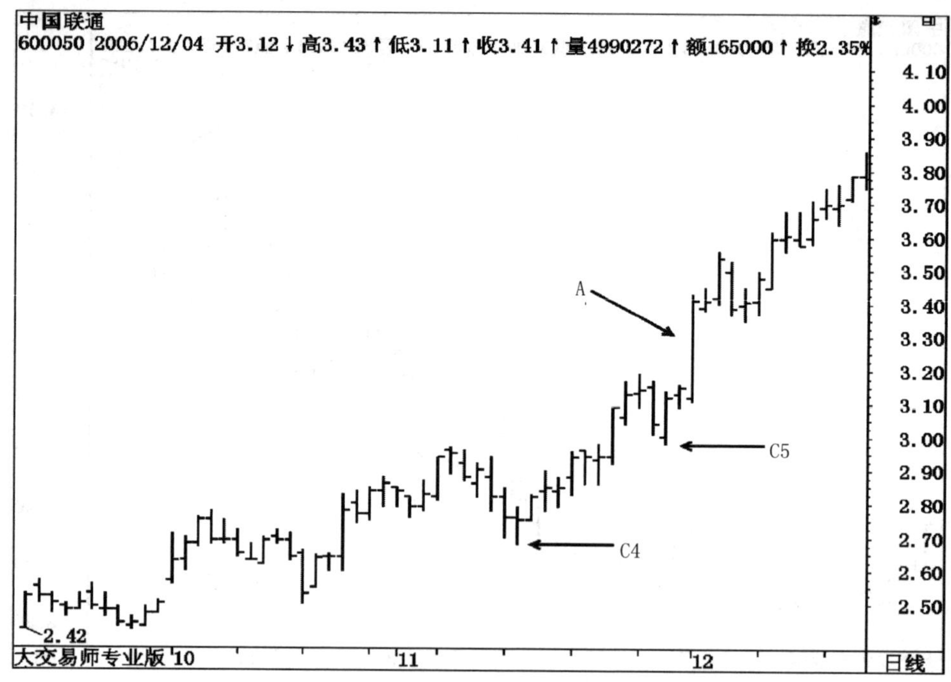

图3-23　中国联通股价运用图例之七(资料来源：大交易师)

请看图3-23，股价回档时，在标示C5的位置止跌，未跌破标示C4的止损点，并从标示C5的谷底持续向上，且于标示A的位置出现多方向上突破讯号，利用镜射原理可以将标示A到标示C4的走势，上下、左右翻转到标示A的右上方，所呈现颜色较淡的K线图，即为未来走势评估。

当看见标示A信号时，新加入的操作者可以在标示A的位置进场作多，并将做多止损点设在标示C5的位置。原本就持有多单的操作者，则应该将做多止损点，从标示C4的位置，移动到标示C5的位置观察。

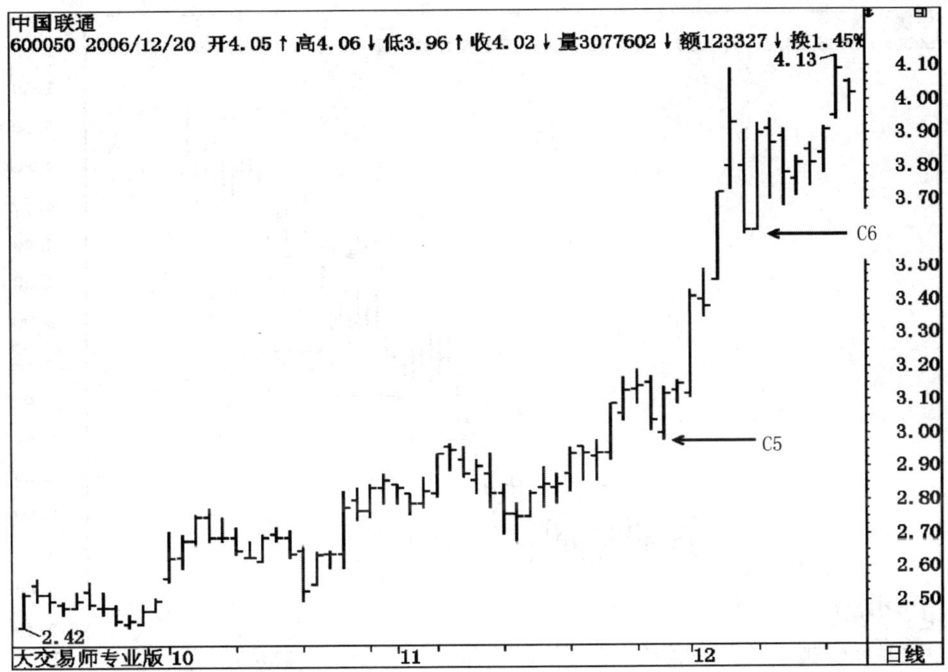

图3-24　　中国联通股价运用图例之八(资料来源：大交易师)

请看图3-24，中国联通股价从标示C5的低点一路上涨，实际走势较图3-23所评估的更为强劲，代表多方气势暂无止歇信号，当走势回档于标示C6的位置再度向上，并再度创高留下4.13元的高点时，应该将做多止损点，从标示C5的位置，移动到标示C6 的位置观察。

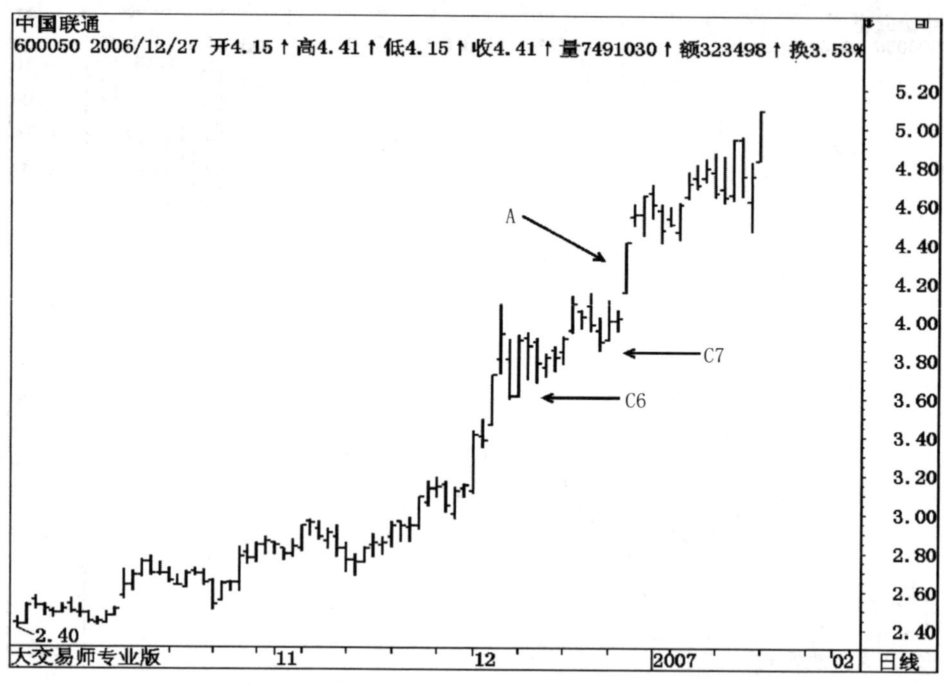

图3–25　中国联通股价运用图例之九(资料来源：大交易师)

请看图3–25，股价从标示C6的位置上涨，回档时，在标示C7的位置止跌，未跌破标示C6的止损点，接着从标示C7的谷底持续向上，并于标示A出现多方向上突破信号，利用镜射原理可以将标示A到标示C6的走势，上下、左右翻转到标示A的右上方，所呈现颜色较淡的K线图，即为未来走势评估。而做多止损点，则从标示C6的位置，移动到标示C7的位置观察。

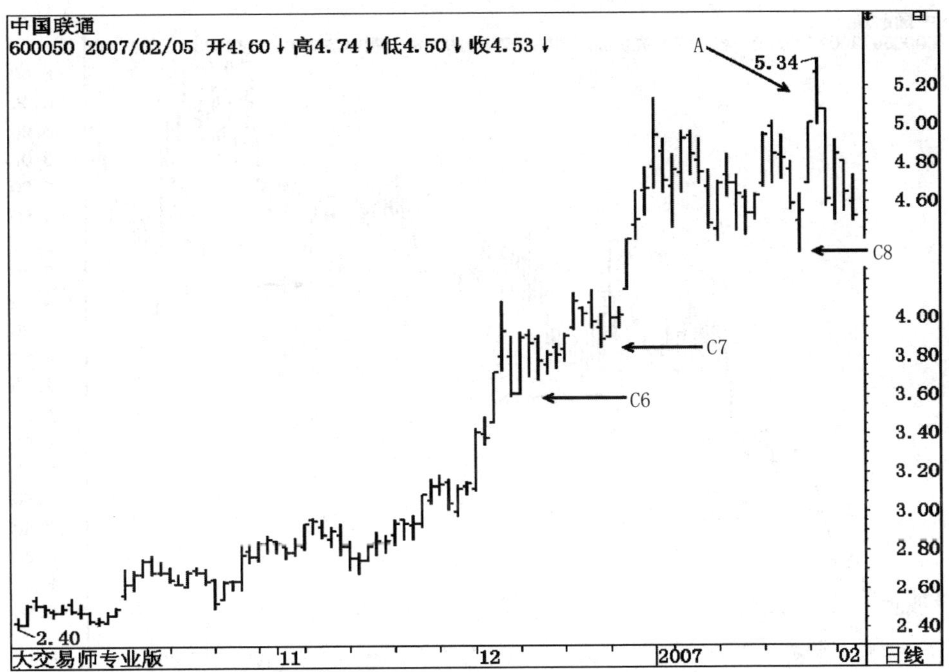

图3-26　　中国联通股价运用图例之十(资料来源：大交易师)

请看图3-26，股价在标示C7的位置开始上涨，到出现止涨信号后的回档，都没有跌破标示C7的止损观察价，所以当时股价的震荡可以不予理会，持股续抱即可。

当走势在标示A的位置出现多方向上突破信号后，操作者再将做多止损点，设在标示C8的位置观察即可。

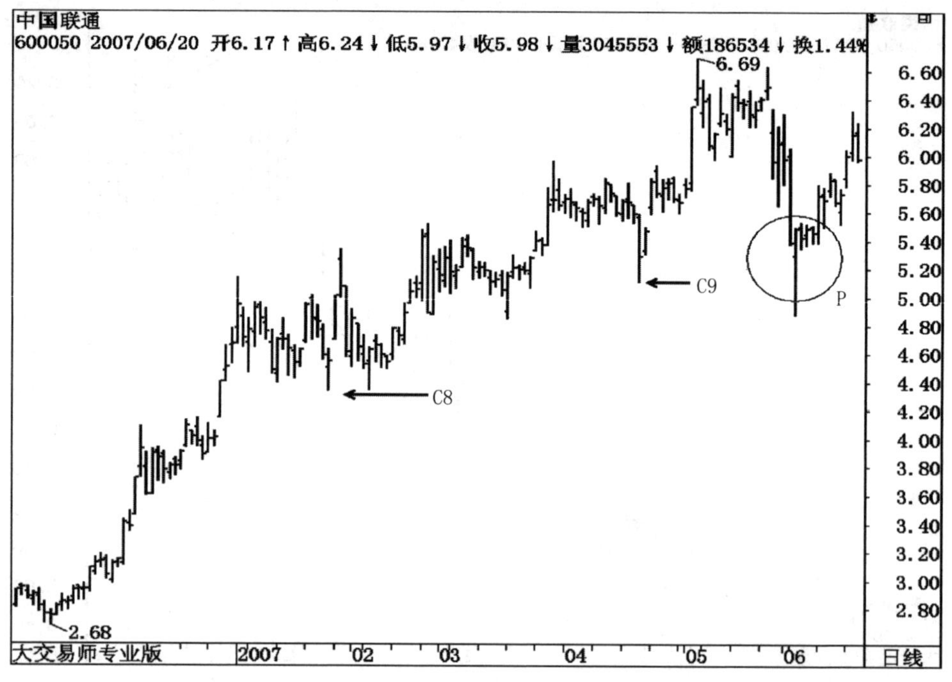

图3-27　中国联通股价运用图例之十一(资料来源：大交易师)

请看图3-27，实际走势并未跌破标示C8的止损观察价，且后续股价不断创下波段新高点，在当时只要运用相同方法，依序将止损点移动观察即可，最后股价在创下6.69元的高点后，在标示P 的位置跌破标示C9的止损观察价，至此，整个波段的操作才暂告一段落。

从图3-17标示A的位置进场，当时收盘价为2.38元，到图3-27标示P的位置出场，当时收盘价为5.49元，获利率为131%，若等待反弹1/2位 = 5.79元才退出，则获利率为143%。

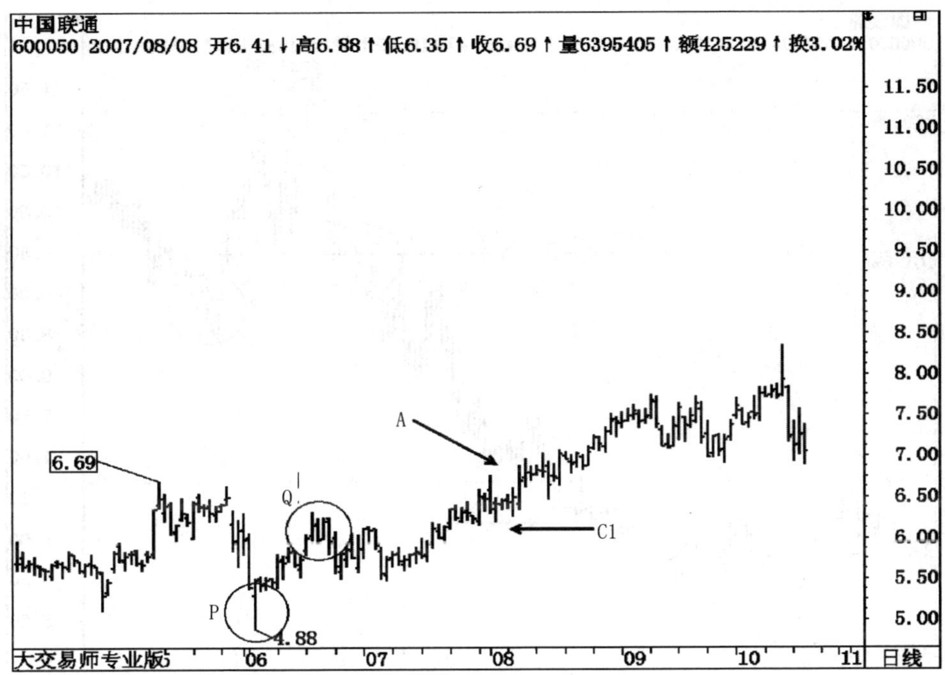

图3-28　中国联通股价运用图例之十二(资料来源：大交易师)

请看图3-28，中国联通股价在标示P的位置跌破止损观察点后，开始反弹，在标示Q的位置是多单持有者最后退出时机，未来我们无法预测走势将如何进行，依照既定策略执行，将是最保险的操作方法。

但后续走势所进行的修正形态，却维持对多方有利，并在标示A 的位置出现多方向上突破信号，利用镜射原理可以将标示A到标示P的走势，上下、左右翻转到标示A的右上方，作为未来走势评估，如果操作者在标示A的位置再度进场做多，应将做多止损点设在标示C1的位置。

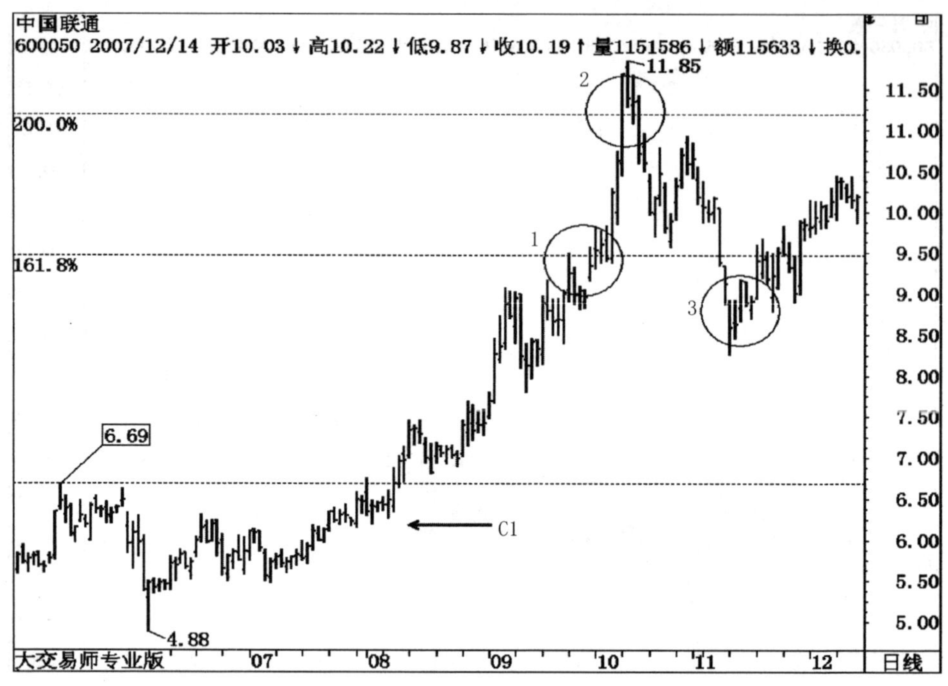

图3-29 中国联通股价运用图例之十三(资料来源：大交易师)

请看图3-29，实际走势中，标示C1的低点并未被跌破，股价一路攀升，行进间依法移动止损观察点，最后走势于标示3的位置触发止损机制，操作者可在当下将多单退出，或是等待反弹走势出现时逢高退出。

若在操作过程中，对走势取黄金螺旋测量，在标示1与标示2的位置，分别满足1.618倍与2倍，同时套入图3-4的观念研判，从标示3开始上涨，仍然有机会再过前高11.85元，故挑战的目标应假设有机会满足黄金螺旋的2.618倍。

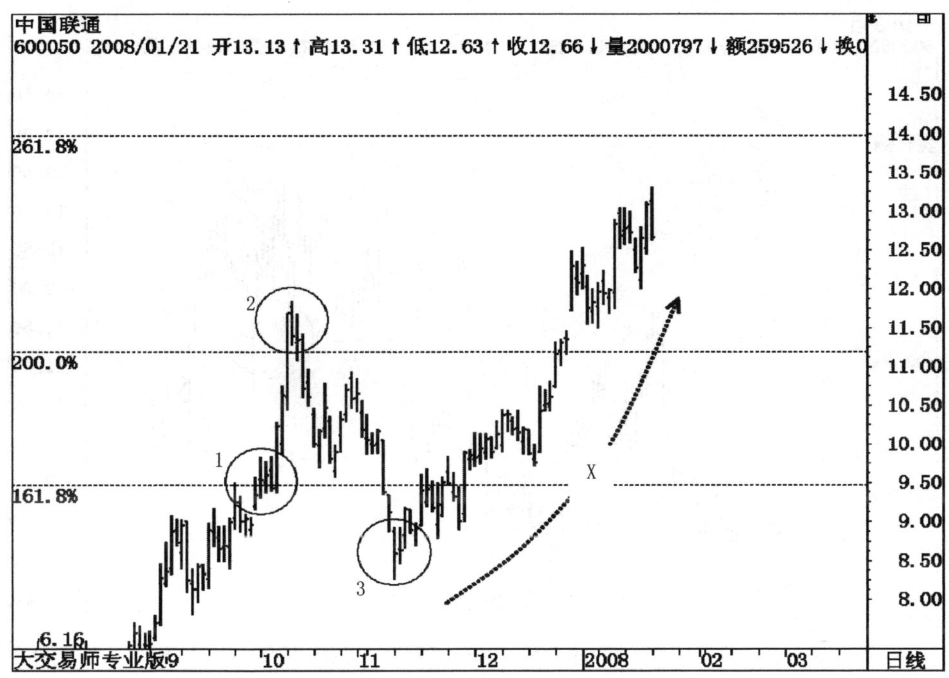

图3-30　　中国联通股价运用图例之十四(资料来源：大交易师)

请看图3-30，因为从标示3开始的上涨，将被假设为波浪理论中所描述的第5波，除了取黄金螺旋2.618倍为参考目标外，安全的策略是针对标示X的这个区间进行操作，无论是指针或者采用平衡中轴原理都是一样。

此外，波浪理论中也有第1波和第5波等幅的特性，因此可以在计算后，才评估是否考虑采用，第1波幅度 = 6.69 − 2.19 = 4.5元，从标示3的低点加上等幅 = 8.26 + 4.5 = 12.76元，会使股价创新高，所以属于合理的评估。

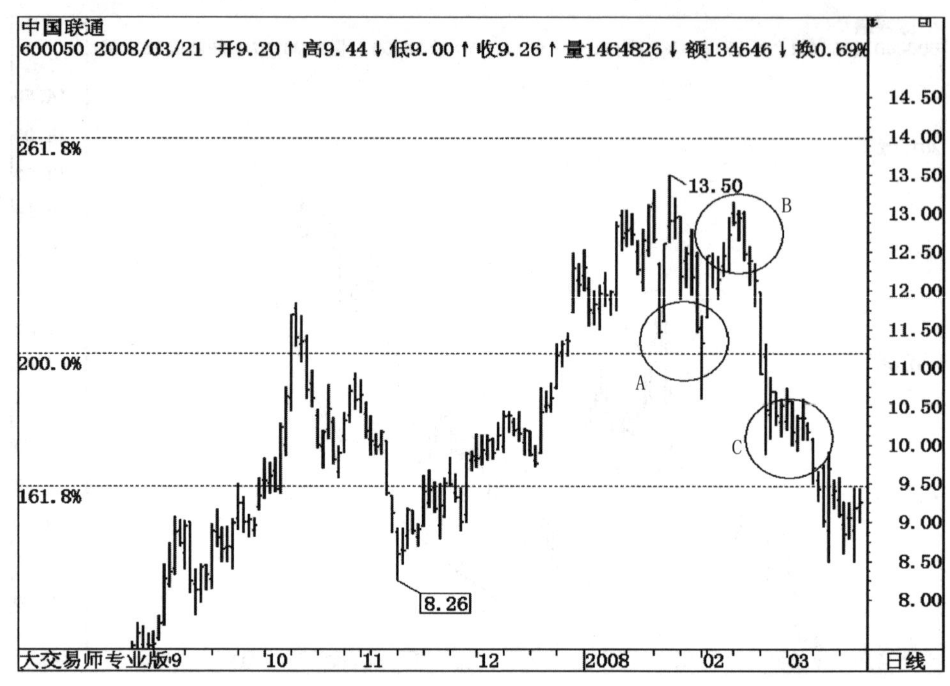

图3-31　中国联通股价运用图例之十五(资料来源：大交易师)

请看图3-31，股价从8.26元开始上涨，创下13.5元的新高点后止涨，并跌破最后止损观察点，使走势进入修正。波浪理论告诉我们，除非走势要出现延伸，否则将会针对全波(2.19元～13.5元)进行修正，至于最高点没有满足2.618倍的评估目标，应视为合理现象，毕竟目标计算仅止于评估，并没有哪家哪派规定非满足不可。

波浪理论的好处是警告我们，如果这时候仍然要积极的采用多方趋势的“顺势操作”，可能需要停看听，多思量一些，甚至考虑在走势疑为“多转空”现象出现后，在图中标示A、B、C的位置，改采用空方的思维与操作策略，该股关于后续走势的思考、推演，请投资人不妨拿出手边的股票软件尝试练习。

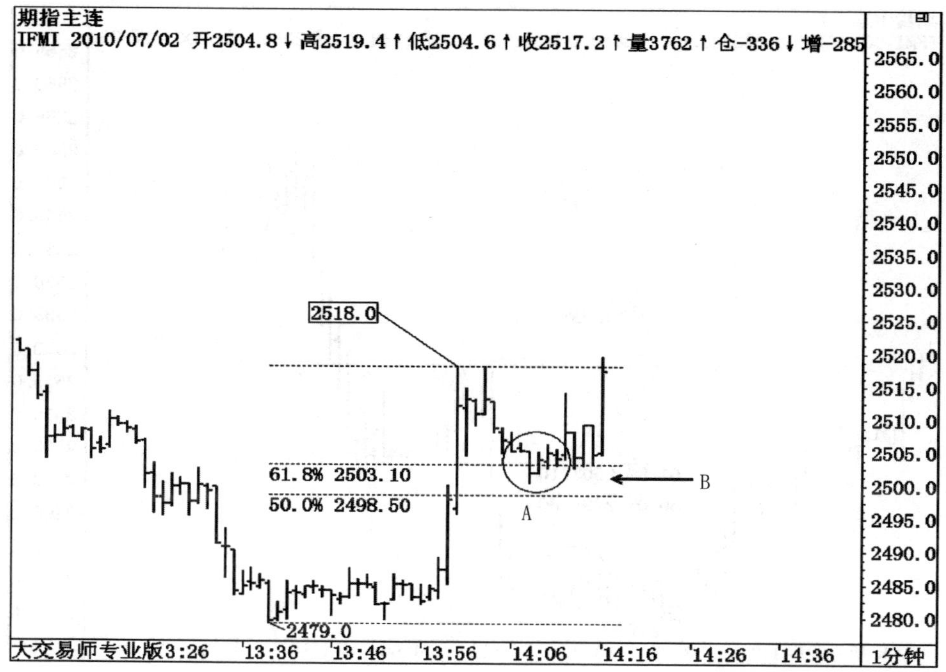

图3-32　　大陆指数期货运用图例之一(资料来源：大交易师)

请看图3-32，大陆期指的1分钟线图，从2518点开始回档，回档时计算2518～2479点的黄金分割空间，在标示A测试0.618倍的位置后呈现止跌，并出现突破2518的高点，暗示可以利用2518作为平衡中轴，同时取出止损观察点，如标示B所示。

正常而言，未来在平衡中轴之上的走势，会对应到平衡中轴之下到标示A的走势，如果出现比正常预期的走势强时，代表要复制的涨幅是2518点以下的那段上涨。

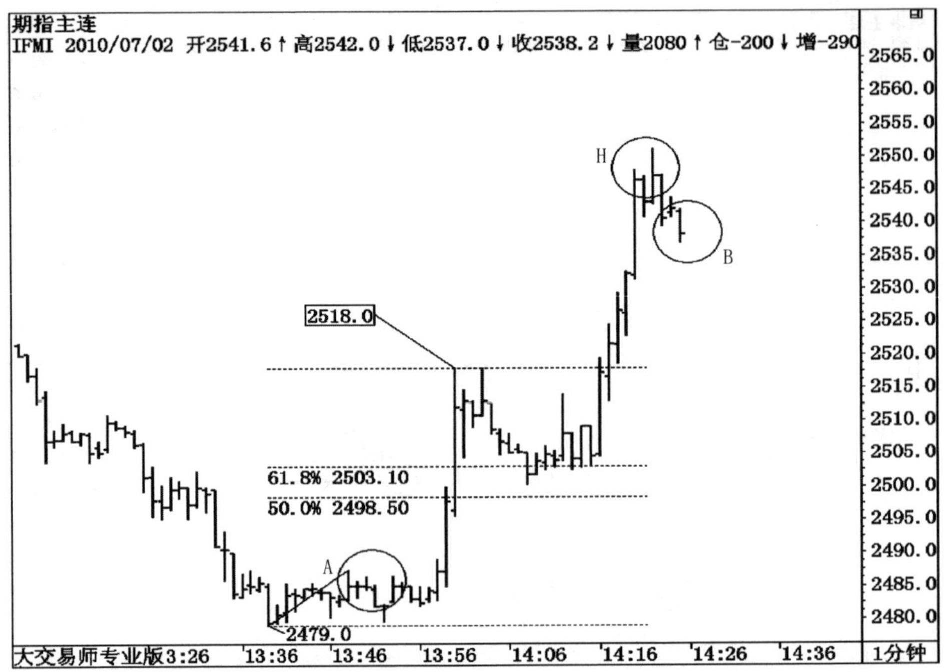

图3-33　大陆指数期货运用图例之二(资料来源：大交易师)

请看图3-33，当实际走势上涨到H的位置，出现止涨信号而拉回，操作者有两个选择：

(1)在止涨信号出现时，退出操作多单。

(2)等待下次触发的信号再决定。

前者是有赚就好的“落袋为安”型，充满了自我主观的强烈预测，这样的操作我们不能指责，因为仍属成功的操作，只是没有依循顺势操作的原则而已；后者虽然维持顺势操作，但遭遇强烈反转信号时，将会严重侵蚀操作的利润。

以平衡中轴原理观察，标示H以前的上涨，已经复制了2518点以前的上涨，代表在标示A之前既然有一个低点，未来在标示B之后，正常情形下还会出现一个高点，因此操作者可以设一个止盈观察点，没有跌破前，可等待再创新高的走势出现。

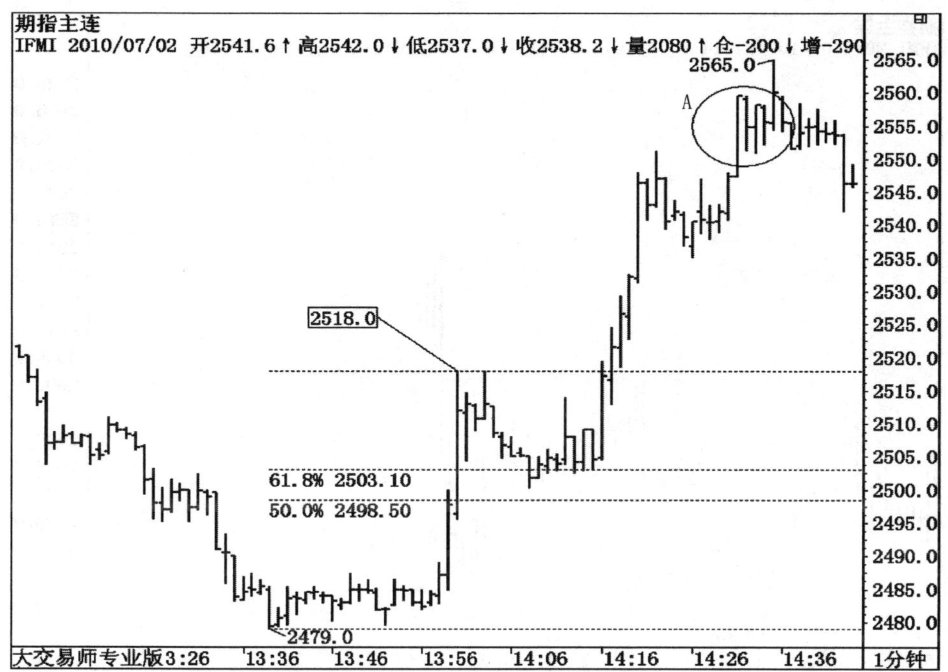

图3-34　大陆指数期货运用图例之三(资料来源：大交易师)

请看图3-34，标示A的位置再度创高，让先前研判的走势成立，此时走势的形态已经完成，如果操作者认为未来还有续涨的机会，那么就需要移动平衡中轴，重新取止损观察点研判，这就是顺势操作。假设操作者认为形态已经完成，则应在标示A位置出现的止涨信号逢高出脱。

在此要特别声明：标示A的再创高走势，并非万无一失的研判，操作者在1分钟线这种超短线行情中，是否有必要冒这种风险，赌走势还会再创新高，实属见仁见智。

图3-35　大陆指数期货运用图例之四(资料来源：大交易师)

请看图3-35，大陆期指的1分钟线图，从标示H的位置开始回移，回档时计算H-L的黄金分割空间，在标示A测试0.236倍的位置后呈现止跌，接着出现强攻突破标示H的高点，引发多方追买信号，同时应取出止损观察点，如标示A所示。

假设操作者对于较宽松的止损点有所疑虑，亦可以取当时最高到标示A这段距离，计算黄金分割空间，取其黄金倍幅参考值作为止损观察点。

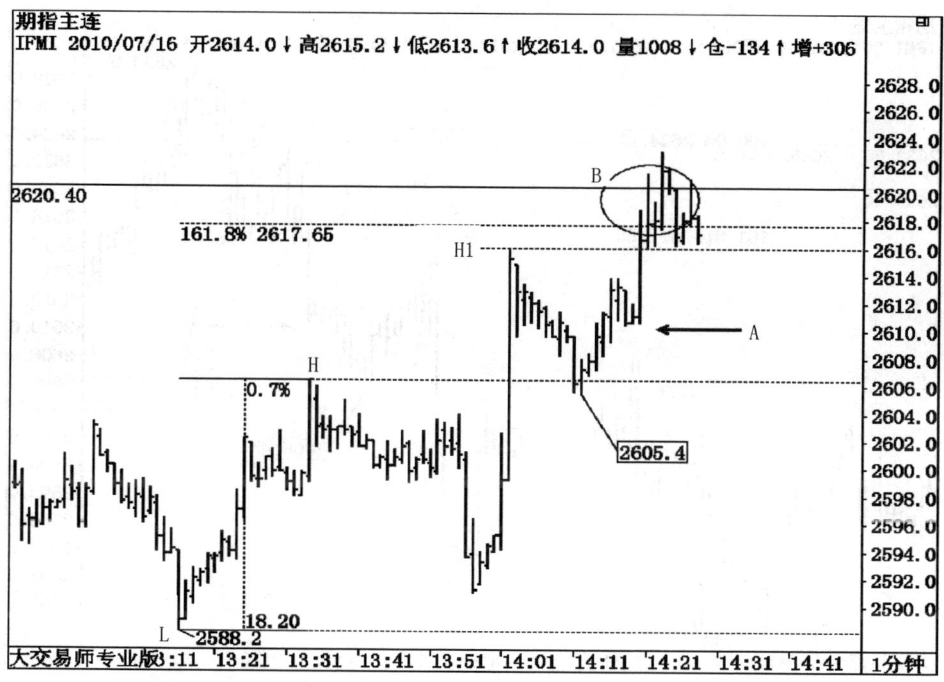

图3–36　　大陆指数期货运用图例之五(资料来源：大交易师)

请看图3–36，走势从2605.4点开始上涨，在标示B的位置满足了两个技术现象，使走势出现停滞，一是穿越了前波明显负反转的压力，另一个是穿越以H–L计算黄金螺旋1.618倍的目标。实际走势的操作应对上，只要出现一个技术性条件，并引动止涨信号时，就可以视为短线多单退出点。

另外一种操作方法是续抱多单，其理由为标示B的走势，同时对标示H1的颈线出现攻击，假设实际走势是再度成立平衡中轴，那么未来股价走势将不会跌破止损点，所以没有出现走势跌破止损价之前，无需退出多单。止损点的位置可以设定在标示A的地方，也可以设定在2605.4点的正反转低点。

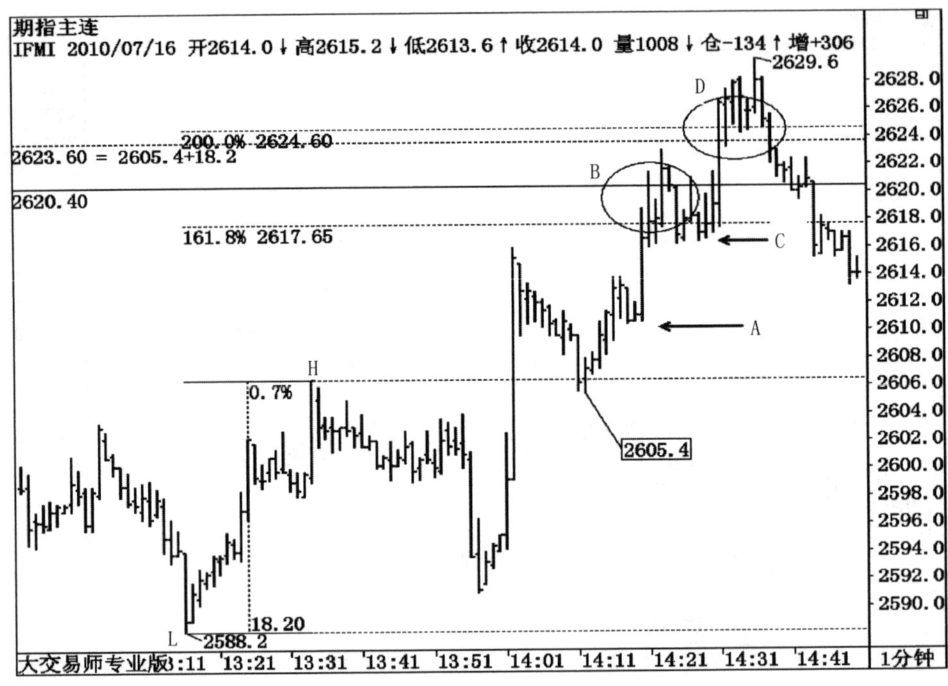

图3-37　大陆指数期货运用图例之六(资料来源：大交易师)

请看图3-37，走势持续上涨到标示D的位置满足了两个技术现象，使走势出现停滞，一是穿越以H-L计算黄金螺旋2倍的目标，一是穿越对应上涨段落满足的目标，即H-L的幅度为18.2点，从2605.4上涨等幅为2623.6点。在技术条件满足且呈现止涨讯号时，短线多单便可以伺机退出。

当标示D再度对标示B的高点颈线，做出攻击信号，此时可以定位标示C为做多止损点，未跌破前续抱多单，实际走势则是在后续的波动中，跌破标示C的做多止损点，暗示这段涨势已经告一段落，多单应于当下或是等待反弹时退出。

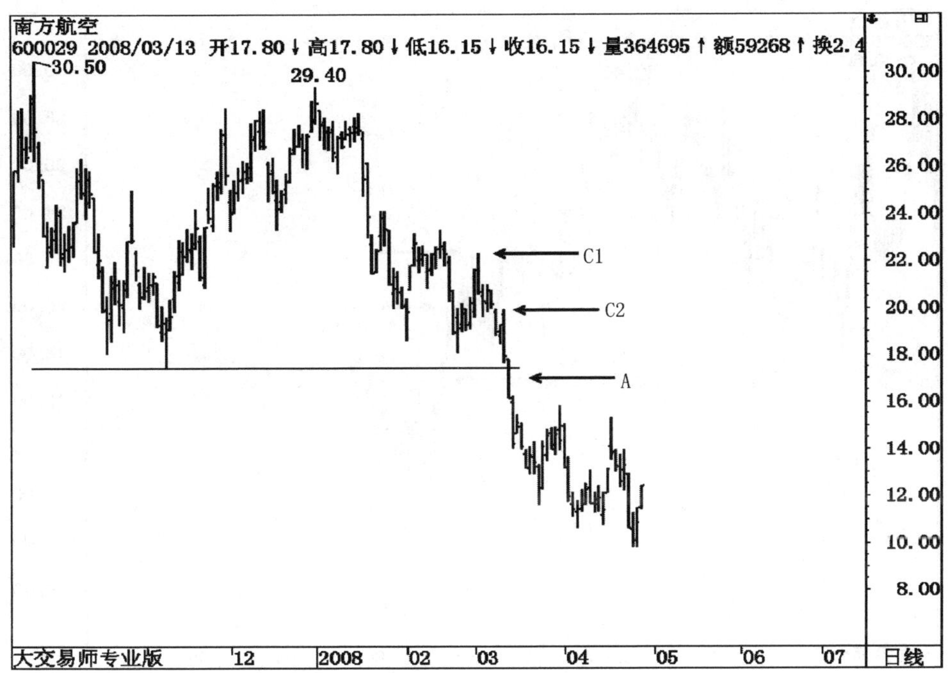

图3-38　南方航空股价运用图例之一(资料来源：大交易师)

请看图3-38，当南方航空股价创下30.5元高点后，拉回修正时有破坏多头结构之虑，反弹只到29.4元就未能再度创高维持多头走势，因此当股价在标示A的位置出现空方向下突破颈线的信号时，利用镜射原理可以将标示A以前的走势，上下、左右翻转到标示A的右下方，呈现颜色较淡的K线图，就是未来走势的评估。换言之，如果未来走势想要维持空方趋势，实际走势不能突破标示C1的峰顶，严格一点的定位，则是不能突破标示C2的峰顶，假若该股能够操作空单，那么理应在标示A或标示A之后的位置进场做空，做空止损点设在标示C1或是C2的位置。

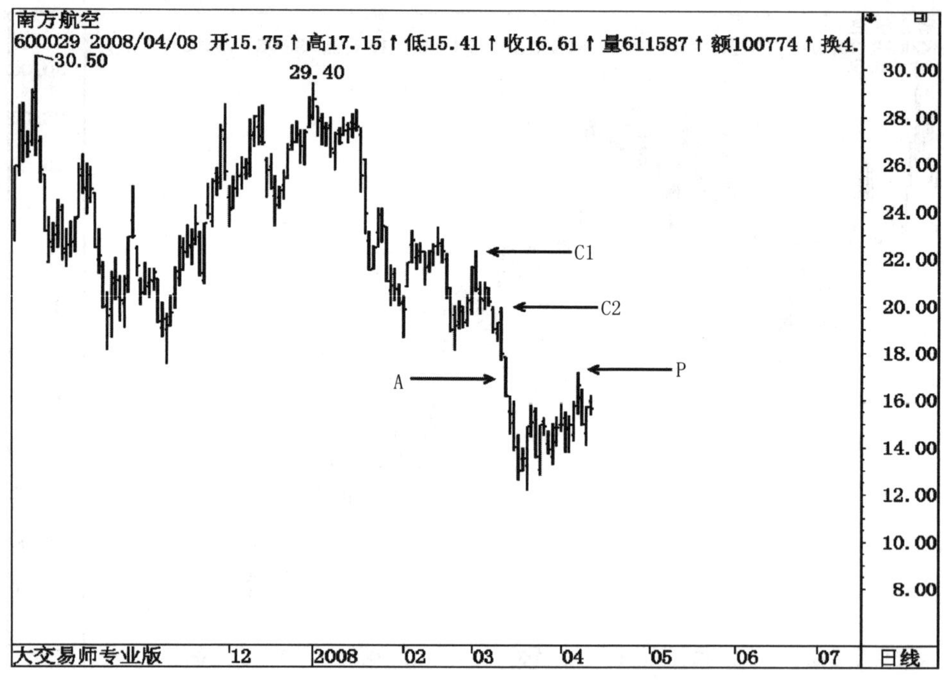

图3-39　南方航空股价运用图例之二(资料来源：大交易师)

请看图3-39，南方航空股价在标示A后的实际走势，呈现短线反弹格局，在标示P的位置止涨时，股价并未突破标示C2的峰顶，亦即股价走势维持对空头有利，操作者在中长线的轮廓下，针对反弹到标示P的短线走势，没有积极作多的理由，如果勉强做多，也应该降低操作层级，并严格、谨慎的注意操作风险。

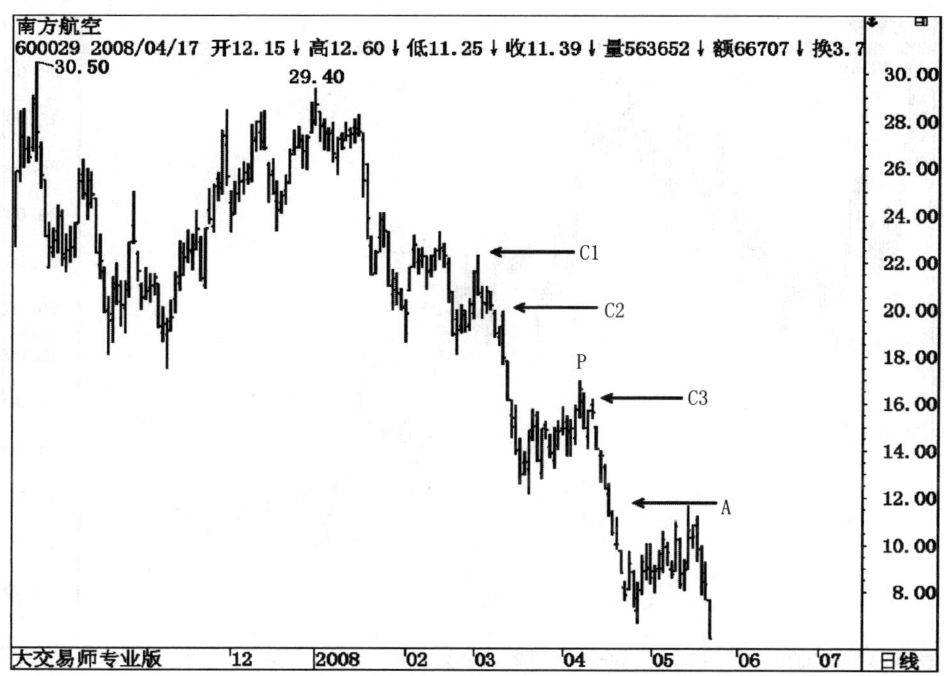

图3-40　南方航空股价运用图例之三(资料来源：大交易师)

请看图3-40，南方航空股价在标示P之后的走势，持续出现空方向下突破讯号，利用镜射原理可以将标示A以前的走势，上下、左右翻转到标示A的右下方，呈现颜色较淡的K线图，就是未来走势评估。

同理可证，如果未来走势想要维持空方趋势，实际走势不能突破标示C3的峰顶，没有突破该处以前，没有机会出现对多头有利的走势，空方操作者也就无需退出。

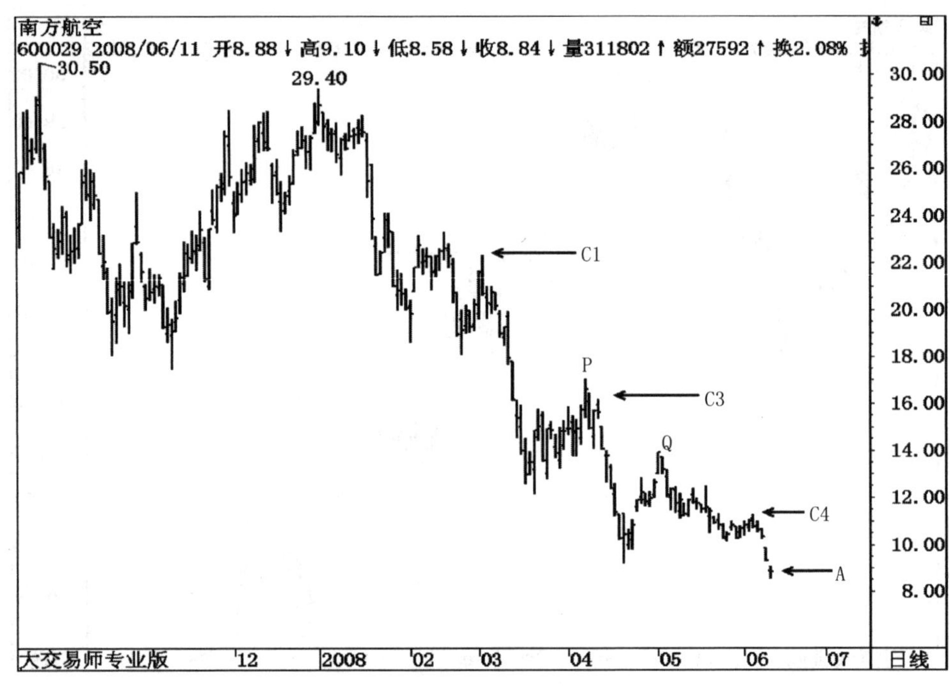

图3-41　南方航空股价运用图例之四(资料来源：大交易师)

请看图3-41，接续上一张图，股价反弹的止涨高点在标示Q的位置，并未突破标示C3的峰顶，换言之，走势依然维持对空头有利，紧接着走势于标示A的位置再度破底，以同样的方法观察，应将空方止损观察点设定在标示C4的位置。

观察线图时，几个关键点，如：C1、P、C3、Q、C4的高点依序逐渐降低，代表当时确实是空头走势无疑。

图3-42　南方航空股价运用图例之五(资料来源：大交易师)

请看图3-42，标示R的反弹仍未突破标示C4的空方止损点，而走势持续在标示A的位置破底，在此要特别提醒各位投资人，以台湾交易市场规定：空单遇公司召开临时股东会、或每年一次的股东常会、或除权、除息时，必须强制回补空单。

因此，主力作手往往会借此与公司派配合，在多头有利的背景下，制造轧空行情，纵使当时背景对空方有利，偶尔也会拉个反弹逃命波，因此在操作个股空单的过程，必须注意强制回补日的相关信息，同时要评估参加除权息的利弊得失，不见得要参与除权息，图中标示S的缺口即为除权造成。

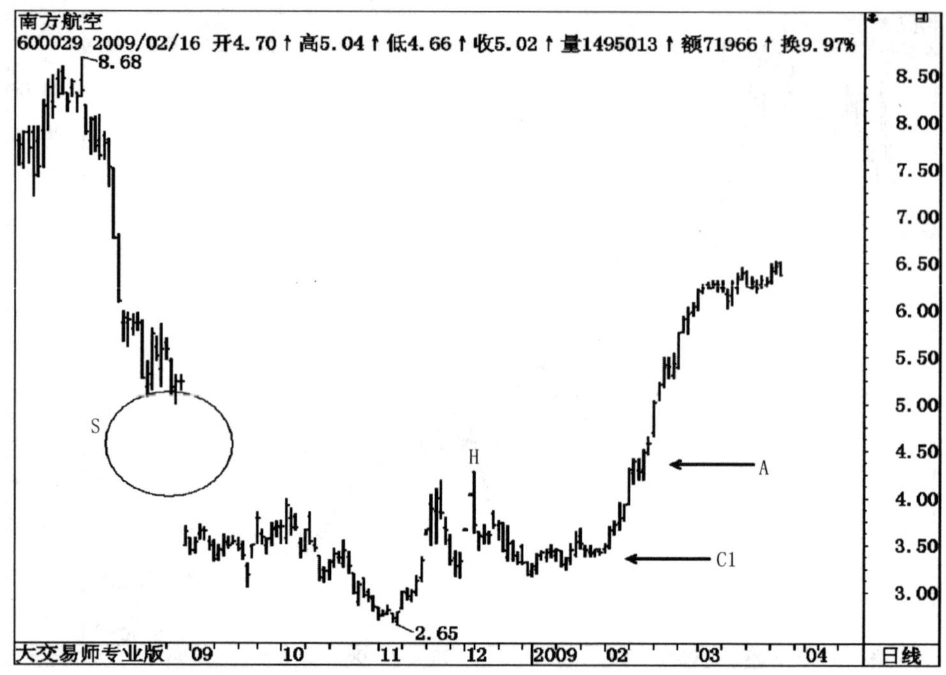

图3-43　　南方航空股价运用图例之六(资料来源：大交易师)

请看图3-43，股价在除完权后持续破底创新低，接着从2.65元开始反弹向上，在标示H的位置止涨，并拉回修正，修正结束时没有破底，暗示走势有空多扭转的机会，此时在标示A的位置，出现多方向上突破信号。

利用镜射原理可以将标示A以前的走势，上下、左右翻转到标示A的右上方，呈现颜色较淡的K线图，即为未来走势的评估，其中标示C1的位置为做多者的止损观察点。

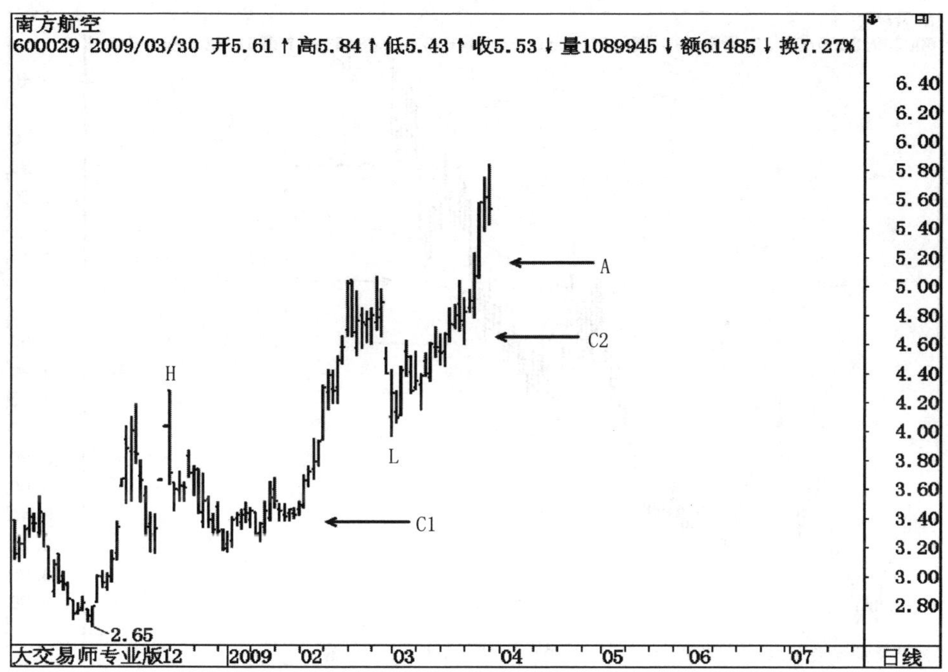

图3-44 南方航空股价运用图例之七(资料来源：大交易师)

请看图3-44，股价在突破H后的回档低点，并未跌破标示C1的止损观察价，接着又在标示A的位置出现多方向上突破信号，因此标示C2的地方将成为新的做多止损观察点，操作者无论是在哪个位置进场，此时的止损点都应该放在标示C2的位置。

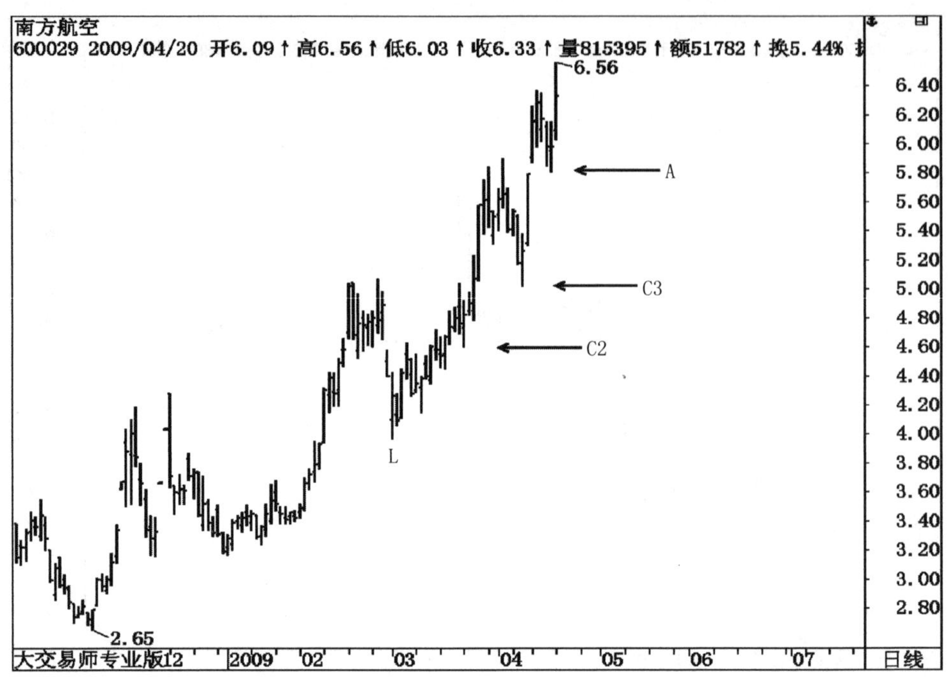

图3-45　南方航空股价运用图例之八(资料来源：大交易师)

请看图3-45，股价走势持续向上摆动，形成新的回档低点C3，因为C3＞C2的止损观察价，所以断定多单的波段操作者无需退出，而走势又在标示A的位置出现多方向上突破信号，因此标示C3的位置将成为标示A进场操作的止损观察点，原本就已经持有股票多单的操作者，应该将止损点移动到标示C3的位置。

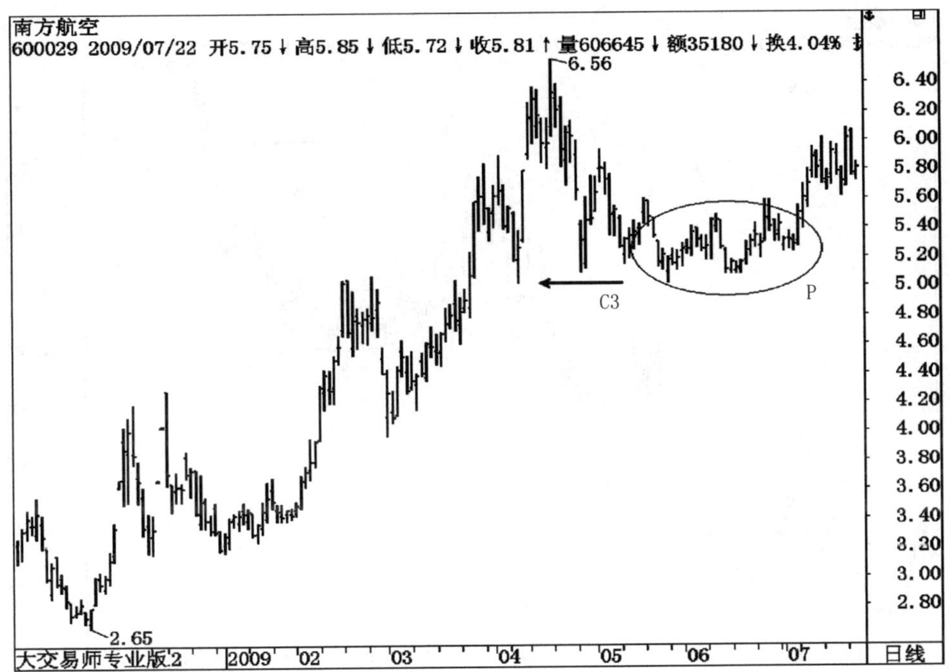

图3-46　　南方航空股价运用图例之九(资料来源：大交易师)

请看图3-46，南方航空股价从6.56元拉回修正，并没有跌破标示C3的止损观察点，标示P的位置则是再度出现盘底信号，此时理应会再度触发另一个层级的短线买点。虽然标示P的位置并未跌破标示C3位置，修正时间却超过60个交易日才让股价在后续再度创新高，对于短线操作者，或是没有耐心的操作者，这样的等待时间将是非常严酷的人性考验。

当然！操作者可以利用测量与搭配短线买卖技巧，在6.56元附近先卖出持股多单，然而如果不是这种做法，那么如何让投资人获取最佳的操作利益？笔者认为没有所谓的标准答案！至于有人宣称他的操作都是最佳化，聪明的投资人应该也知道可靠性有多高。

图3-47　南方航空股价运用图例之十(资料来源：大交易师)

请看图3-47，股价在标示A的位置，往上突破6.56元，操作者若是在标示P的位置已经进场，或是在标示A的信号出现才进场者，都应将止损点设定在标示C4的位置，至于波段操作持股续抱至今者，也应该采取同样的观察点，避免股价创新高后触及止损观察价，当大部分操作者已经在止损时，波段操作者却仍属状况外。

如果短线上于盘底期(标示P的位置)有所疑虑时，那么从标示P开始的走势，可以将操作轮廓缩小，分段进行操作。再仔细观察便会发现，这段走势与2.65~6.56元这段的轮廓有“同形态比较”的味道存在，请投资人不妨观察体会。

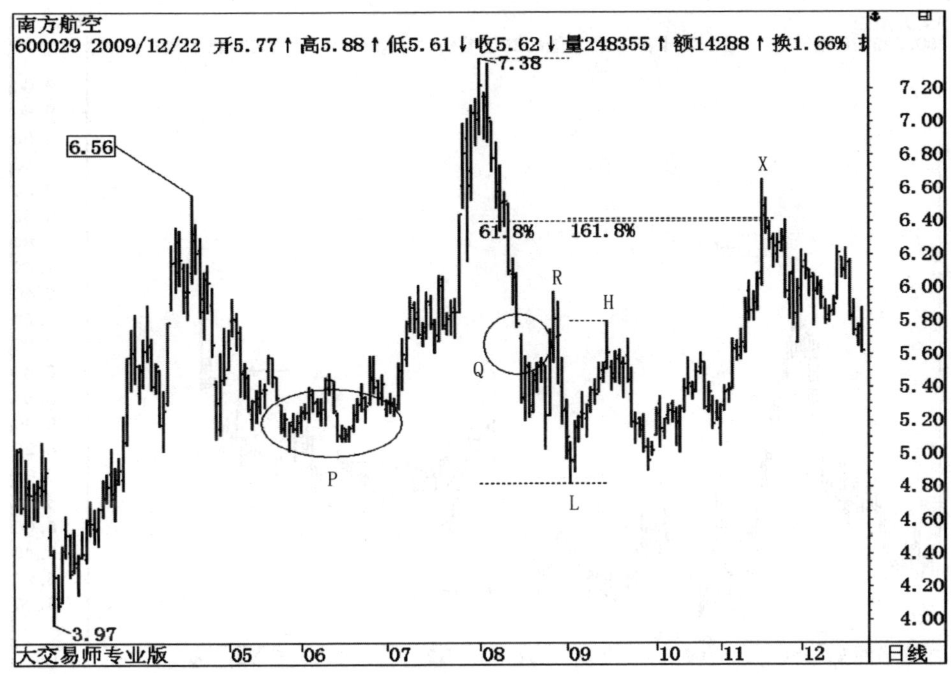

图3-48　　南方航空股价运用图例之十一(资料来源：大交易师)

请看图3-48，当股价从标示P的位置上涨，创下7.38元的高点后走势回折，在标示Q的位置跌破设定的止损观察价，暗示多头走势到此暂告一段落，投资人可以在跌破当时退出，也可以在标示R的反弹时退出。至于想要在7.38元附近就能够退出的投资人，请参考图3-46说明。

接着股价从标示L的位置开始反弹，取7.38元到L计算黄金分割，同时取H-L计算黄金螺旋，其交集在标示X的位置附近，亦即中长期的波段多单操作者，应将此处当成最后的退出时机，并且回头检视全部轮廓，定位出下一个观察点。

图3-49　南方航空股价运用图例之十二(资料来源：大交易师)

请看图3-49，在标示X的位置，股价呈现压回走势，正常而言，在当时应该是对空方较为有利，但我们却从实际走势图中察觉，标示A的地方是另一次突破，形成的多方观察点在标示C5的位置，而标示P1处的震荡却迟迟无法跌破C5，最后走势于标示A1的地方再度突破标示X的高点，暗示多头仍有机会持续向上攻坚，走势的评估无论是持续反弹或是回升，观察的重点便落在标示C6 的位置。

图3-50　南方航空股价运用图例之十三(资料来源：大交易师)

请看图3-50，从标示P1开始向上的过程中，除了走势未跌破图3-49 中标示C6的观察点之外，在后续的攻坚过程，则是不断创新高、也维持止损观察点没有被跌破的迹象，直到股价在标示B 的位置满足了取H-L计算黄金螺旋的4.236倍后，才出现剧烈的回档修正走势。

如果投资人想在标示B的位置附近退出手中多单，应该搭配黄金螺旋的计算与思考波浪格局的定位，才能在短线上适时退出，关于战术与战略的整合运用，则有赖投资人自行研究。

第四章　时间的对称

对于任何研究而言，时间——永远是难以破译解析的课题。以物理学的角度来看，时间是一条无限延长的直线，也就是说，时间点具有不重复性，当某一个坐标点被通过之后，永远不会再回到原来的时间点上。许多科幻电影想象出许多方法，描述可以突破时间限制，回到或是前进到某一个特殊的时间点，就目前科技而言，这是不可能实现的。正因为如此，当在某一个时间点你进行的动作(决策)，都无法回到过去重新验证，如果施以不同动作(决策)是否会更好?

任何问题的决定只要牵涉到时间，便属于不可被验证性，无法重复测试决策的优劣。以二次世界大战中，发生在1944年的法国诺曼底(Normandie)登陆为例，联军选择登陆的日期(D-Day)就受到天气因素的影响，不但要求D-Day当天英吉利海峡需风平浪静，而且之后需要连续三天好天气。问题是气候到1944年6月5日仍然相当恶劣，联军气象专家预测：6月6日拂晓前天气会转好，联军统帅艾森豪将军于是决定6月6日为D-Day。

最后战果是联军抢滩成功，在8月25日光复巴黎，宣告结束诺曼底战役。此时此刻我们回头思考相关问题：如果艾森豪将军延后D-Day几天，战况是否会更佳？气候是否会更好？在6月6日当时决定登陆后，万一随后的天气没有转好，战况会产生什么变化？这些问题永远无解。原因在于无法回到当时的时空再进行一次不同决策的验证，以求取战争结果的最佳化。

同理，当我们在执行股票操作买卖决策时，无法真切的知道明天的股价走势变化，更别说未来几天的变化了(有人说他可以知道，这不是无知，就是自大到了极点)，因此，在当下执行的决策，根据的都是已知的事实(而且是以前的旧信息)，进行主观的决定，说自己的决策是绝对客观，那是不可能的事。也因为如此，我们无法证明当下的买卖是否为最佳化，所以随后股价的实际走势就会告诉我们决策的对错。而唯一能够保持客观的，就是面对实际股价变化的态度，假如不符合预期时，如何调整与面对。总之，无论操作者使用什么方法进行决策，都会面临相同问题，程序交易也是一样，因为决定程序，正是自己根据以前旧信息，计算出来的参考结果。

看到这里，各位投资朋友可能会觉得沮丧，如果就像前段所述的，那么所有技术分析的研究岂不是白费力气？笔者认为并非如此，只要是经过实际操作验证，任何适合市场变化的操作方法，都是值得学习与研究，因为它可以帮助在面对不确定的未来时，进行可能适合当时走势变化的决策，并且在决策后根据实际走势进行调整，然后再订出下一个可能更适合当时走势变化的决策。

如果各位读者发现自己使用的方法，无法帮助自己达成上述的目的时，那么现实的情形就是告诉你，可能需要调整自己目前所使用的方法了。

既然在金融市场中必须运用时间进行研判，感觉起来难度颇高，那么是否有适合的方法可以运用呢？是的！在某些特定的走势模型中，将时间的因素与股价波动合并考虑时，可以协助投资人规避一些不确定的风险，同时提高自己等待的耐心。然而在金融市场中关于时间的技巧相当多，包含：费波纳契系数与江恩矩阵图等等，如同一般的技术指针，并非一体适用，也就是无法以某一种技术指针，就妄想掌握每种股价波动的过程，技术指针有此困难，时间的研判技巧也是如此。

在各位读者阅读后续的章节之前，强烈的建议：在金融市场中，运用任何关于时间法则的研判之前，请先对价格走势做出恰当的定位，然后再辅以时间法则的运用，亦即“价格优先”原则。

价格形态的时间序列

美国成功的技术分析大师、同时是“威廉指针”创始人赖瑞·威廉斯(Larry Williams)，在其著作《选对时机买对股》书中提出：投资致富可以很容易，只要做对两件事：①选对时机进场。②买对股票。在选对时机进场的论述部分，赖瑞·威廉斯提出“十年价格形态”是投机利器之一，此理论在笔者整理的时间理论中，称为“十年循环周期”，同时在笔者的认知：这种循环不会被市场中的金融风暴或是泡沫现象改变，也不会被突然崛起的新经济体，或是原物料涨跌而改变，因为上述的种种现象，都包含在“十年循环周期”之内，纵使出现“可能”被改变的迹象，在尚未被确认之前仍应该参考这样的循环。

“十年价格形态”据赖瑞·威廉斯自称，是遵照古德(Edson Gould)研究的结果。古德的研究显示：美国股市具有十年价格形态的惯性，在每个十年的第一年，投资人都会碰到股市激烈震荡或下跌，如：1981、1991和2001年；市场有时会在公元年份尾数为2 的时间起飞，如：1982或1932年；而在公元年份尾数为3的时间，多头市场已经开始，如：1983或1993年；在公元年份尾数为5 的时间，代表多头绝佳的买进机会。资料清楚显示：播种和收获都各有时节，考虑长期投资策略、决策与进场时机，将协助投资人获取长期的投资报酬。

仅将赖瑞·威廉斯的“十年价格形态”整理如下：

(1) 尾数2或3的年份是最好的买进时机：这里往往是长线修正结束后的谷底期。

(2) 尾数5的年份涨势强劲：此处经常是某一个主攻段上涨的起点，就算不是攻击波，也是强劲的反弹波。

(3) 尾数7的年份是大好买点：通常出现在尾数7的下半年，或是会递延到尾数是8的年份。

(4) 尾数0的年份头部出现：这里是十年循环的上涨终点，通常会出现转折，造成股价剧烈的修正。

各位读者可以打开软件内的K线图进行比对，或是参考图4-1、图4-2、图4-3、图4-4、图4-5，以上述说明进行十年价格形态的思考。

赖瑞·威廉斯建议投资人：市场似乎有重复过去变化的倾向，未来的价格形态也会遵循这种十年的指引，这种观念将会更为强化，投资人应该更有信心，把这种观念当成未来岁月、甚至未来数十年投资活动的基本方针，寻找最适于买卖的特定时点。

而“十年价格形态”这种循环的观念，经过笔者验证，并辅以价格测量与浪潮推演，再搭配“同形态比较”归纳出“十年循环周期”的用法，的确能帮助长线投资人，有足够耐心等待长线形态的完成，以寻找安全的进场时机，因此强烈的建议各位投资人，在长线操作的决策过程中，不妨将此观念列入必要的参考条件。

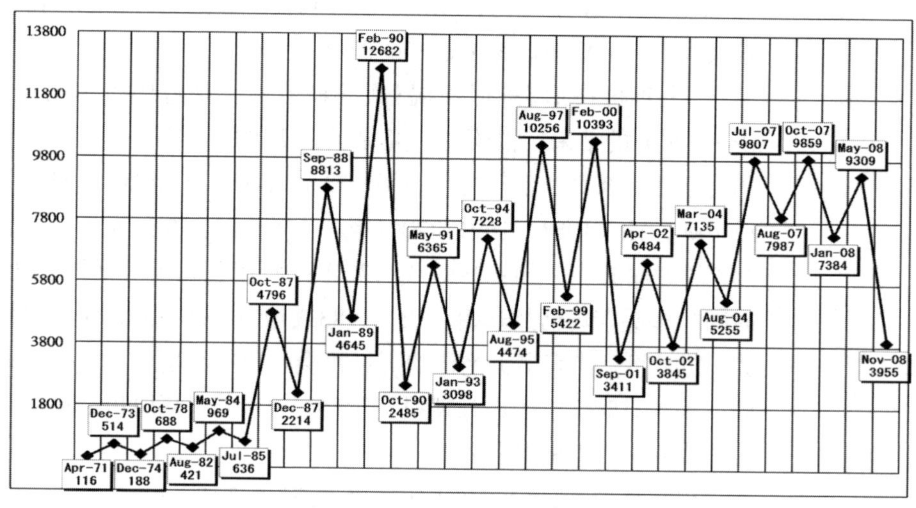

图4-1　　台湾加权指数折线图

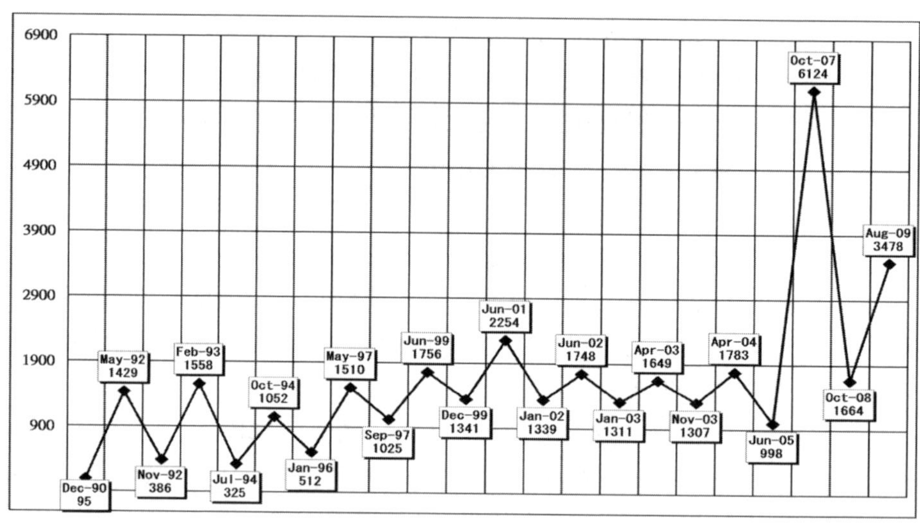

图4-2　　上证指数折线图

13900
11900
9900
7900
5900
3900
1900
-100
Oct-28 233
Sep-29 386
Jul-32 40
Mar-37 195
Apr-42 92
May-46 213
Oct-46 160
Jan-53 295
Sep-53 254
Apr-56 524
Oct-57 416
Jan-60 688
Oct-60 564
Nov-61 741
Jun-62 524
Feb-66 1001
Oct-66 735
Dec-68 994
May-70 627
Jan-73 1067
Dec-74 570
Sep-76 1026
Mar-78 777
Sep-78 917
Mar-80 729
Apr-81 1030
Aug-82 769
Nov-83 1296
Jul-84 1078
Aug-87 2746
Oct-87 1616
Jul-90 3024
Oct-90 2344
Aug-97 8299
Oct-97 6971
Jul-98 9376
Sep-98 7400
Jan-00 11750
Sep-01 8062
Mar-02 10673
Oct-02 7197
Dec-02 9043
Mar-03 7416
Feb-04 10753
Oct-04 9708
Oct-07 14198
Mar-09 6469
Aug-09 9630

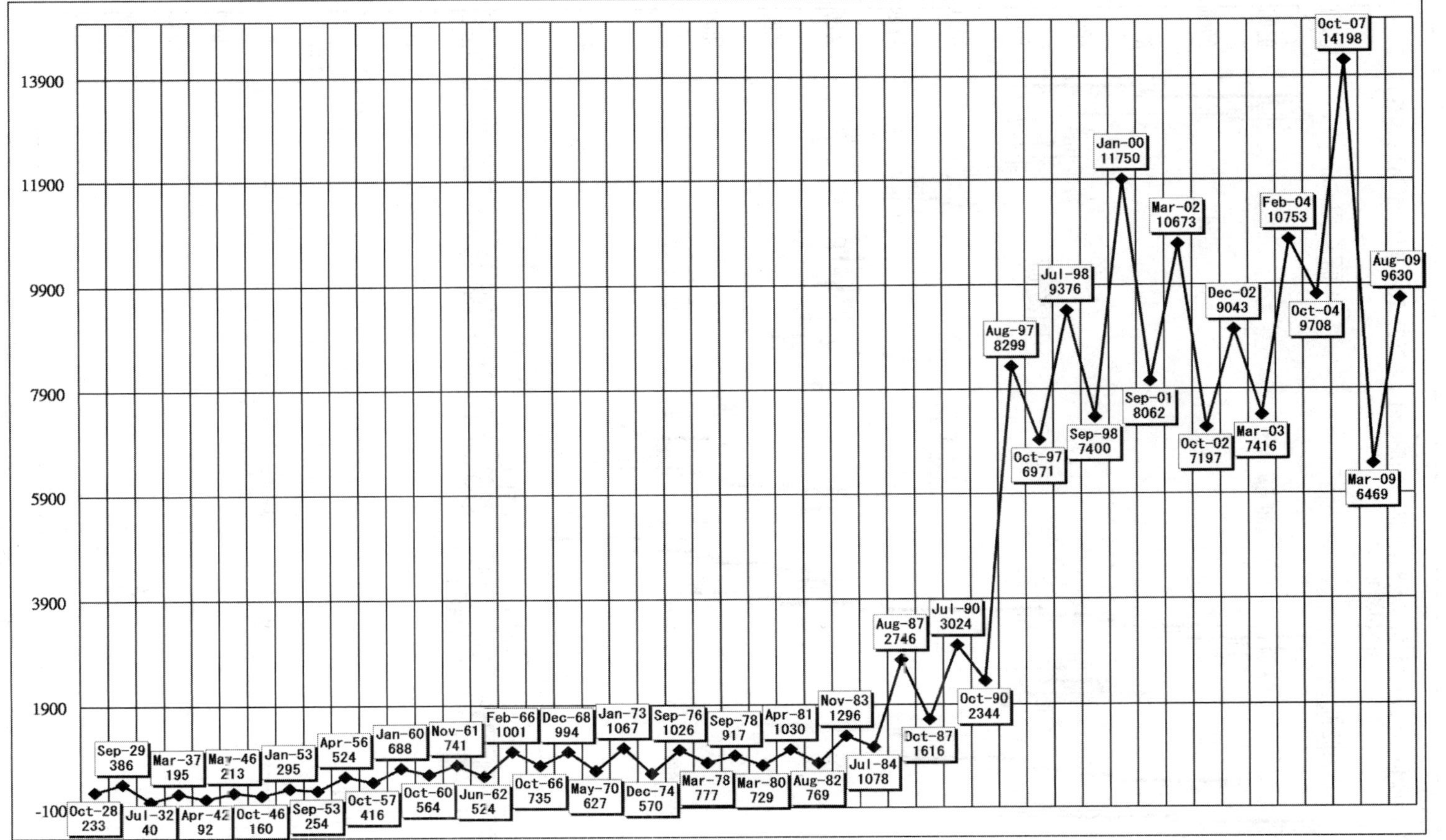

图4-3　道琼指数折线图

图4-4　台湾加权指数月线高低点与目标测量(资料来源：奇狐胜券)

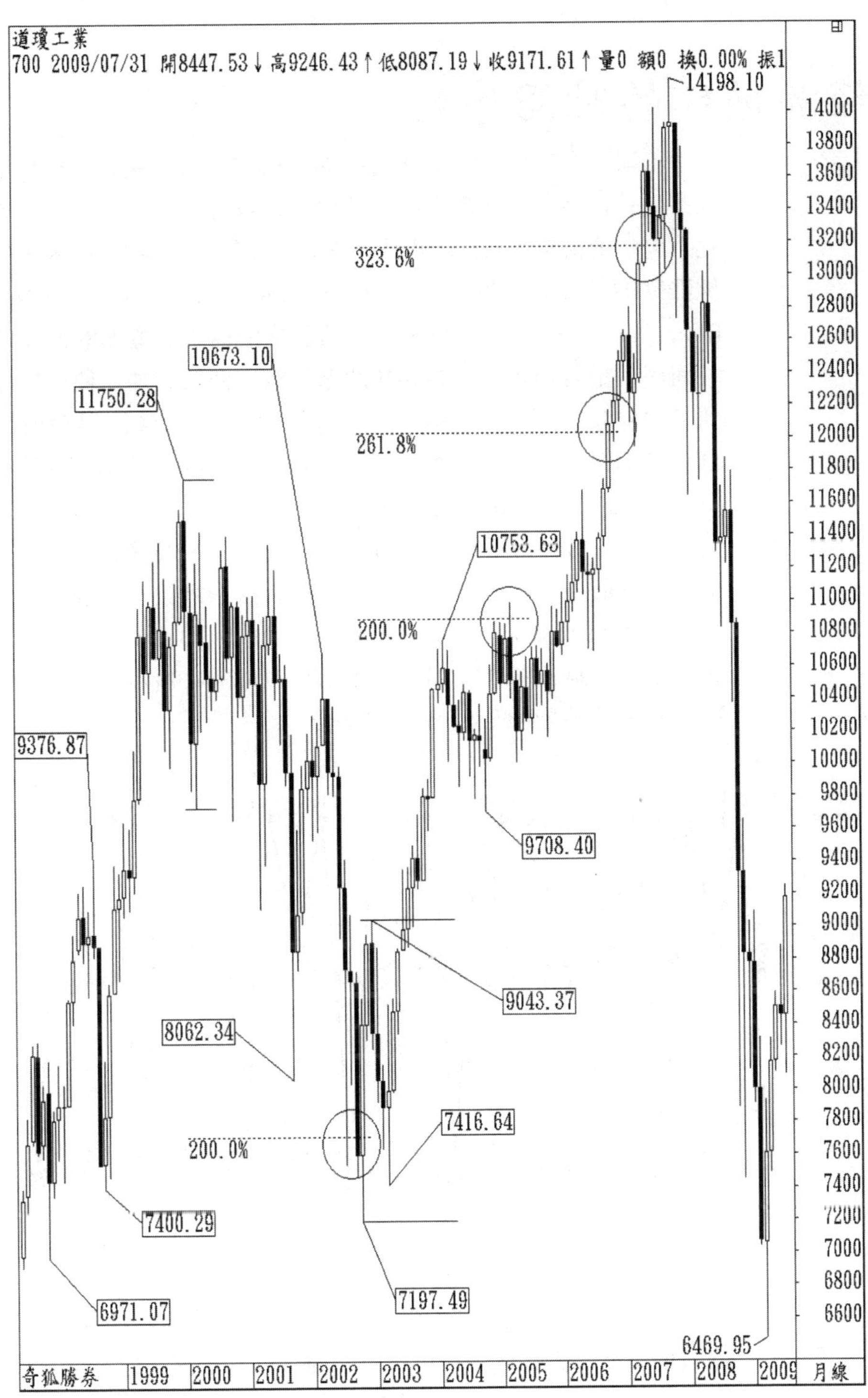

图4-5　　美国道琼指数月线高低点与目标测量(资料来源：奇狐胜券)

经济循环的时间序列

美国俄亥俄州的农夫·班纳(Samuel T. Benner)，根据长年观察生铁价格与财经恐慌的循环周期，包含：玉米、棉花、小麦、肉猪价格走势的循环模式，在1875年写了一本书：《未来物价涨跌的商业预言》(Business Porphecies of the Future Ups and Downs in Prices)，书中指出：商品价格的高点会遵循8-9-10的时间序列重复循环，将8-9-10的循环数字两两相加，便可以得到17-18-19 的大循环高点；而商品价格的低点，则会遵循11-9-7的时间序列重复循环，将11-9-7的循环数字两两相加，便可以得到20-18-16的大循环低点。

笔者参考福洛斯特(A. J. Frost)和小罗伯特·佛雷斯特(Robert R. Prechter, Jr.)在1978年合著的《艾略特波浪理论——市场的行为关键》(Elliott Wave Principle: Key to Market Behavior)书中的图表，重新绘制了班纳理论的时间循环，如图4-6所示，请注意周期的算法是低点到低点，高点到高点。

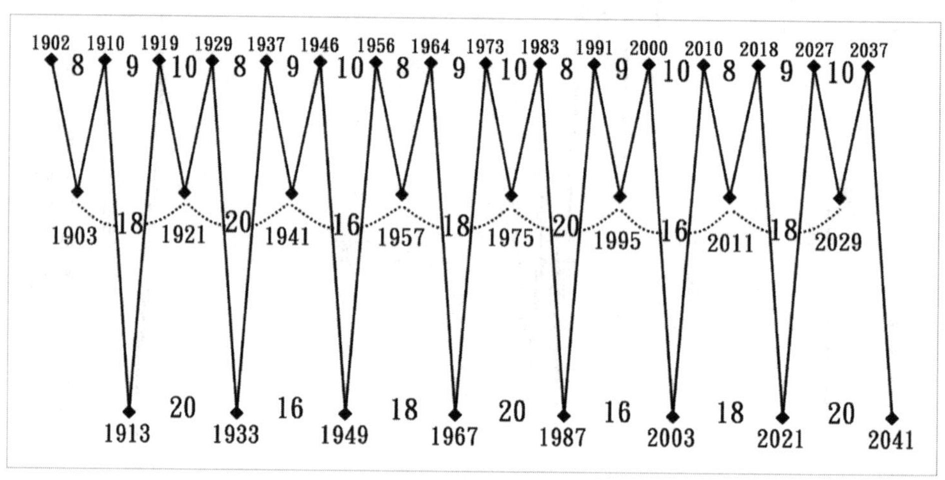

图4-6　班纳理论的时间循环表

在图4-6中，班纳周期的高点与道琼指数、台湾加权、上证指数的重要转折高点进行比对，的确可以看出惊人的吻合情形，如表4-1所示。但是投资人若只依赖这样的时间周期进行操作，将会错失未在时间点内其他重要转折点，如此一来，会发生风险过大的现象，也就失去操作的意义了。在运用时间序列研判股价可能产生的转折时，宜先利用价格优先的原则，也就是先判断价格的走势，再套用时间转折的概念，同时不妨将多种周期组合套入，据此减低研判的误差。

表4－1　高低点时间循环表

班纳高点年份	时间间隔	道琼指数高点	台湾加权高点	上证高点
1902		1902/04/24		
1910	8	1910/01/02		
1919	9	1919/11/03		
1929	10	1929/09/03		
1937	8	1937/03/10		
1946	9	1946/05/29		
1956	10	1956/04/06		
1964	8	1965/02/04		
1973	9	1973/01/11	1973/12/12	
1983	10	1983/11/30	1984/05/15	
1991	8	1990/07/17	1990/02/12	1991/01/14
2000	9	2000/01/14	2000/02/18	2001/06/14
2010	10	2010/01/19	2010/01/19	2010/01/11
2018	8			

与班纳理论相同，利用“年”为单位的经济循环周期，有：康德拉季耶夫周期、库兹涅茨周期、尤格拉周期与基钦周期。这些周期描述内容是经由网络的维基百科(zh.wikipedia.org)、百度百科(baike.baidu.com)与MBA智库百科(wiki.mbalib.com)收集资料相关资料，再加上笔者一点意见改写而成，分述如下：

(1) 康德拉季耶夫周期(Kondratieff cycle)：由俄罗斯经济学家康德拉季耶夫(Nikolai D. Kondratieff)在1926年提出。所谓康德拉季耶夫周期，是指因为人口成长、资源开发、资本累积与战争等长期因素，所构成的资本主义经济循环，周期约为每隔五十年到六十年就会经历一次高低峰的循环，又称长波理论，其缺点是长期的历史资料相当欠缺，并不足以透过统计来确认这类长期经济循环。

如果将费波纳契系数以年为单位，55的数字便落在这个循环周期内。若将班纳理论的大循环高点17–18–19，与大循环低点20–18–16相加，分别可以得到54的数字，与费波纳契系数误差是1，同时也落在康德拉季耶夫周期内。

(2) 库兹涅茨周期(Kuznet cycle)：由俄裔美籍经济学者西蒙·史密斯·库兹涅茨(Simon Smith Kuznets)在1930年提出。所谓库兹涅茨周期，是指各类基础设施的经济周期，如：道路、海港、机场等大型基础设施的建设，通常需要15 到20年的周期，又因为基础建设投资的密集，将伴随着高就业率，并促进资源性大宗商品交易价格上涨。

费波纳契系数中的21，与班纳理论中的17–18–19或20–18–16的大循环，都落在库兹涅茨周期内。此周期在美国的许多经济活动中，尤其是建筑业表现得特别明显，正好符合美国房地产业18.33年周期循环的惯性，所以又称为建筑业周期。一般可以将三个库兹涅茨周期视为一个康德拉季耶夫周期。

(3) 尤格拉周期(Juglar cycle)：由法国经济学家克莱门·尤格拉(Clèment Juglar)在1860年提出。所谓尤格拉周期是指生产设备机器等更新而带动的循环，一般从设备投资占GDP的比例进行推估。此周期理论重点是：经济事物具有规则性的波动，由繁荣、危机与萧条三个阶段进行的反复周期现象。至于政治、战争、农业欠收和气候恶化等因素，并非影响周期波动的主要根源，它们只能加重经济恶化的趋势。影响周期波动的主要因素是经济自动发生的现象，与人民的行为、储蓄习惯，以及他们对可利用的资本、与信用的运用方式有直接联系。

此周期是被学者主张具有效度的经济理论，它大约每9～10年为一周期，使用英国1795年至1937年的统计数据，计算出平均周期长度为8.35年，又被称为中波理论、主要经济周期、投资周期或资本主义经济周期。在费波纳契系数中的8，与班纳理论中的8–9–10 循环或11–9–7循环，都属于尤格拉周期，甚至“十年价格形态”与此亦有吻合之处。一般可以将六个尤格拉周期视为一个康德拉季耶夫周期，或是将两个尤格拉周期视为一个库兹涅茨周期。

(4)　基钦周期(Kitchin　cycle)：由美国经济学家约瑟夫·基钦(Joseph　Kitchin)在1923年提出。所谓基钦周期是指利率、物价、生产、就业人数等统计资料，在40个月内(约3～4年)会呈现有规则波动，主要是因为厂商生产过多时就会形成存货，从而减少生产的现象，当原本存货被消耗殆尽后，激起存货更新所带动的循环，故又称短波理论或存货周期。

如果基钦周期暂时以3年为期(36个月)，正好符合费波纳契系数中的3，三个基钦周期可构成一个尤格拉周期，而十八个基钦周期构成一个康德拉季耶夫周期。也就是说，可以将基钦周期视为尤格拉周期、班纳理论、十年价格形态与康德拉季耶夫周期的小循环周期。

范　　例

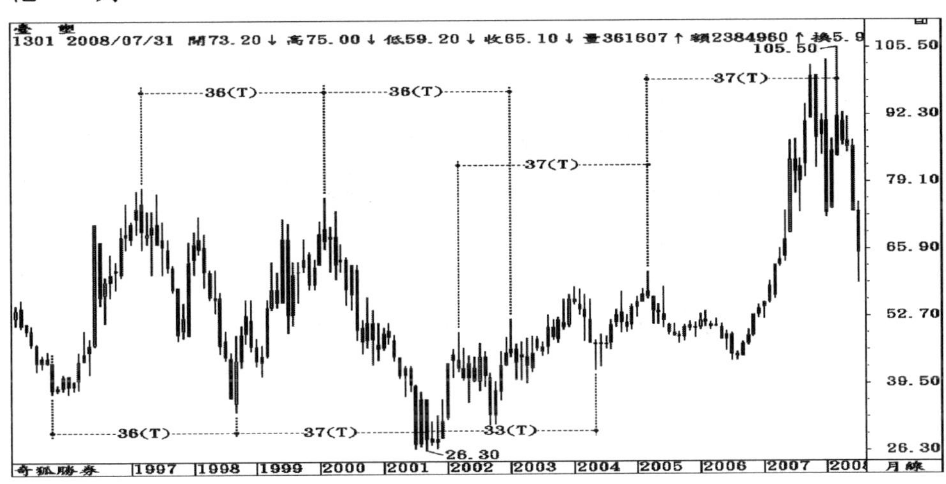

图4–7　　台塑股价月线图与基钦周期(资料来源：奇狐胜券)

请看图4–7，台塑股价从1995～2008年的月线图，以低点对低点、高点对高点的模式，分别找到33、36、37个月的循环周期。一般而言，基钦周期在40个月内(约3～4年)，如果以3年作为观察基础，那么循环的周期为3×12＝36个月，与台塑股价的周期波动颇为一致，因此可以定位在未来的走势观察过程中；以长线角度推论，基钦周期适用于该文件股票，这也是同形态比较的变化运用，只是将“形态”观察，调整成为“时间周期”。

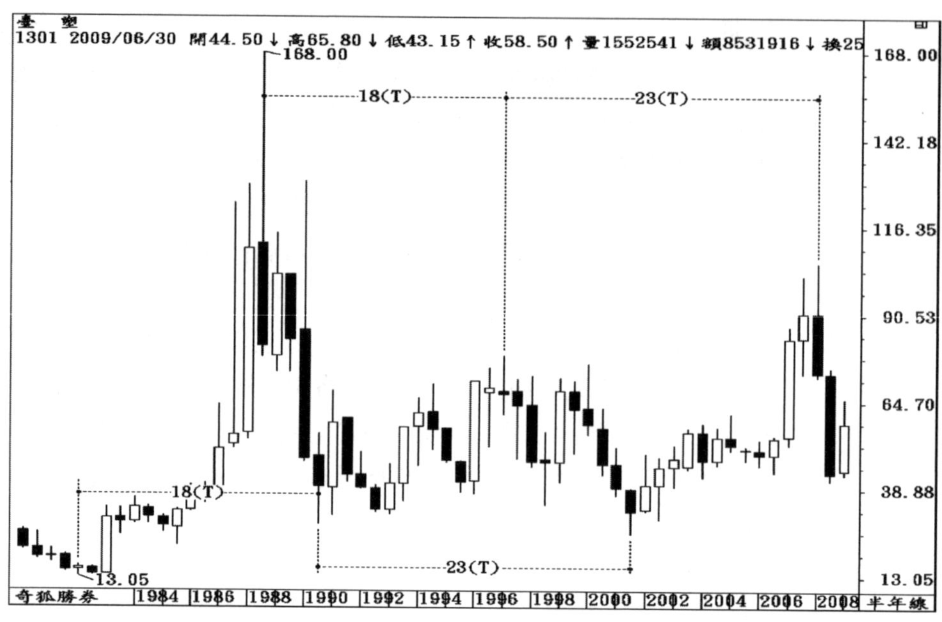

图4-8　台塑股价半年线图与尤格拉周期(资料来源：奇狐胜券)

请看图4-8，台塑股价从1982～2008年的半年线图，以低点对低点、高点对高点的模式，分别找到18与23的循环周期，换算成以年为单位，即为9 年与11.5年。

一般而言，尤格拉周期约为9～10年，而与尤格拉周期类似的，是班纳理论中的8-9-10循环或11-9-7循环，因此可以定位台塑股价在超长线格局中，应以尤格拉周期为时间参考。

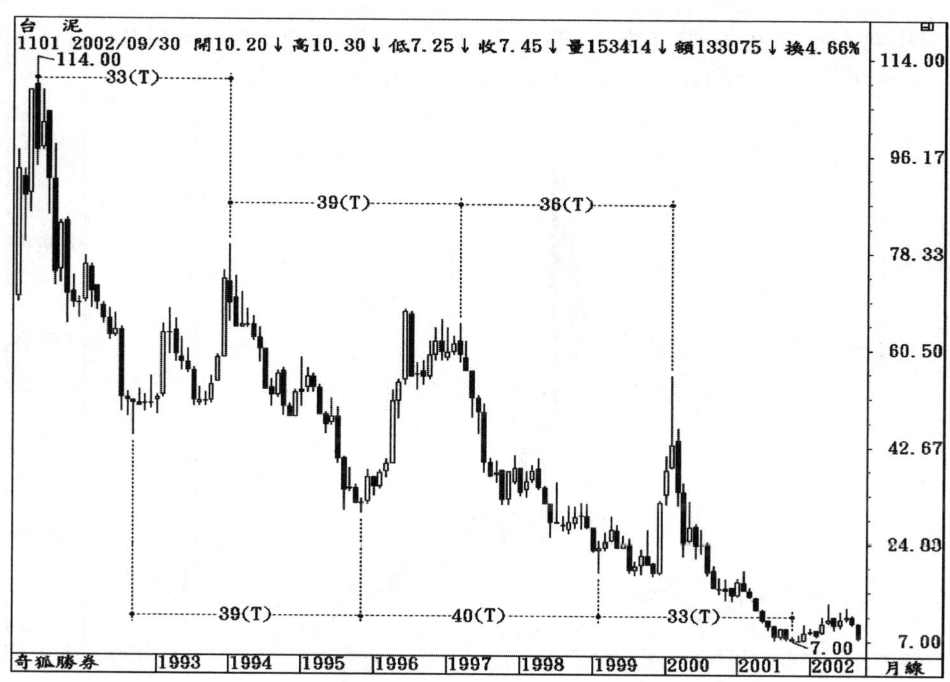

图4-9　　台泥股价月线图与基钦周期(资料来源：奇狐胜券)

请看图4-9，台泥股价从1991～2001年的月线图，以低点对低点、高点对高点的模式，分别找到33、36、39、40个月的循环周期。又基钦周期在40个月内(约3～4年)，与台泥股价的周期波动颇为一致，因此可以定位在未来的走势观察过程中，以长线角度推论，基钦周期适用于该档股票。

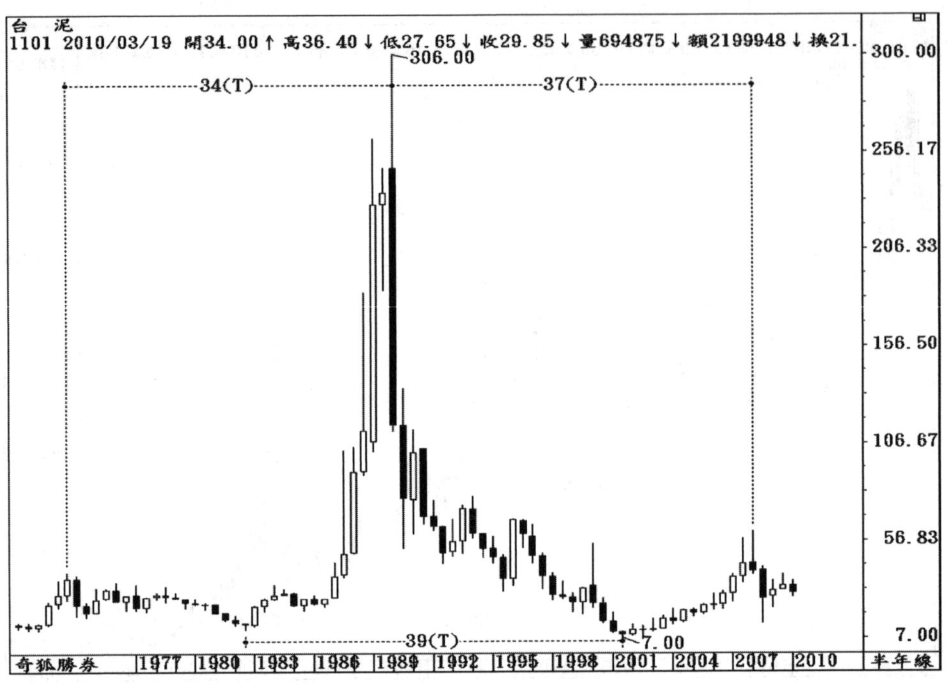

图4-10　　台泥股价半年线图与库兹涅茨周期(资料来源：奇狐胜券)

请看图4-10，台泥股价从1973～2008年的半年线图，以低点对低点、高点对高点的模式，分别找到34、37与39的循环周期，换算成以年为单位，是17年、18.5年与19.5年。

一般而言，库兹涅茨周期望约为15～20年，与库兹涅茨周期类似是班纳理论的17-18-19或20-18-16大循环周期，因此可以定位台泥股价在超长线格局中，应以库兹涅茨周期为时间参考。

节　　气

二十四节气是属于等距离的时间序列，为标准的数学对称，与费波纳契系数和江恩时间序列所呈现的不完整对称不同。二十四节气形成历经春秋、战国时代，直到西汉刘安所着《淮南子》的《天文训》，才首见与目前完全相同的二十四节气。

二十四节气的由来

地球绕着太阳公转所产生的轨道(称为黄道)，与地球自转时产生的自转轴并非垂直，这种现象造成太阳光直射地球的位置，会随着地球的公转产生变化。公转绕行360度的过程中，太阳光会有两次直射赤道，分别为春分与秋分。春分点定为黄经0度，秋分点定为180度；当太阳光直射地球的北回归线时，便属于黄经90度，又称为夏至，这是北半球白昼最长的日子；当太阳光直射地球的南回归线时，便属于黄经270度，又称为冬至，这是北半球白昼最短的日子。

人们把整个黄道均分为二十四个区段，每一个区段为15度，并且配合一年四季气候变化，定出了二十四节气，因此节气在阳历的日期，可以说基本上每年是固定的，间隔约为15天，上半年会出现在6日、21日，下半年会出现在8日、23日。又由于地球公转轨道是略为椭圆形，导致运行时间快慢不均，使得节气的日期有前后1～2天的差异。

因为节气与农事活动的关系密切，所以一般人看见关于二十四节气的描述多在所谓的“农民历”中，但是农民历不是太阴历，也不是太阳历，而是阴阳混和的历法(又称为夏历)，简单地说，太阳历可以观察节气变化，太阴历可以观察潮汐变化。

二十四节气的运用

部分人士坚信：股市的高低转折与二十四节气有某种程度的关联，其理论是依据太阳运行会对地球生物产生影响，其中包含地球上人类经济活动的现象，同时提出江恩的理论作为佐证：“资本市场中存在着宇宙自然法则，股票价格运动受自然力的影响，进行着有条不紊的周期性运动，因此是完全可以预测的。而预测的关键是运用与历法相关的数学模式。这种数学模式基本内容是价格和时间的关系，其中时间因素是决定价格因素的根本所在。”而江恩交易年划分成24等份又正好与二十四节气相同，所以使得相信这项论述的人士认为：节气与股市运行的联系是有科学依据，并非迷信。

因为节气几乎是每年固定时间的日子，要笔者相信在每年特定的日子将会出现转折，实在难以让人信服，但实际上确有转折点是落在节气日上，如果使用者改变对节气变盘刻板的印象，将变盘转折调整为价格测量之后的参考，或是针对实际走势的历史谷底、峰顶进行的时间推算，再与之取交集作为辅佐研判，以分辨当时走势的风险程度亦无不可，但若将其视为操作的准则圭臬，笔者认为是万万不可。

总之，笔者对于任何研判方法的态度是：在还没有方法可以证明这样的论述是无效之前，我们必须先承认(或假设)这个方法可能是有效的。以这样的视野接受不同论点，才不至于使自己陷入自以为是、坐井观天之弊。人类思维的扩张是有限度，总有思虑不周之处，无论是否在金融市场中操作，人生的态度也应该如此，切忌因为一时成功而志得意满，便否定与自己不同的论调，笔者因为以往年轻气盛，无论是操作或是处事为人吃了不少这方面的亏，期盼在此一角与同好们共勉。

太阳黑子

与二十四节气有异曲同工，同样是利用自然界周期变化的观念，还有太阳黑子理论。目前对于太阳黑子理论的研究相当多，最早由英国经济学家杰文斯(W.S. Jevons)提出，他认为：太阳黑子的活动周期会影响气候周期的变化，而气候又对农业收成产生影响，农业的收成会影响工业生产和整个经济，所以太阳黑子活动的周期性决定了经济活动的周期。

因为太阳黑子的出现周期有规律可循，大约每10年左右出现一次(精算后为11.2年)，而经济周期恰好也大约每10年一次。这种把经济周期的原因归于太阳黑子的活动，是典型的外生经济周期理论。现代经济学家认为太阳黑子对农业收成的影响非常有限，而农业收成对经济的影响更是有限，所以认定太阳黑子理论在现代工业社会中没有依据。

笔者对此理论抱持很高的好奇程度，毕竟它的周期与十年理论相当吻合，再加上许多统计发现：当太阳黑子活跃时，的确会对地球磁场产生影响，进而使天气转为恶劣，也会对各类电子产品和电器造成损害，甚至有人研究认为：气候暖化、洪水、地震、流感、出生人数、天才人物的出生时间，与太阳黑子活动周期都脱离不了关系，科学家并预测出强度最大的太阳黑子活动，将发生在2012年(属于第24次循环)。

我们不能否认自然界所产生的循环(包含节气)，需要更多时间、资料来验证其关联性与可靠度，而不是一味的盲从遵循，毕竟现有的技术分析工具已经足够我们使用，不是非得标新立异不可。

费波纳契系数

费波纳契系数是属于不规则对称，关于时间的比例运用，请参阅拙著《主控战略波浪理论》，亦即笔者较为重视实际走势中，每个段落之间的比例关系，例如：前一段与这一段彼此间的比例是否符合0.618倍之类，而非单纯的计数每一段落的K线数目是否符合费伯纳契系数中的数字。

许多人将费波纳契系数的数字运用在分线、小时线或是日线中，根据博弈原理：在越短的时间周期内，无论是采用哪一种参考依据(包含指针)，其效度将会变差。所以我们经常可以看见许多当冲高手能够在市场上成功，所依赖的是纪律，以及对盘势反应的敏锐程度，这些确实不容易透过学习、模仿得来，是属于人格特质。但若将费波纳契系数的数字，运用在周线、月线或年线上，在实际操作上会有走势耦合的现象，但不一定每次转折必然发生在费波纳契系数的数字上。

在此，笔者提出一项经验法则：由于长期观察主力操作惯性，发现最常被使用到的时间系数是34笔的循环，且此数字又有前后5笔缓冲，所以29笔与39笔的时间数字也常常出现。这几个数字不必刻意拘泥，只要时间进入这些数字的范围时，注意实际走势变化即可。根据经验：在中短期时间周期的整理形态，较容易出现这些关键数字。

范　例

图4-11　　中段整理时间周期与节气变盘(资料来源：奇狐胜券)

请看图4-11，硅品股价在标示P的位置呈现“菱形”的中段整理结构，整个形态所耗费的时间为35个交易日，与股价波动时间系数中，常见的34 相当吻合，整理末端在标示A的位置正巧与二十四节气中的小寒对应，并形成股价的转折，但我们不能单纯只看见这些现象，就断定应做买进的动作，因为我们交易的是价格，而非日期。

因此在满足观察的时间之后，仍然需要价格表态，标示B突破了下降趋势线，因此是形态完成的攻击买进信号，标示C的位置是过关后的震荡修正，有短线洗盘的意涵存在，所以可当成高档布局买进参考点。

请看图4-12，上证指数从2009年9月开始的反弹，产生的时间周期分别有32、33、34个交易日，与股价波动时间系数常见的34相当吻合，在这些数字被完成的同时，标示A正巧与节气中的霜降吻合；标示B是节气中的小雪，与标示H的转折点误差一天；标示C是节气中的大雪，与标示D的转折点是零误差；标示E则是最标准的34周期，却与二十四节气没有产生任何相关连，但从价格的变化，却依然可以判断当时是明显的转折高点。

图4-12　　中短期头部的形成与节气变盘(资料来源：奇狐胜券)

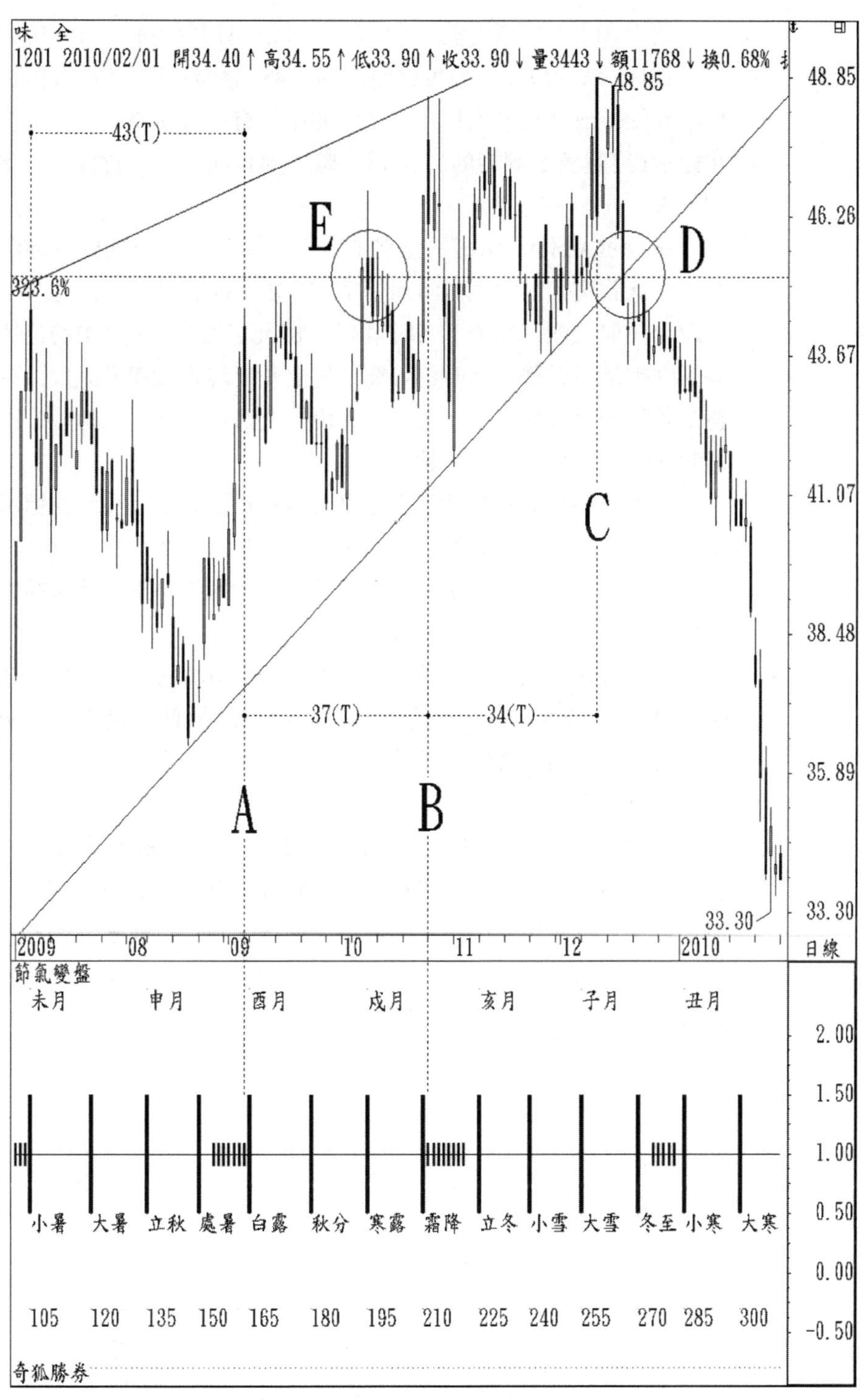

图4–13 向上满足幅度测量与节气变盘(资料来源：奇狐胜券)

请看图4–13，味全股价从2009年7月7日开始进入明显的回档，在标示A的位置，股价已经震荡了43个交易日，却没有能够创新高便形成转折，当日与节气中的白露有一天误差；接着股价在标示E穿越黄金螺旋的3.236倍，暗示中长线走势有暂告一段落的可能。

从标示A到标示B则是耗费了37个交易日，与节气中的霜降产生一天误差；而从标示B到标示C耗费了34个交易日，与节气并没有任何关联，却创下当时最高48.85元，之后在标示D的位置以真跌破信号，跌破上升趋势线，使上升反转收敛楔形完成，在整个收敛的上升形态中，可以发觉价格上涨的幅度越来越短，所需时间的对应周期也越来越少。

请看图4–14，东风汽车股价从4.29元开始短线上涨，在标示A的位置穿越黄金螺旋测量的4.236倍，同时满足20个交易日，与费波纳契系数产生一天误差，接着股价进入短线修正，其时间为13个交易日，与费波纳契系数一致。

短线修正结束后，股价持续上攻，于标示B的位置穿越黄金螺旋测量的5.236倍，当止涨形成转折时，从最低到最高共耗费35个交易日，与费波纳契系数产生一天误差，在当时也与节气中的小雪有一天误差。

从这几个例子来看，费波纳契系数、节气与股价产生的转折，有时吻合，有时却不尽相同，因此这些时间转折的依据，不但不神秘，其实用性仍然必须依附在价格研判上，甚至其参考度较一般常用指针低，因此投资人不宜过度依赖，只能作为最后的参考依据，不可以凌驾在价格之上。

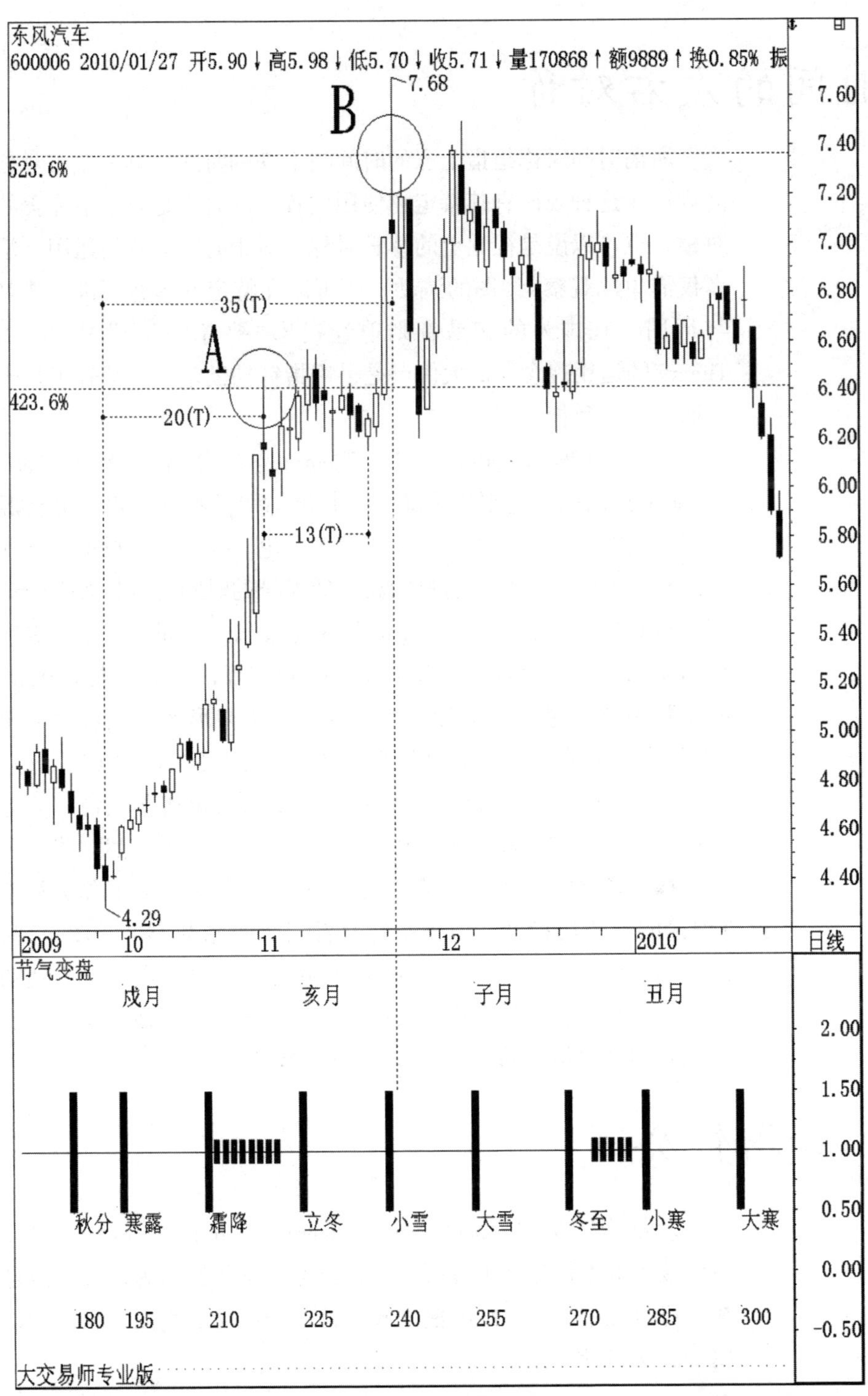

图4-14　　向上满足幅度测量与节气变盘(资料来源：奇狐胜券)

时间的左右对称

所谓时间对称是指上涨的时间与下跌的时间，具有左右对称的规律。这种规律有其特定的使用位置，同时它是属于不完美的对称，也可以说是视觉上的感觉对称。对于时间对称的运用，笔者仅需单纯观察K线图的波动，便可以在特定的形态下进行研判与运用。在国外的交易者则曾经提出“神奇T理论”(Magic T Theory)的运用观念，最大优点是采用指针辅助定位，减轻了初学者研判上的负担。

“神奇T理论”(Magic T Theory)是由泰瑞·隆德利(Terry Laundry)提出的，它根据涨跌波动长度对等的特性，借以分析股市趋势的方法，又称为多空周期对等理论。换言之，投资人能获取高报酬的时间，与之前只能获取低报酬的时间是等长。至于运用神奇T理论的目的，在于评估获取高报酬的时间。理论命名的理由是因为相信市场上涨和下跌的时间相等，当市场准备就绪，并蓄积足够能量后，走势开始扬升，在价格形态上便可以取出“中轴”，同时在走势上可以取出左右两边等长的“T”字母。“冠军交易员”马丁·舒华兹(Martin Schwartz)就曾赞美说：“这个理论符合左右对称、达尔文主义、演化、事物的自然规律。”

在泰瑞·隆德利的研究报告中，使用腾落指数(ADL)作为神奇T理论的参考用指针，但该指针只针对大盘指数类的线图呈现，因此笔者建议可以参考动量指针(MTM)作为辅助参考。为了使初探《时间对称理论》的投资朋友能够快速进入基本的研判运用，因此先介绍动量指针的意义与基本的运用法则。

动量指针公式

动量指针又称为MTM指针(Momentom Index)，是专门研究股价波动的中短期技术分析工具，虽然这项指针名为动量，但是在计算过程中，仅单纯的使用收盘价，与成交量毫无关联，所以属于震荡指针一种。

公式为：

(X)MTM = 当笔的收盘价 − 前(X)笔的收盘价

(Y)MTMA = 计算MTM的(Y)简单移动平均

本书采用此公式计算，其所使用的参数为X = 13，Y = 6

若使用《奇狐胜券》、《大交易师》、《涨停先锋系列》等股票软件，公式语法如下：

MTM:CLOSE−REF(CLOSE,X);

MTMA:MA(MTM,Y);

另外一种计算的公式为：

(X)MTM = 当笔的收盘价 ÷ 前(X)笔的收盘价 × 100 − 100

(Y)MTMA = 计算MTM的(Y)简单移动平均

若使用《奇狐胜券》、《大交易师》、《涨停先锋系列》等股票软件，公式语法如下：

MTM:(CLOSE/REF(CLOSE,X)) × 100 − 100;

MTMA:MA(MTM,Y);

虽然这两种算法出现的数据不同，但波动完全一致，所以无需使用第二种较为复杂的公式，同时采用第一种公式，有利于推算转折、生死交叉等信号的参考价。

动量指针原理

动量指针原理与动力学原理有相似之处，也是探讨股价波动中，各种加速、减速到停止的惯性作用，以及由静到动或由动转静的多空易位现象。在多头行情中，当上涨的速度逐渐减少，便容易呈现回档整理或是见高反转的行情。在空头行情中，当下跌的速度逐渐减缓，便容易呈现反弹整理或是见低反转的行情。简言之，是利用“扣抵”的观念，观察证券价格波动的速度；在走势图中，是以“斜率”表现速度快慢。

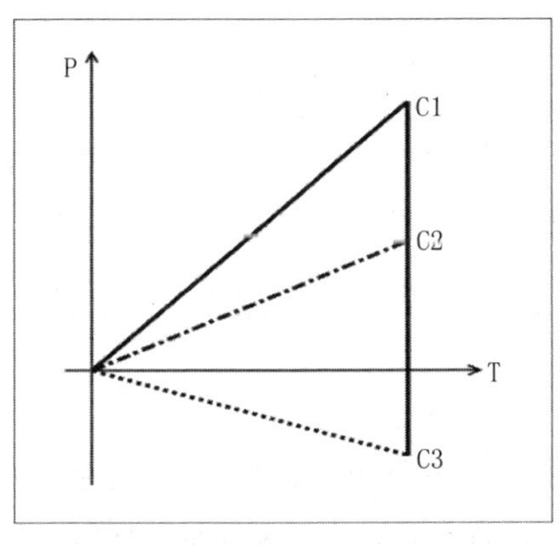

图4−15　股价与时间的斜率

请看图4−15，假若在代表时间的横坐标，取固定时间距离，那么代表价格高低的是纵坐标；当价格越高时，计算出来的斜率值也会更高；也就是当时股价上涨的力道较强、速度较快，所以图中标示C1上涨的力道将大于标示C2的位置，而C3的位置其斜率转成负值，代表股价已经由上涨转成下跌，所以C3下跌的力道将大于标示C2的位置。

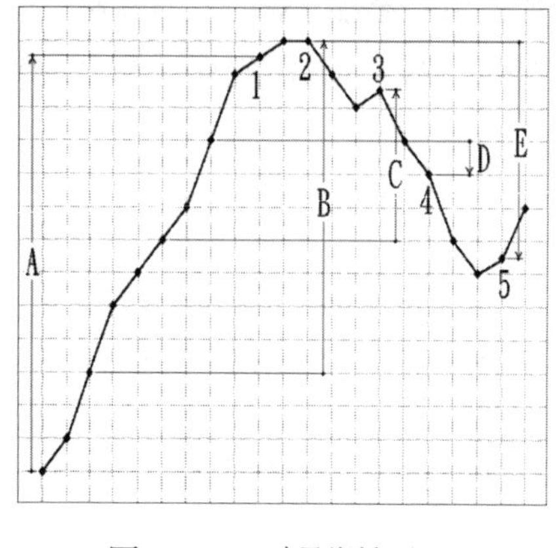

图4-16　动量指针原理

请看图4-16，既然根据股价与时间的斜率关系，便可以观察出上涨或下跌的力道强弱，那么股价走到标示1的位置时，扣抵到前10笔的位置，其MTM指针的数据为A，在标示2的位置时，MTM指针的数据为B，可发现A的数据大于B的数据，因此可以断定，当股价在标示2的位置时，上涨力道已经减缓，同理可证，股价在标示3 的位置时，上涨力道小于在标示2的位置。

当股价行进到标示4的位置时，MTM指针的数据为D，指针的数据已经由正值转成负值，代表股价力道从上涨转成下跌，而在标示5的位置时，MTM指针的数据为E，又D 的数据大于E的数据，因此可以断定，当股价在标示5的位置时，下跌力道已经增强。

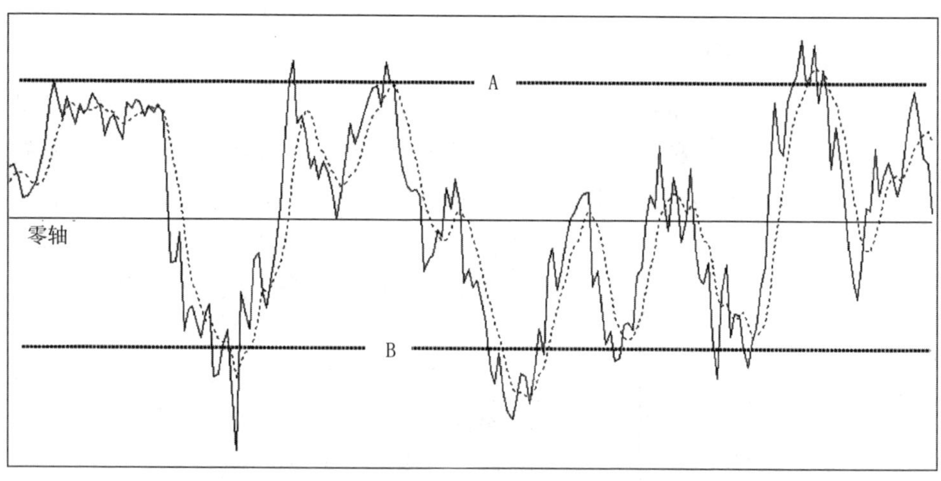

图4-17　乖离与惯性

当我们将股价的震荡经由指针公式计算后，得到的指针摆动如图4-17所示，图中实线是MTM的曲线，虚线是MTM的移动平均线。如果指针曲线在零轴上，而且远离指针零轴时，代表价格上涨幅度大，所产生的正乖离率也随之扩大，股价将会受“价差惯性”的牵引作用，使指针曲线往零轴靠拢；指针曲线在零轴下，且远离指针零轴时，代表价格下跌幅度大，所产生的负乖离率也随之扩大，股价将会受“价差惯性”的牵引作用，使指针曲线往零轴靠拢。

上述这种走势称为“常态行情”，我们可以根据历史图形中的明显转折，找到可靠的参考值，如图4–17中，标示A的水平线为正乖离过大，标示B 的水平线为负乖离过大，当MTM指针穿越这些水平线时，通常会出现股价的转折信号。为了方便观察历史乖离值的大小，可以在指针上设计自动画出观察的数值，如图4–18所示，标示A的位置已经满足历史正乖离过大，需注意股价是否出现高档负反转，标示B的位置已经满足历史负乖离过大，需注意股价是否出现低档正反转。

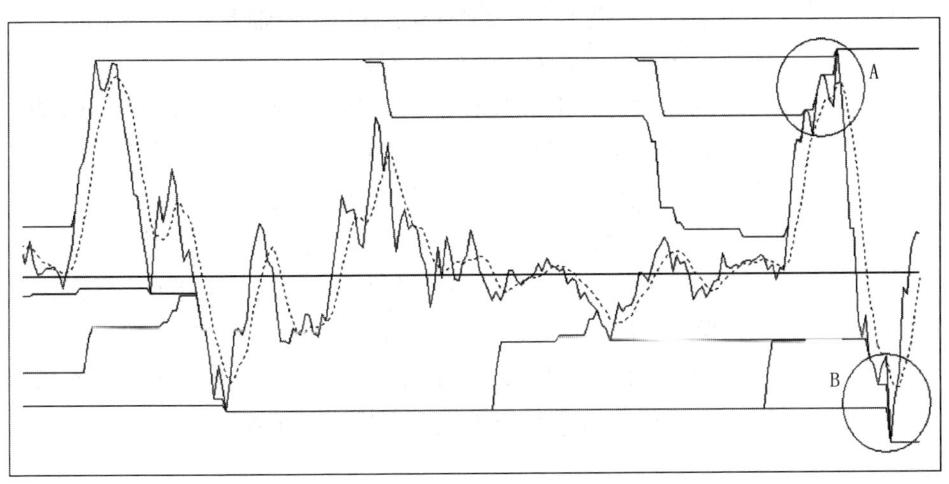

图4–18　历史正负乖离值过大的观察

如果股价走势在趋势非常明显的情况下，多头很可能因为过度追涨买进，使涨幅扩大形成强势轧空；或是空头很可能因为过度追杀卖出，使跌幅扩大形成强势杀多，当时指针的正负乖离值，将超越历史参考高低点许多，使“常态行情”转变为“非常态行情”。换言之，这时股价会出现超涨或是超跌的现象。

综上所述，透过观察动量指针的种种变化，便能分辨股价波动的速度大小与力道多寡，进而揭示股价震荡转折的规律，可以为投资人提供买卖的参考信息。

动量指针的运用方法

在本单元所提示的运用方法，属于一般的技巧，如果同时使用需考虑股价相对位置，亦即先观察价格波动，再考虑指针变化，切勿倒果(指针)为因(价格)。

(1) 股价在多头趋势时，MTM指针应维持在零轴上摆荡；股价在空头趋势时，MTM指针应维持在零轴下摆动；反复在零轴附近穿越摆动为整理走势。

(2) 当MTM指针位于零轴上方，与MTMA产生的死亡交叉可能为第一个卖出信号；当MTM指针位于零轴下方，与MTMA产生的死亡交叉可能为第二个卖出信号。

(3) 当MTM指针位于零轴下方，与MTMA产生的黄金交叉可能为第一个买进信号；当MTM指针位于零轴上方，与MTMA产生的黄金交叉可能为第二个买进信号。

(4) 股价在上涨过程中创新高，但MTM指针并未创新高，代表股价上涨力道减弱，应注意行情是否进入修正或多转空，此称为高档背离、顶背离、牛市背离或正虚拟。

(5) 股价在下跌过程中创新低，但MTM指针并未创新低，代表股价下跌力道减弱，应注意行情是否进入反弹或空转多，此称为低档背离、底背离、熊市背离或负虚拟。

(6) 高档满足区出现两次顶背离信号，或两次死亡交叉信号时，代表的意义会相对可靠，但应搭配浪潮研判，宜防指针骗线。

(7) 低档满足区出现两次底背离信号，或两次黄金交叉信号时，代表的意义会相对可靠，但应搭配浪潮研判，宜防指针骗线。

(8) 当MTM指针从零轴下方转折向上突破零轴时，代表多头的力道有机会转强，此时应研判转多信号是否成立。

(9) 当MTM指针从零轴上方转折向下跌破零轴时，代表空头的力道有机会转强，此时应研判转空信号是否成立。

(10) 股价走势在上升过程中，MTM指针跌破零轴可能是假跌破，代表当时的修正只是回档，回档结束后股价将持续上升；股价走势在下跌过程中，MTM指针突破零轴可能是假突破，代表当时的修正走势只是反弹，反弹结束后股价将持续下跌。

(11)　当MTM指针在零轴上方，且远离零轴呈现正乖离过大时，代表当时多头气氛过热，若指针出现转折向下，股价将会随着出现明显的短线回档，投资人应注意短线多单拔档信号。

(12)　当MTM指针在零轴下方，且远离零轴呈现负乖离过大时，代表当时空头气氛过热，若指针出现转折向上，股价将会随着出现明显的短线反弹，投资人应注意短线空单拔档信号。

(13)　MTM的指针曲线，可以使用形态学的分析，如：头肩顶、头肩底、双重顶、双重底、三角形、轨道线与趋势线等等。

关于指针其它地实战运用技巧、指针形态与浪潮的关系等等研判，因其操作关键点较为繁复，此处便不另讨论。

范　　例

图4-19　　黑松股价日线图(资料来源：奇狐胜券)

请看图4-19，黑松股价在标示A的位置，MTM指针在零轴上下，呈现狭幅摆动，对照股价当时走势，判定是整理行情，在标示S 之后盘出短期底部使股价向上攻坚，同时以标示S为短期测量波段，计算黄金螺旋，于标示P的位置满足6.854倍。

这个倍数被穿越往往代表短期上涨已经暂时告一段落，但有时操作者所取的测量段不必然会恰当，因此需要实际走势呈现止涨信号作为退出依据。

在满足测幅后的标示D，MTM指针的正乖离已经过大，所产生的死亡交叉信号，与种种技术面表征都代表股价进入修正的可能性相对较高，但当时还无法评估修正可能的时间与幅度多寡，随后反弹做第二头时，MTM指针已经迅速拉回碰触指针零轴，整个标示B的这个段落，指针所代表的是多头明确的行情。

在标示C的这个段落，因为指针在零轴附近摆动，所以属于盘整行情，对照K线真实走势，此盘整行情因为股价趋势向下，所以定位为“盘跌”。

在标示E的位置，MTM指针信号呈现零轴下的死亡交叉，为第二个卖出信号，虽然股价出现反弹，却无法克服标示E的那根日落长黑，所以空头攻击的力道仍在，后续出现的标示F和标示G，都是指针站回零轴后，又跌回零轴下出现的死亡交叉信号，多方依然无法将这些K棒克服，因此可以研判，短线上空头占优势。

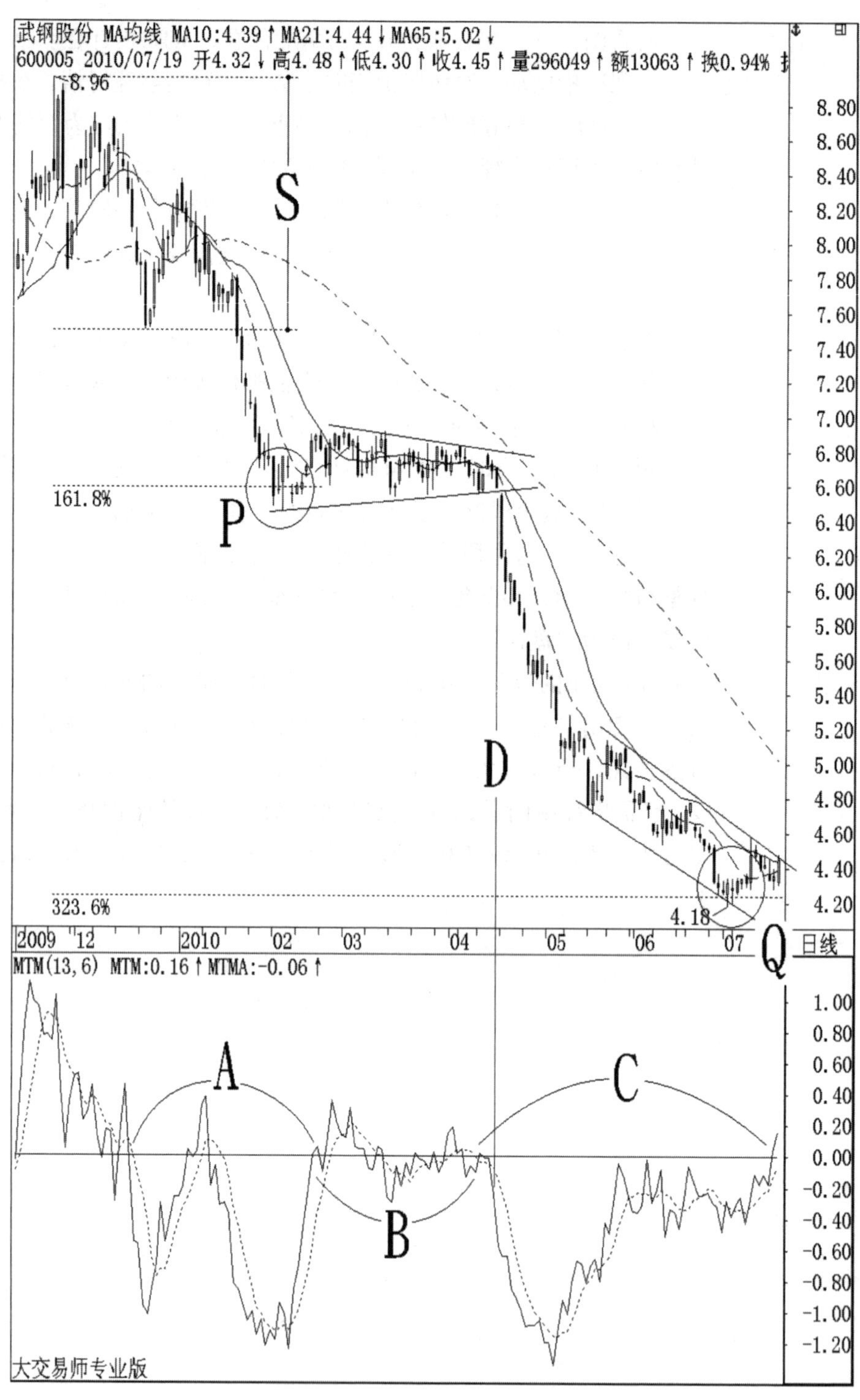

图4-20 武钢股份股价日线图(资料来源：大交易师)

请看图4-20，武刚股份在标示A的位置，指针呈现的走势乖离较大，属于明确的短线趋势行情；在标示B的位置，指针呈现的走势在零轴上下摆动，属于不明确的短线整理行情，对照到K线走势，是三角形收敛的整理形态；在标示C的位置，指针呈现的走势乖离较大，属于明确的短线趋势行情，只是在这段走势的末端，MTM指针逐渐靠近零轴，且上下反复摆动，已经没有扩大指针乖离的现象，因此股价呈现向下的旗形走势，堪称合理。

如果操作者以标示S的走势为测量段，计算其黄金螺旋倍幅，在标示P的位置满足1.618倍，股价出现反弹时让当时的MTM指针，迅速拉回零轴附近，宣告正式进入整理走势，此时操作者应该暂时放弃指针的观察，专注K线变化，研判走势将以何种整理模式呈现，并于整理走势末端注意是否再度出现攻击信号。

股价在标示D的位置，当时MTM指针信号属于零轴下的死亡交叉，随后股价跌破整理形态的上升趋势线，综合K线走势与指针讯号研判，将可以大幅提高对真跌破现象的确认，实际走势也如自由落体般向下，最后在标示Q的位置满足黄金螺旋测量的3.236倍幅，并让股价进入另一阶段的反弹走势。

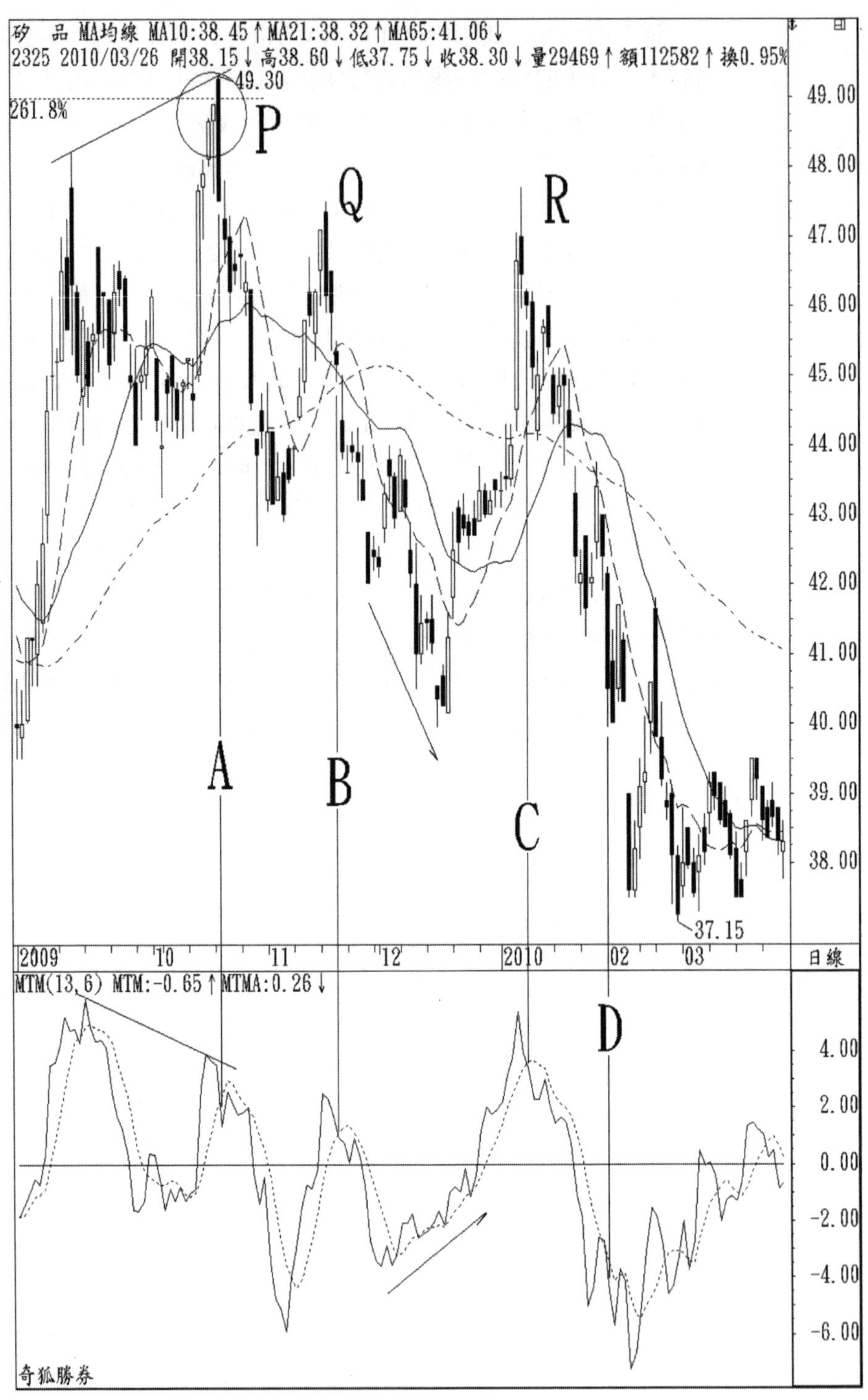

图4–21　　硅品股价日线图(资料来源：奇狐胜券)

请看图4–21，硅品股价在标示P的位置创新高，但MTM指针并未创新高，形成高档背离，代表股价上涨力道减弱，再加上穿越黄金螺旋测量的2.618倍幅度，操作者应关注行情是否进入修正或多转空的现象，而在标示A的位置，K线呈现长黑母线，属于“吞噬”形态，在短线上是相对较为明确的止涨信号，虽然MTM指针仍然位于零轴上方，但与MTMA产生死亡交叉，仍视为第一个卖出信号。

随后股价在标示Q出现反弹，属于跌破支撑后的股价惯性行为，在无法让股价再度创下新高的前提下，将容易再做一次走势向下修正。在标示B的位置，MTM指针与MTMA产生的死亡交叉是短线卖出信号。接着走势在续创短线低点的同时，MTM指针却逐步抬高，暗示股价若出现强劲的多头表态，将容易产生明显的反弹走势。

实际的走势果然如指针暗示，让股价出现明显涨幅，并在标示R 的位置止涨。止涨的研判可以利用K线，同时以MTM指针正乖离过大的信息辅助，效果相当不错。接着在标示C呈现MTM与MTMA的死亡交叉信号，让股价再度进入修正走势，而在标示D的位置，MTM指针已经位于零轴下方，与MTMA产生的死亡交叉是空方第二个卖出信号。

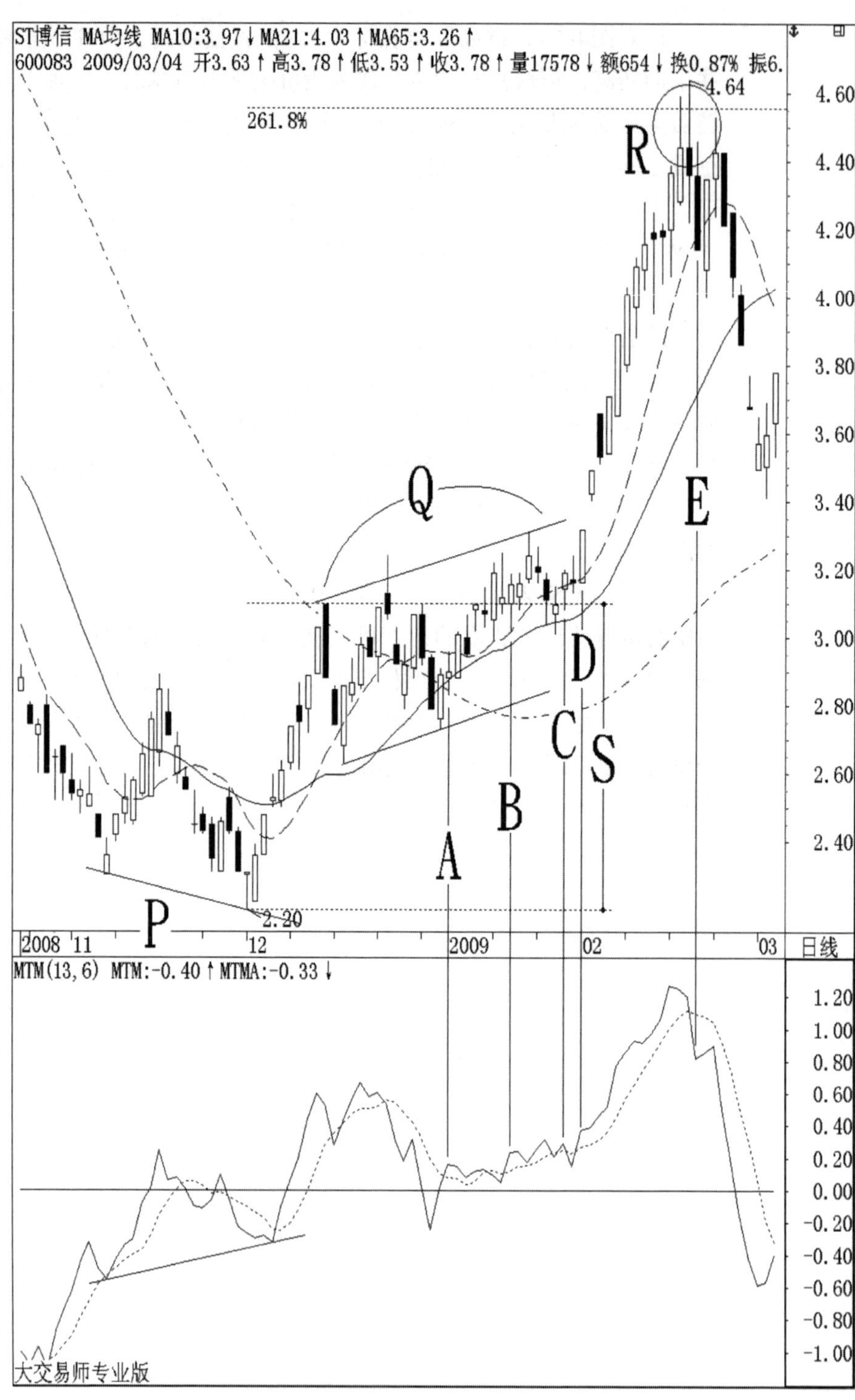

图4-22　ST博信股价日线图(资料来源：大交易师)

请看图4–22，ST博信股价在标示P的位置创新低，但MTM指针并未创新低，形成低档背离，代表股价下跌力道减弱，走势在指针信号之后，出现一段明显且强劲上涨，确立该段走势为初升段的地位。接着在初升段走势后出现的是中段整理。以整体轮廓来看，应定位属于上升旗形修正，这个修正走势在指针信号的呈现上，都维持对多方有利，所以投资人应注意在修正走势末端的作多时机。

如何研判修正走势维持对多方有利呢？如果单纯以K线解读，会因为上下窄幅震荡，导致关键点不容易掌握，若交由可靠的指针辅助掌握关键K线，那么研判难度就可以降低许多。以MTM指针而言，在标示A的位置，指针位于零轴上方出现黄金交叉信号，其K线低点视为指针支撑，后续股价在震荡过程并未跌破，代表维持多头有利，标示B、C位置的指针信号同理可证，也可以这样研判：这种指针信号是维系上升形态，保持强势整理的重点之一。

在标示D的位置，指针是黄金交叉讯号，K线是长红日出攻击，随后K线以跳空突破轨道线，宣告整理结束，在此同时，应取标示S的初升段作为攻击走势的测量，计算黄金螺旋的目标，股价在向上的攻坚过程，都没有出现明确的指针转折信号，直到股价在标示P的位置穿越黄金螺旋的2.618倍幅度后，于标示E的位置呈现MTM指针的死亡交叉信号。

标示E这根K线是第一根日落长黑，在K线的含义是短线止涨确认，MTM指针则是正乖离过大，出现转折确认后，指针将往零轴靠拢，所以操作者应该在止涨信号确定后将多单持股退出，或是在后续的短线反弹走势出现时，将手中持股先退出观望，等待下一次的操作信号。

图4-23　爱之味股价日线图(资料来源：奇狐胜券)

请看图4–23，爱之味股价在标示P的位置创新低，但MTM指针并未创新低，形成低档背离，代表股价下跌力道减弱。在标示A的位置时，MTM指针仍位于零轴下方，在指针形成底背离的背景下，与MTMA产生的黄金交叉，可当成第一个买进讯号。股价在短期多头的上涨后，指针也跟着向上扬升，在标示B的位置，MTM指针已经位于零轴上方，此时与MTMA产生的黄金交叉，可以当成第二个买进信号。所谓买进信号成立，必须股价走势呈现多头上涨走势，换言之，没有价格呈现时，该买进信号不一定为真。

但在标示C的位置，再度出现MTM与MTMA的黄金交叉，以测量来观察，离波段测幅的1.618倍已经相当接近，但这个黄金交叉信号的买进信号不一定能带来令人满意的利润。在标示Q的位置穿越1.618倍幅度后，在标示D出现的指针死亡交叉信号，却可以视为股价进入修正的暗示，这种相对位置与指针研判的整合运用，是操作能否顺遂的重要关键之一。

当股价震荡修正经过13天后(请注意指针的走势)，在标示E出现指针黄金交叉信号，随即让股价上涨走势转强，指针也拉到零轴之上；在标示F的位置是指针在零轴上方所产生的黄金交叉，K线又是长阳母线，距离下一个目标评估还有利润空间，所以应采短线多单进场买进的动作，且于标示R的位置穿越黄金螺旋2.618倍幅时，伺机退出短线多单。

标示G所产生的黄金交叉，K线固然是买讯，但才刚满足重要目标，又没有相对应的时间、幅度修正，通常这个买进信号容易失败，操作多单者宜注意此处风险，而标示H的死亡交叉讯号，却因为上攻失败、指针正乖离过大等现象，易使走势正式进入修正。

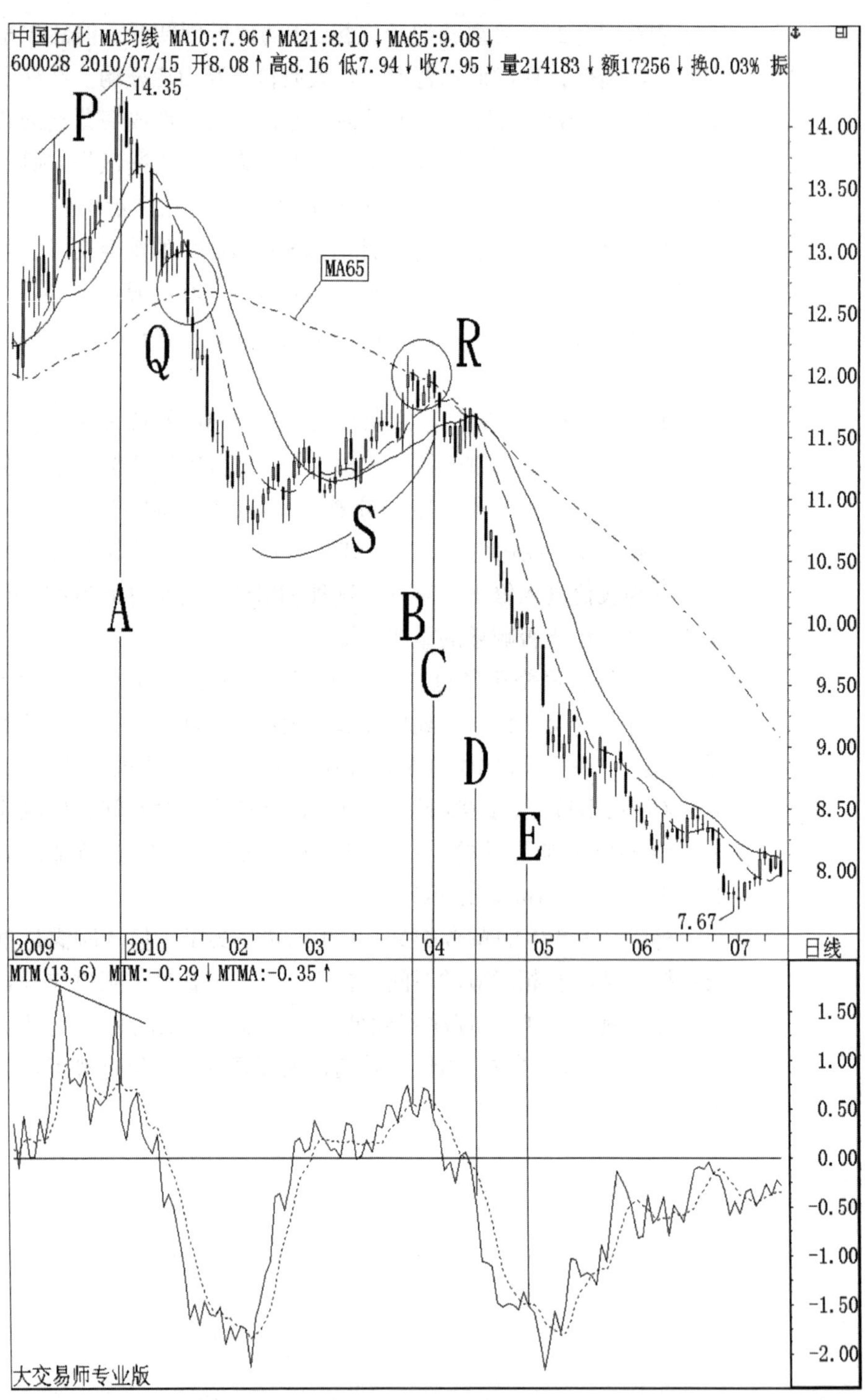

图4-24　中国石化股价日线图(资料来源：大交易师)

请看图4-24，中国石化股价在标示P的位置创新高，但MTM指针并未创新高，形成高档背离，代表股价上涨力道减弱，在当时所创下14.35元的高点，疑为反弹波动末端。

因此在标示A的位置出现MTM与MTMA死亡交叉的信号，不但是第一个卖出信号，也有机会转化成为中长期下跌走势的起点，而在标示Q的位置对季线(65MA)呈现真跌破，也宣告季线未来将成为压力参考。

之后股价在标示S的区域呈现上升形态的中级反弹，在标示R碰触到下弯的季线，K线已有止涨信号，标示B则是MTM指针出现死亡交叉，研判这些技术现象判定为有效信号。

接着标示C的位置，是反弹再度碰触季线后逢压，MTM指针死亡交叉。到了标示D的位置是第三度撞及季线逢压，而MTM指针死亡交叉，却发生在零轴下方；代表这个卖出信号将会引动较为严重的卖压，由波浪理论的观点，跌势也会相对的明显且剧烈。

股价在标示D之后持续下跌，但标示E再度出现MTM于零轴下方的死亡交叉信号，因为下跌走势已经有一段距离，只能当成空单操作(假设该股可以融券放空)的追空点。

要执行这样的动作之前，仍须对股价进行风险评估，不可因为在标示B、C、D位置做空获利，便忽视对指针信号有可能误判的事实。

假设评估的目标尚未到达，且仍有相当大的获利空间，那么便可以进行加码空单的动作，但以散户操作而言，进场的比例应较高档进场的部位少。

动量指针与时间对称的运用

神奇T理论认为：股市上涨与下跌的时间是相同，但是涨幅与跌幅却不一定相同，在股市下跌之前，会有一段抗跌阶段；在股市上涨之前，也会有一段凝聚动力阶段，定位时间的对称轴要从这段时间开始，不是等到股价到达高档或低档时才开始计算。

笔者在运用时间对称的过程中，非常重视走势轮廓的定位，这将决定我们是否采用这个方法进行观察。在使用时，决定时间对称轴的概念如下：

(1) 大部分的对称轴，是取股价波动所产生的高低转折点，少部分会取非高低转折的关键点观察。

(2) 决定后的中轴并非不能移动，且需要经过确认走势。

(3) 预估的时间即将完成时，应特别注意走势是否已经呈现末升段，尤其是末升段呈现暴涨后，常常以崩盘让走势步入下一个空头市场。

(4) 可以利用MTM指针的趋势线，作为突破与跌破的确认，并协助定位时间对称轴。

(5) 以指针走势中，被确定的黄金交叉与死亡交叉信号前后，所产生的指针转折点为时间对称轴。

虽然有了上述几点原则供操作者参考运用，但必须特别提醒各位投资人，利用时间对称评估未来的落点，只是概略的参考值，不是精确值。而且在操作时，强烈建议先以价格为考量，再以时间为考量。这就是价格优先原则。

上述这些概念是很模糊的，存有不少实际操作经验累积的成分在内。如果操作者对股价波动能清晰分辨，使用对称原理评估时间，将有相得益彰之效；反之，则运用恐有其弊。

当然，时间对称并非只有如神奇T理论这样简单的左右对称观念，真正的运用菁华还须考虑到平衡中轴(主控K棒)的对应，然后计算N、1/2N、3/2N、2N等比例关系，然而这种运用已超出本书讨论范围，请各位投资朋友先认识单纯的对称即可。

范　例

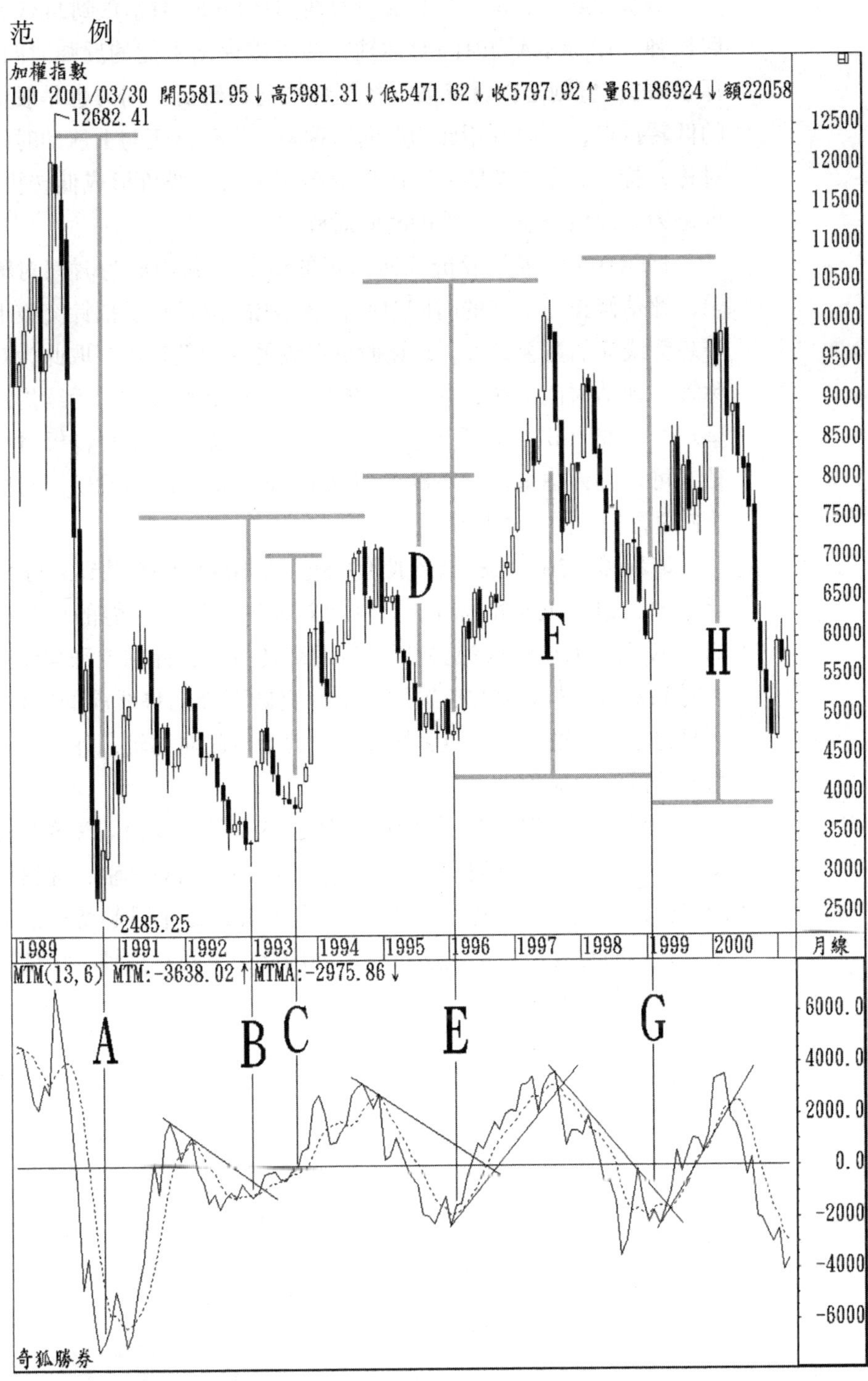

图4-25　加权指数股价月线图(1989～2000)(资料来源：奇狐胜券)

请看图4-25，加权指数股价月线图从12682.41暴跌到2485.25后反弹，以标示A为时间对称轴，便可以评估可能的反弹时间；标示B的位置则是指针突破下降趋势线前的转折，同时也是股价的低转折点，所以利用此为时间对称轴，评估修正与上涨的时间对称；标示C的位置是指针产生黄金交叉后，股价形成低转折，也是为了评估修正与上涨的时间对称。

标示D的位置是股价拉回修正的最低，利用此为时间对称轴，评估修正与上涨的时间对称；标示E的位置则是指针突破下降趋势线前的黄金交叉，它让股价形成另一个低转折，取此为对称轴并评估时间对称；标示F的位置是股价上涨最高，后续指针呈现死亡交叉讯号与跌破上升趋势线，所以是可靠的转折对称轴，可依此评估上涨与下跌的时间对称；标示G、H的运用与标示F 的看法相同，不另赘述。

请看图4-26，加权指数股价月线图从10393.59暴跌到3411.68后反弹，以最低点即标示A为时间对称轴，评估可能的反弹时间；标示B、C与标示E是利用股价的高转折点，评估上涨与修正的时间对称；标示D的位置则是指针突破下降趋势线前的转折，同时也是股价的低转折点，所以利用此为时间对称轴，评估修正与上涨的时间对称。

标示F的位置则是指针突破下降趋势线后，指针呈现黄金交叉，并可对应到股价的低转折点，利用此为时间对称轴，评估可能产生的时间对称；标示G的位置则是指针跌破上升趋势线前的转折，同时也是股价的高转折点，利用此为时间对称轴，评估上涨与修正的时间对称。

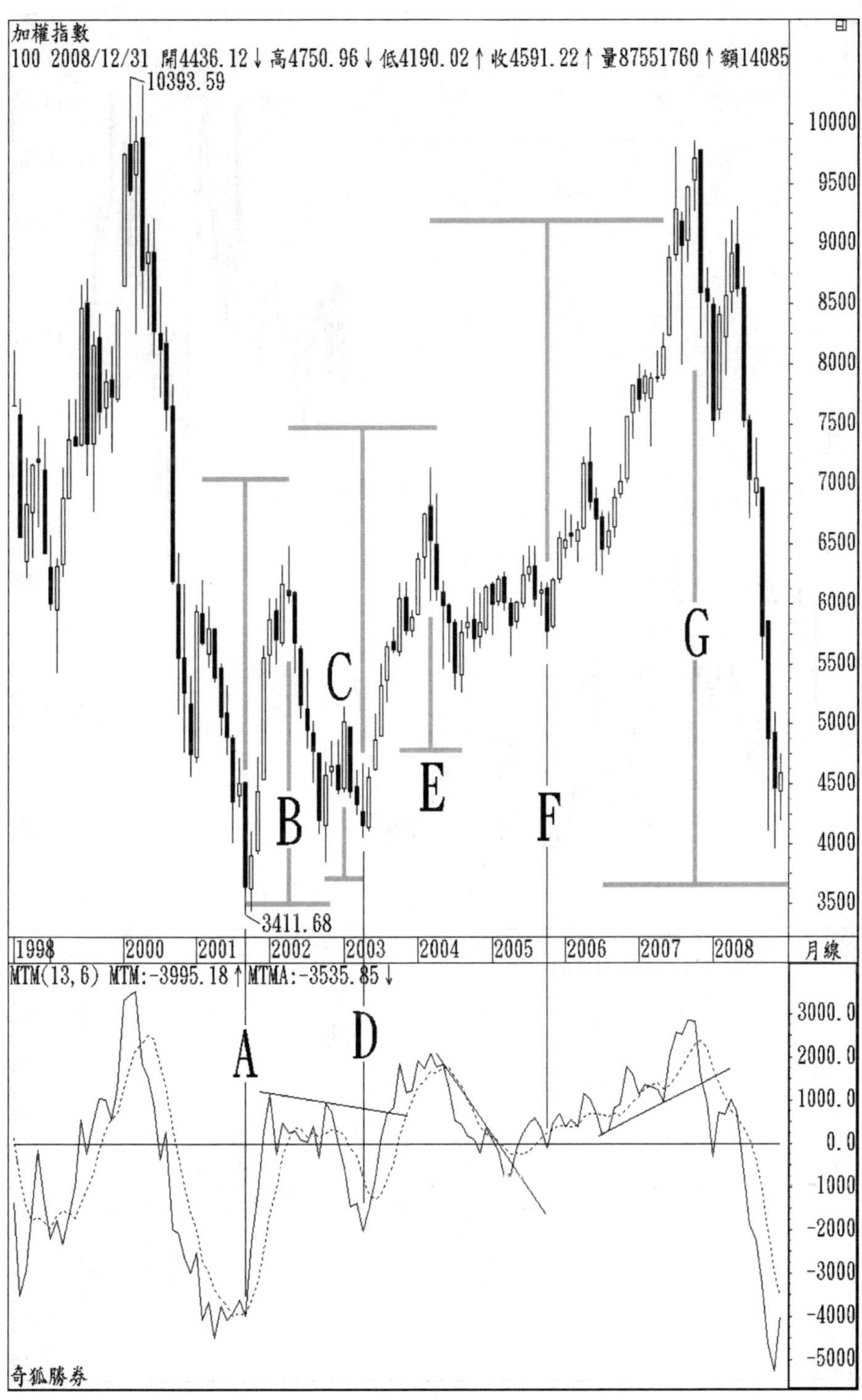

图4-26　加权指数股价月线图(1998～2008)(资料来源：奇狐胜券)

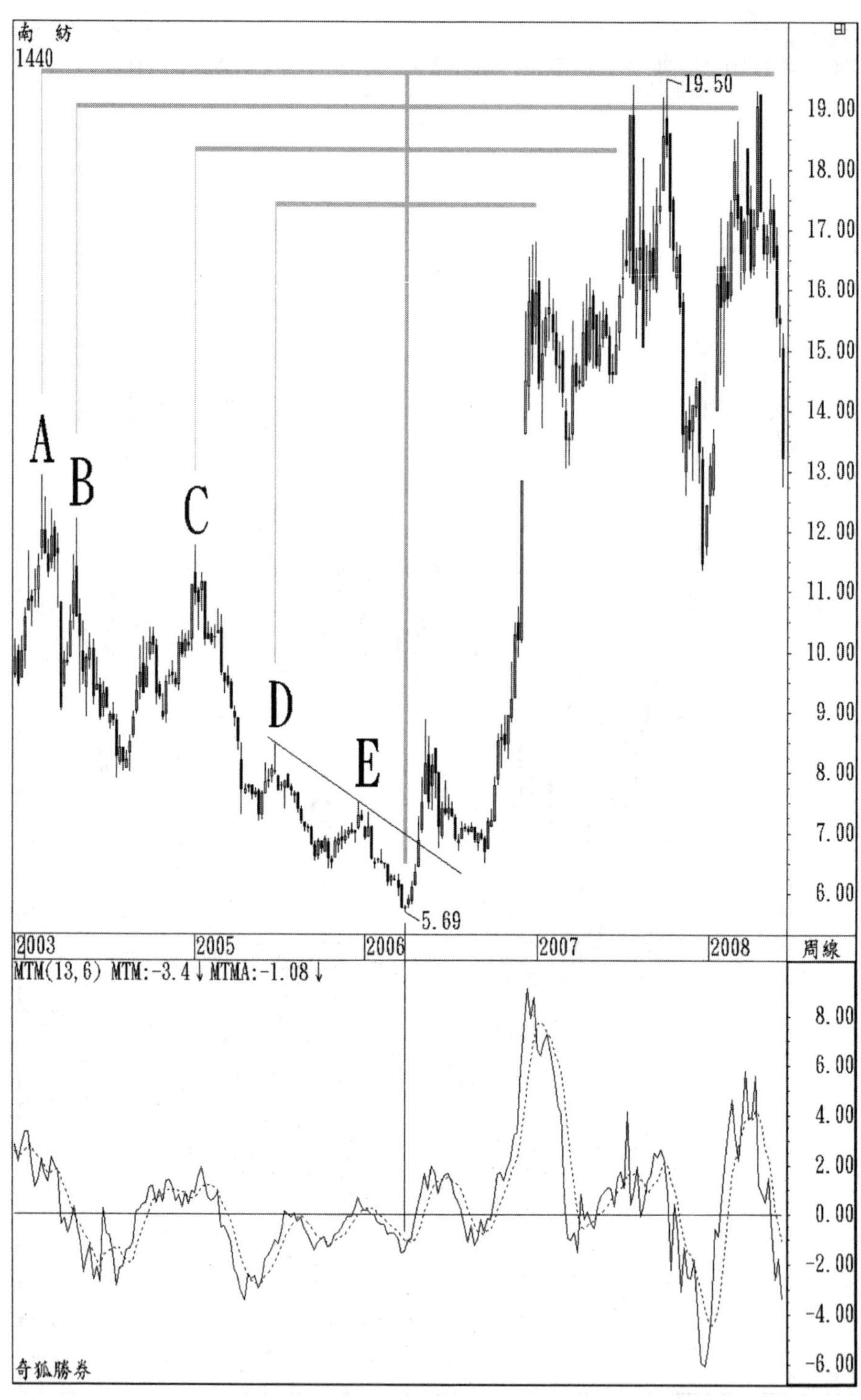

图4-27　　南纺股价周线图(资料来源：奇狐胜券)

请看图4-27，南纺股价周线图从当时历史低点2.8元开始上涨，直到标示A的位置，已经完成中长期空转多的走势模型，接着进入中长期的修正走势。投资人应注意中长期修正何时结束，并在修正末端伺机介入操作多单，以获取中长线的波段利润，其中可以连接标示D、E的下降趋势线，将突破后的第一段上涨，视为初升段走势。

取初升段的低点5.69元为时间对称轴，分别针对标示A-D所标示的高转折点，往中轴右侧取对称的时间评估，同时计算黄金螺旋或是潮汐上涨目标，当价格满足又逢时间对称时，应注意股价转折的效应。

请看图4-28，嘉泥股价日线图从8.07元的低点开始反弹，在标示A的位置止涨后进入修正，此时应针对整段上涨计算黄金分割以观察修正走势，同时以标示A的地方为时间对称轴观察修正时间，在标示B的位置满足修正时间后，股价出现反转向上，并在标示C的位置突破下降趋势线，所以是多头买进信号。

当股价上涨后，取标示B的位置为时间对称轴，评估上涨与修正的时间对称，同时计算可能的上涨目标，若目标完成又靠近时间满足的位置时，操作者就应该注意退出时机。在标示D的位置之前，MTM指针先跌破指针的上升趋势线，标示D则为指针死亡交叉，暗示价格的走势可能已经告一段落，标示E的位置则是满足时间对称，虽然当时指针出现黄金交叉信号，但就实务操作而言，价格与时间都满足的背景下，此处积极买进的风险非常高，纵使后续股价创新高，但不代表下次在相同的技术面下，仍能够如此呈现。

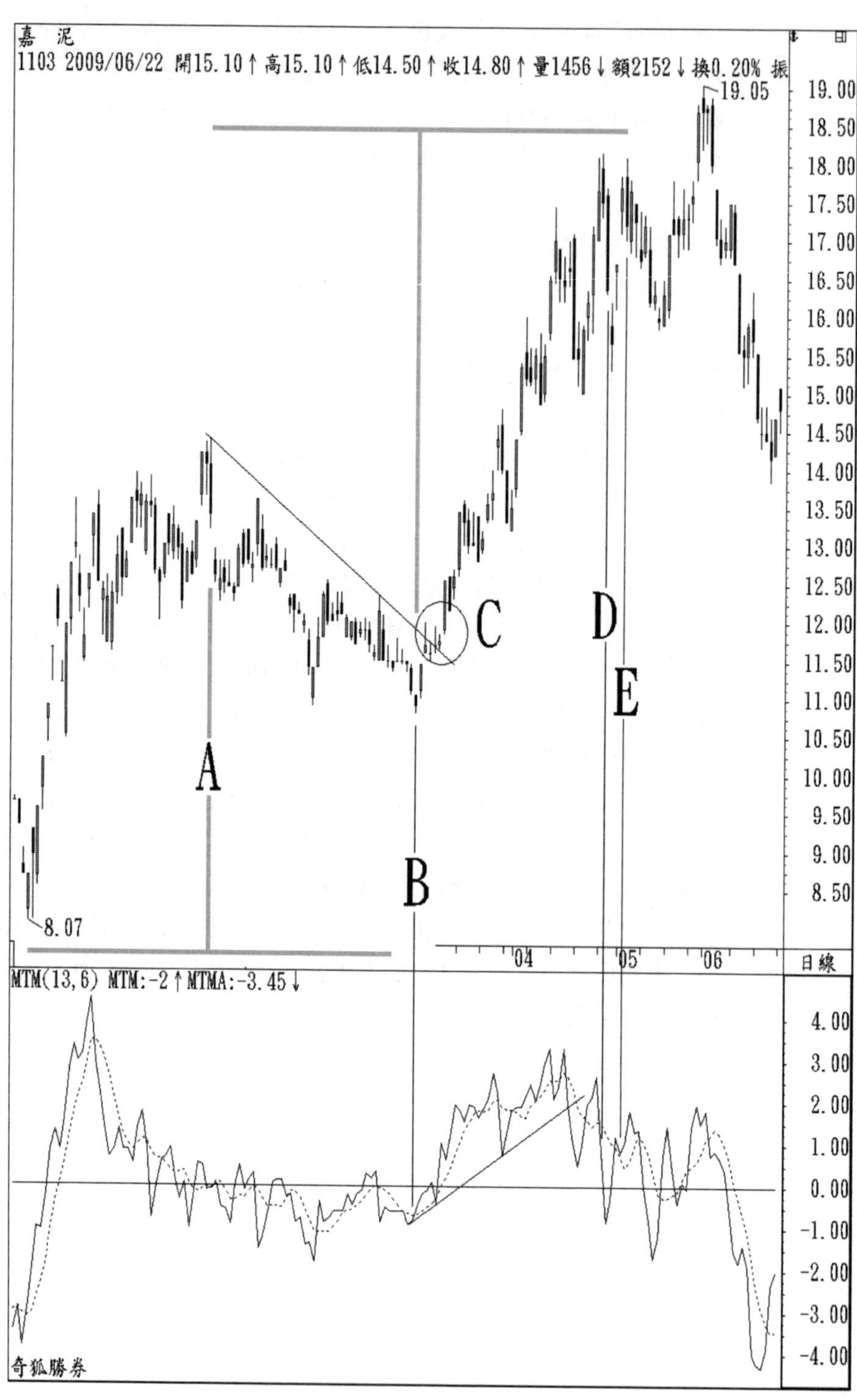

图4-28　　嘉泥股价日线图(资料来源：奇狐胜券)

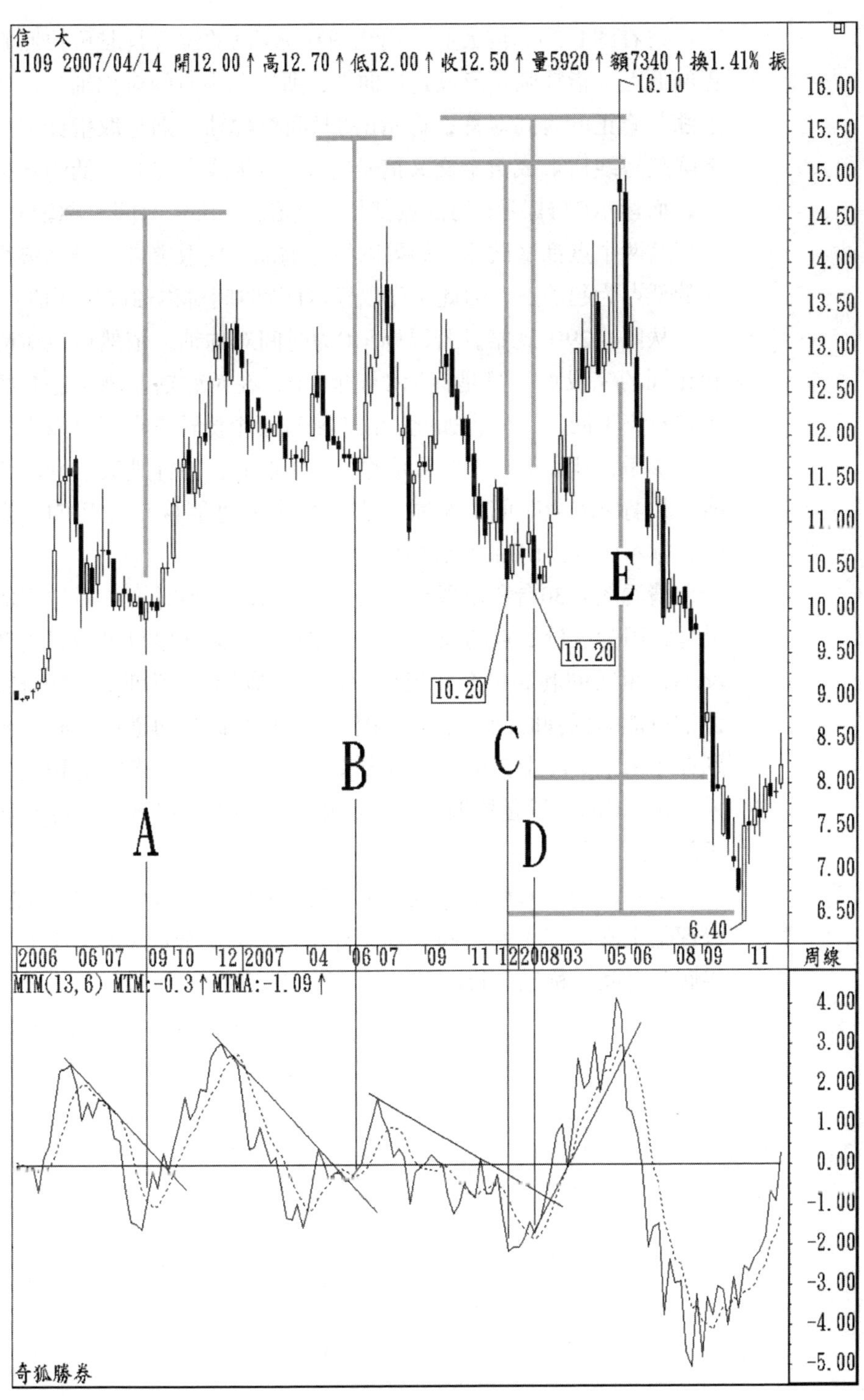

图4-29　信大股价周线图(资料来源：奇狐胜券)

请看图4-29，信大股价周线图在标示A的位置是股价拉回修正的低点，指针则是形成转折向上，所以此为时间对称轴，评估上涨与修正的时间对称；标示B的时间对称轴，则是取指针突破下降趋势线后形成黄金交叉信号的那一笔K线，并非最低的转折点；而标示C与标示D的低点都是10.2元，在决定时间对称轴时，可用这两个点都试试看，如果以指针辅助，应取突破下降趋势线前的低点为起涨点，因此优先以标示D为时间对称轴进行评估。

从图4-29中观察，若以标示C为时间对称轴，依然可以对应到相同的完成点，只是标示C与标示D，在对称轴左侧所比对的高转折点不同，也因为如此，在未来这两个低转折点都可以当成转折参考，所以股价从16.1元的高点折返时，指针跌破上升趋势线，以标示E为时间对称轴，在评估未来可能修正时间的落点时，标示C与标示D的谷底都应考虑。

请看图4-30台积电股价月线图，标示A是当时上市后拉回的最低，因为股价低点离前高点的价差很大，未来股价纵使只出现反弹，短线的利润也会相当可观，因此以标示A为时间对称轴，评估可能的反弹时间；取标示B作为时间对称轴的道理相同，差别在于未来上涨走势极可能对多头有利，因此操作者需更积极介入；标示C的位置是取股价上涨结束的最高点，以评估上涨与修正的时间对称。

标示D、F、G都是取股价上涨结束的最高点为时间对称轴，以评估上涨与修正的时间对称；标示E则取股价下跌告一段落的谷底为时间对称轴，目的是评估下跌与反弹的时间对称。

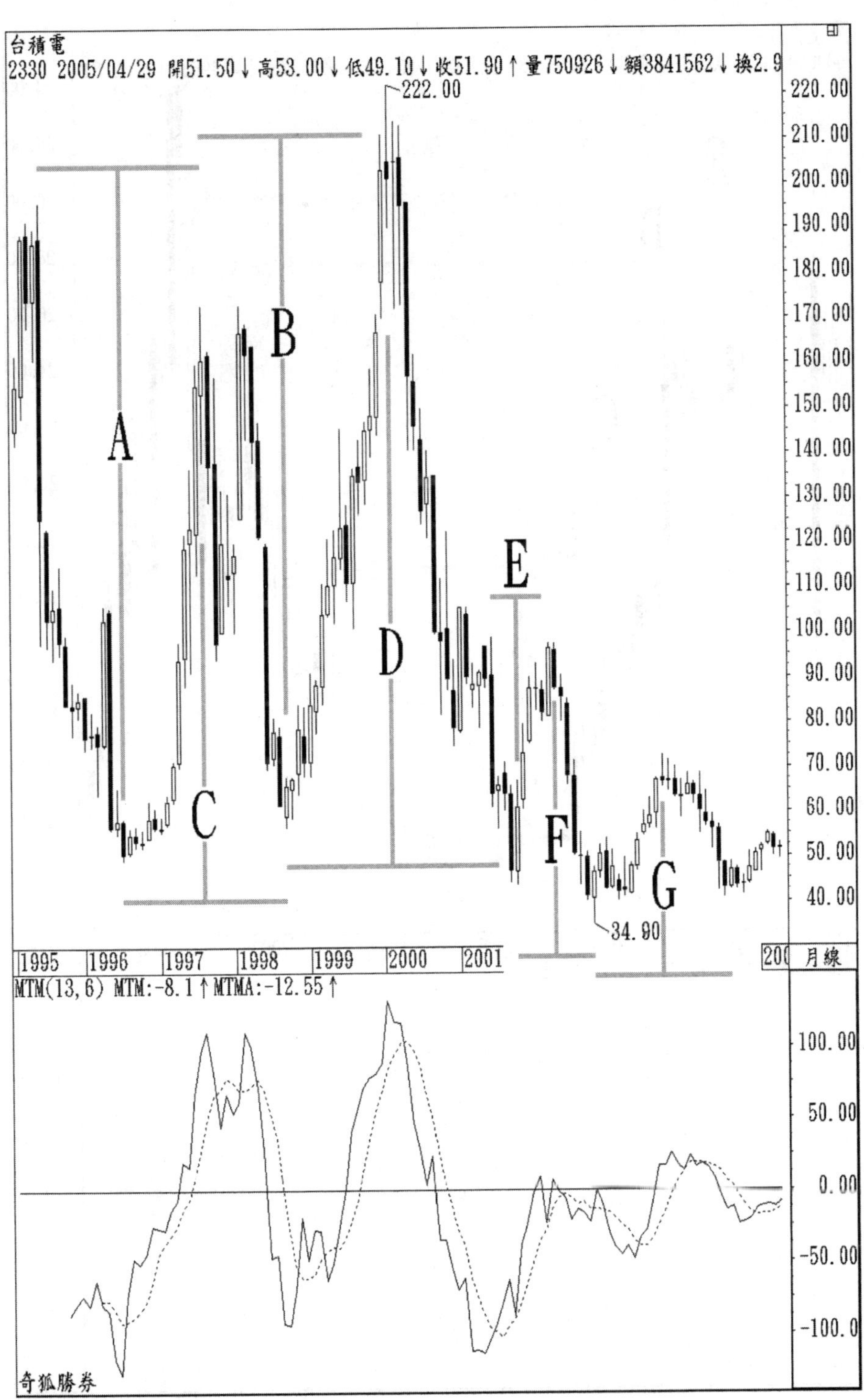

图4-30　　台积电股价月线图(资料来源：奇狐胜券)

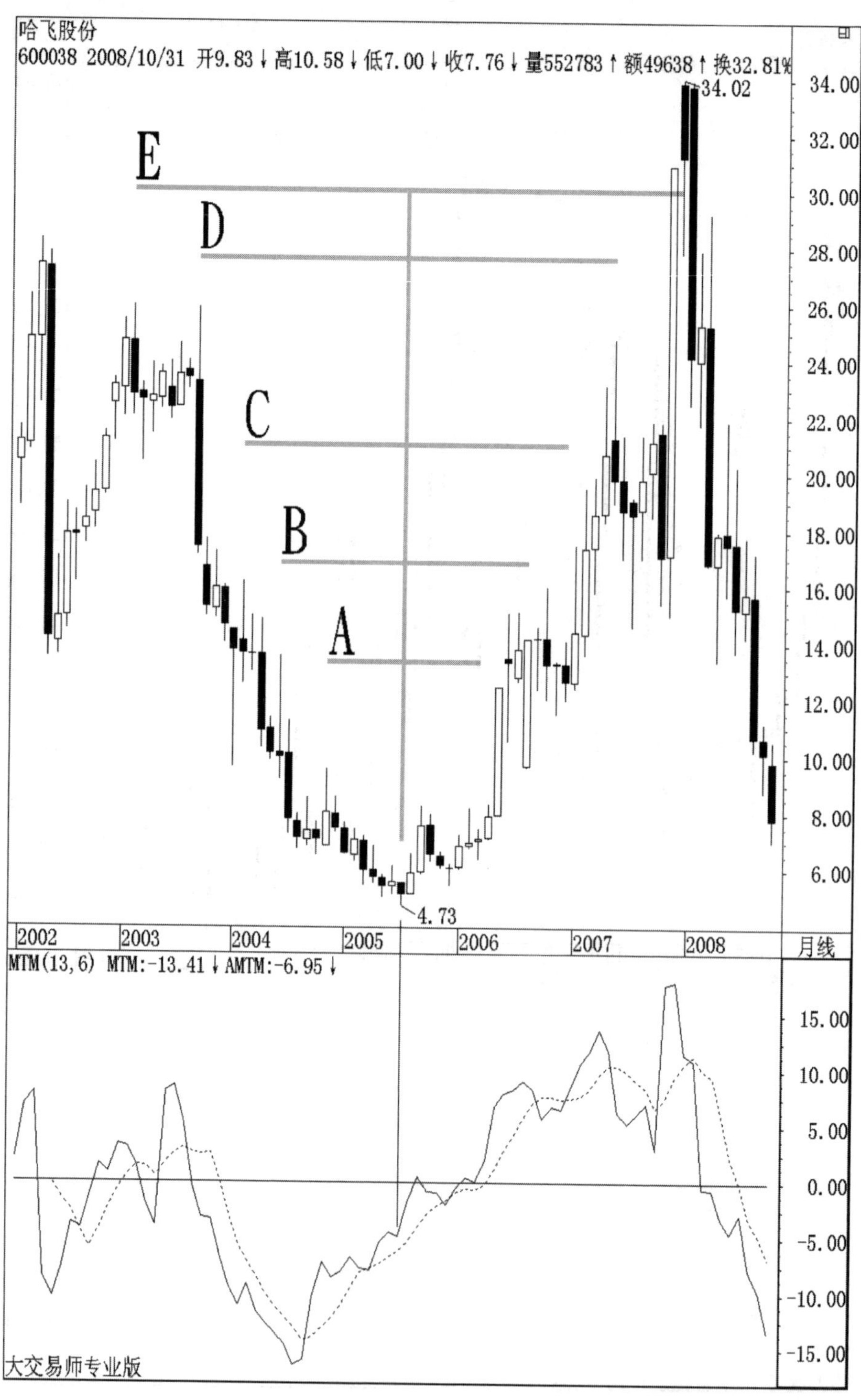

图4-31　　哈飞股份股价月线图(资料来源：大交易师)

请看图4-31，哈飞股份股价月线图从当时历史低点4.73元开始上涨，以经过该低点为时间对称轴观察，针对标示A的时间对称用完后，股价出现攻击走势，暗示多头只要守住支撑，未来仍要往上挑战高点，自然也要耗费更多时间，因此可以取到上一个转折点观察，标示B的对称便是基于这样的理由。

在标示B的时间对称用完后，股价进入修正并再度出现攻击，因此再取标示C的高转折，进行下一段的时间对称；图中标示D 与标示E都是以相同原理进行评估，只是标示E的对称满足后，股价进行剧烈修正，代表原本以4.73元为时间对称轴的功用已经消失，应改用其他对称轴进行走势的评估。

请看图4-32，南方航空股价周线图从当时历史低点2.19元开始上涨，行进间，可以往对称轴左侧取得不同转折高点，配合股价上涨的目标评估，推演可能的价格与时间满足落点，在图中标示A 的对称轴，就是运用这种观察法，同时评估可能在这两个对称点，当价格与时间都接近满足时，相对应的操作策略与风险意识应孕育而生。

在标示E的位置是股价修正与反弹的时间评估，标示B是取最高点作为时间对称轴，评估上涨与下跌的时间对称，标示C、D则是以折返的最低点作为对称轴，根据不同的转折点，评估下跌与反弹的时间对称。

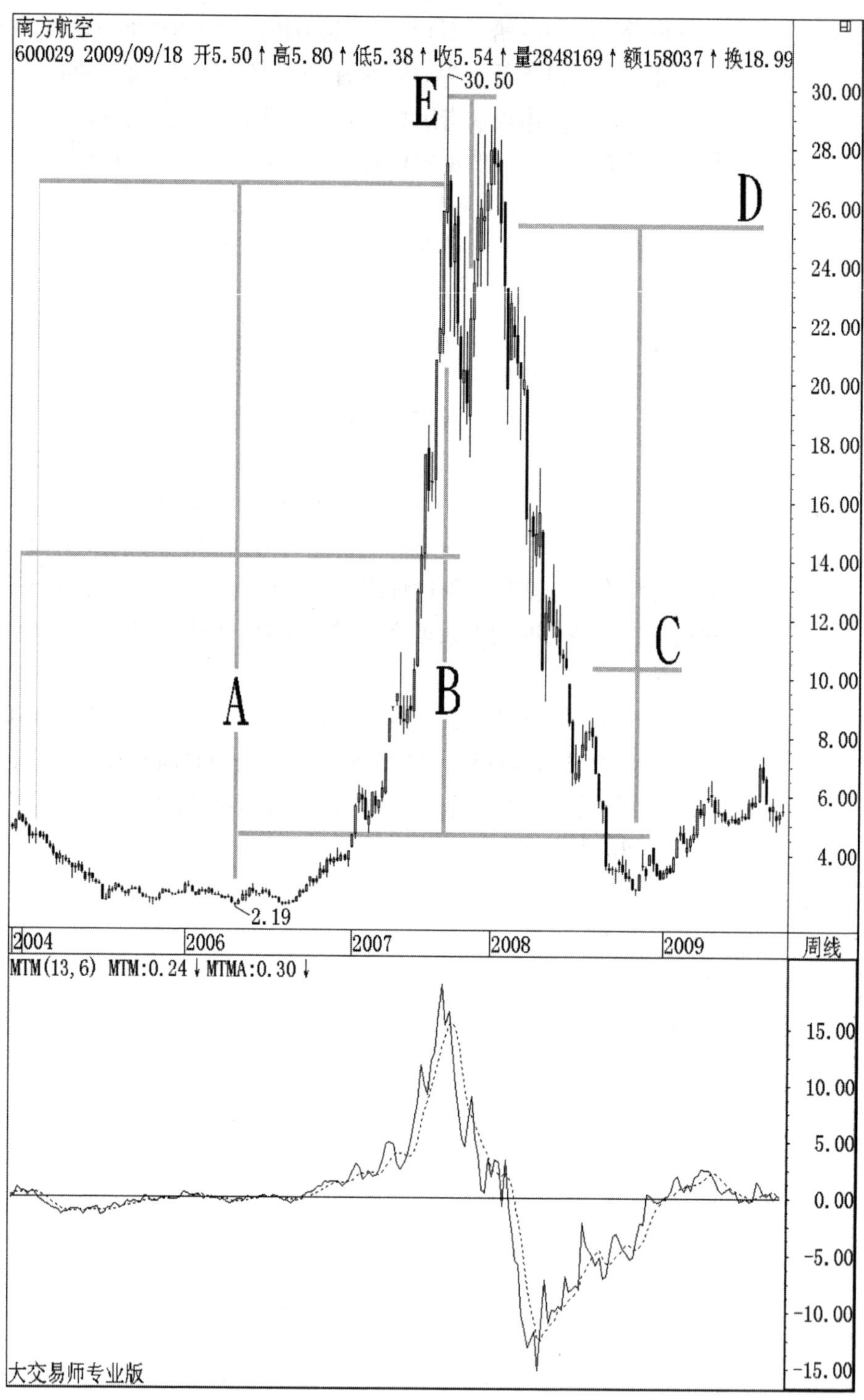

图4-32　南方航空股价周线图(资料来源：大交易师)

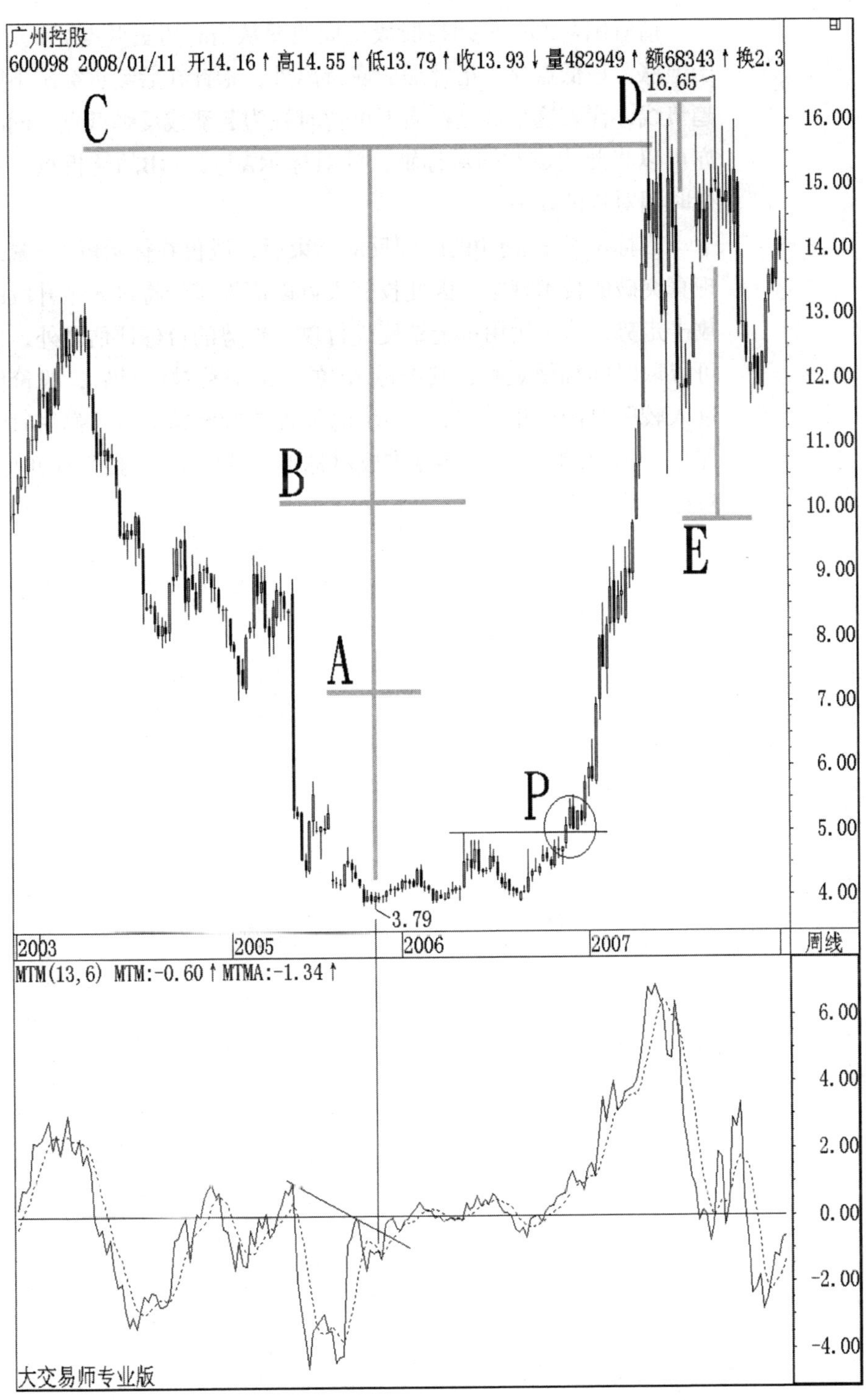

图4-33　　广州控股股价周线图(资料来源：大交易师)

请看图4–33，广州控股股价周线图从当时历史低点3.79元开始上涨，该低点除了指针形成底背离外，指针在后续也突破下降趋势线，代表这个低点在当下可暂时视为起涨或反弹低点，同时亦可以将此当成时间对称轴，针对标示A与标示B的转折点，进行时间对称的评估。

当标示A与标示B的时间反应结束后，股价在标示P的位置出现真突破的技术现象，因此投资人可以假设股价将进入主升段的攻击走势，除了运用黄金螺旋进行攻击走势的目标评估之外，也可以取时间轴做观察，其中标示C的时间对称被满足后，股价便进入较明显的修正走势，标示D的位置是股价修正与反弹的时间评估，标示E则是取最高点当成对称轴，评估上涨与回档的时间对称。

结　语

有三只青蛙一起在一片叶子上顺流而下，其中一只青蛙决定要跳进河里。请问：

叶子上还剩几只青蛙?

大部分的人都会回答两只。

答错了!

那片叶子上还是有三只青蛙。

为什么?

因为“决定要跳”跟“真的跳”不是一回事。

(摘自《别急着吃棉花糖》)

这个故事道尽了市场中散户操作者的心态，行情是这么迷人，决定进场操作和实际进场操作，却是两码子事。同理，想要学好技术分析，与真的学好技术分析，也是两码子事。

笔者以前是指标的忠实信徒，对于均线、KD、MACD这些指标所发生的信号，都有相当程度自信。至于K线逻辑、波浪定位这些玩意儿，说实话，是嗤之以鼻。在运用指标操作期间，自然有做得好与做得不好的时候。做不好时，通常是发生在多空转折的位阶，那时候还不懂得判断相对位置；做得好时，通常会犯了大头病，认为自己的方法是无敌，对别人提出的方法，产生不认同感，幸好这些要不得的心态，都是放在自己心里面洋洋自得。

后来为什么会认同K线、波浪这些技术分析，是真的对操作有绝对性的帮助呢？那是因为谢佳颖老师引我拜见李进财老师。两位老师给我一个重要观念：对任何学问、方法或是技巧都应该以开阔的胸怀认识、包容。所以笔者就重头认识K线和波浪的运用技巧，并且尝试将这些观念与指标串联运用，整合之后，对技术分析的种种方法，便感觉很容易上手了，因为所有的技术分析，都是在探讨股价波动，只是以不同技巧或是不同诠释方法，在描述相同的走势而已。

曾经听过业内的朋友说过一些市场上神奇的赚钱方法与技巧，仔细思考推敲，发现这些方法并不适合自己，而这些方法也不容易被复制与学习。各位朋友，这就是重点：没有人知道你会适合什么方法，也没有人可以帮你找出什么方法是适合你的，这些全都需要自己花时间摸索。

市场上有那么多关于技术分析的著作(包含拙作)，那么多可以提供学习的技术分析技巧，是不是看看几本书，学学一些操作技巧，便可以在市场上稳定获利了呢？恐怕没有那么容易，但也好像没有那么困难：就如同花了许多时间与金钱终于从学校毕业，可能很快可以找到工作，也可能一事无成，在成功与失败之间，一定有个关键原因存在，仅仅看到表象未能深入追究，永远无法逃脱失败的轮回。

请试着找到适合自己的操作方法吧！别看我写了几本书，就认定我是所谓的专家，以为我的方法会适合你；也别看某人写了几篇好文章，就认定某人是所谓的投资高手，以为他的方法能适合你。不管你相信谁，只要不是属于你的，就不会变成你的，只要你不愿意投注心力在这件事上面，就不可能有机会成功。

我也常提醒自己：对市场必须谦卑一点，别认为做对了几档行情，就是赢家；我更常鼓励自己：“市场永远有的是机会，只要懂得把握，不要急！”对于市场的认识与摸索，不会因为操作告一段落而停止。市场上不管是技术、心态与策略，需要不断修练的事情太多了，而且每一次面临的情境不见得会相同，唯有不断努力、再努力，才能有持续进步的空间。因此各位投资朋友不管是借由大量阅读书籍、参加网聚、拜求名师，或是浏览各大财经网站来进行学习，都必须想办法将适合自己的技巧，融入自己的操作当中，不适合自己的应当成糟糠抛弃，绝对不是到处听听看看，学个几句口诀就可以获利。学习任何在市场上操作的方法，顶多只是减少可能摸索的时间，完全没有终南快捷方式。

在操作过程中，我们经常发现会三种情绪如影随形，分别是：客观、恐惧与贪婪，不幸的是，属于正面能量者仅占三分之一，虽然恐惧可以帮助我们提高风险意识，贪婪可以促使我们积极追逐利润；而负面情绪的能量，影响我们的时间，往往是在我们不需要它的时候，尤其是操作不再是一种乐趣，而是生活中主要的经济来源时。

如果把操作当成一种乐趣，我们便能以轻松的态度面对；如果操作是主要的经济来源，是唯一的事业时，代表需要获胜才可以生存，这种压力是非常大的。偶尔出现失误，虽然是正常的情况，但难免严重影响操作者心态，几次之后表现就会开始变差，最终将拖垮所有一切。虽然市场中的确存在将操作当成谋生工具的赢家，但毕竟这些人是凤毛麟角，绝对不是笔者，也有可能不是正在阅读本书的你，我们总是希望世界的焦点投射在自己身上，或者幻想将成为冒险小说中的主角，很可惜的是，往往事与愿违。

更有不少人，在业余的操作上赚了几次钱，便开始勾勒美好的远景，认为既然已经在市场中操作顺遂了，应该不必那么辛苦工作，只要专心操作就可以过生活，因此将稳定的工作辞退，变成专职的操作人，这种行为成功者虽有，失败者更是不少，请投资人体会任何行业都存在二八法则。

在有关亚当理论的书中，提出导致失败的原因，其中包含了大部分恐惧与贪婪的因子，可以随时作为股票操作上的警惕：

(1) 建立太大的部位。

(2) 止损点设得太远。

(3) 冒太大风险。

(4) 想要证明自己操作的比别人好。

(5) 跟别人比赛。

(6) 向别人吹嘘自己的部位，当然也包含自己获利多少。

(7) 相对于操作利润，过分提高自己的要求。

(8) 必须靠操作为生。

我们不能否认过度的操作与期望，都是压力来源，当恐惧与贪婪比重增加时，客观的研判就会降低，操作就会完全走样了。

笔者的经验是：别妄想将这些负面的能量从自己的生命中摆脱，那不是我们这些在金融市场中厮杀的凡夫俗子所能做到的，既然无法消除，只好尝试与它共处，同时，尽力提高客观的比重，恐惧与贪婪的情绪就会自动的减少。

让我们共同期勉。